노인복지론

WELFARE FOR THE ELDERLY

노인복지론

한현지 · 임선희 · 김우호 · 김현진 · 이경희 공저

동문사

머리말

최근 전 세계적으로 저출산으로 인한 생산가능 인구의 감소와 인구의 고령화 현상은 개인, 가족, 집단의 문제를 넘어 사회구성원 전체가 고민하고 함께 해결해야 하는 사회문제로 자리 잡고 있다.

이 책은 사회문제를 해결하기 위한 조직적, 사회적인 노력의 결과로서 사회복지활동에서 노인의 생활상의 일부로 개인과 사회의 변화를 추구하는 관점에서 노인복지를 탐구하고자 집필하게 되었다.

이 책은 한국사회복지교육협의회의 교과목 지침 개편(2018)에 따라 개편 내용에 맞추어 오랜 기간 동안 노인복지 분야에서의 다양한 경험과 보건복지부 위탁 사회복지사양성교육과정(2003-2019)과 각 대학 등에서 노인복지론 전담강의 강의활동 경험을 통해서 얻은 지식을 기반으로 연구를 함께 한 동료 교수님들과 노인복지를 전공한 후 노인복지실천현장에서 노인요양시설을 운영하고 있는 노인복지전문가와 함께 집필하였다.

사회복지교육현장에서 사회복지사 자격증 취득을 위한 노인복지를 시작하는 학생들과 노인복지에 관심 있는 사람들에게 노인복지의 전문성 강화를 위한 초석을 굳건히 해주기 위한 기초가 되기를 기대한다.

본서는 총 4부 14장으로 구성되어 있다. 제1부에서는 제1장 노인에 대한 이해, 제2장 노화 관련 이론, 제3장 노인복지법의 이해, 제2부에서는 제4장 노인소득 보장정책, 제5장 노인건강과 의료보장정책, 제6장 노인복지시설의 이해를 다루었다. 제3부에서는 제7장 재가노인복지서비스, 제8장 노인복지실천의 이해를, 제4부에서는 제9장 노인 퇴직, 여가, 자원봉사, 노인교육, 제10장 가족 부양과 노후 부부문제, 제11장 노인학대와 예방, 제12장 죽음과 호스피스, 제13장 노인장기요양보험제도, 제14장 노인과 실버산업에 대해 다루었다.

집필자들은 노인복지의 이론과 실무에 대한 다양한 경험들을 본서에 함축하여 수록하도록 최대한의 노력을 경주하였다. 끝으로 출판계의 어려운 현실에도 불구하고 본 교재가 출판될 수 있도록 적극적으로 도움을 주신 도서출판 동문사 이중수 대표님을 비롯한 동문사 직원 여러분들에게 깊은 감사를 전한다.

2022년 1월

저자 일동

차 례

CONTENTS

차 례

CONTENTS

PART 01

노인과 노인복지에 대한 이해

Chapter 01 노인에 대한 이해

제1절 노인에 대한 이해

1. 노인의 개념

1) 전통적인 노인의 개념

노인의 개념을 명확하게 한마디로 정의하기란 쉽지 않다. 그 이유는 노인의 개념은 국가나 사회적, 경제적, 문화적 배경과 사회적 관습과 규범 그리고 전통과 역사에 따라 다를 수 있기 때문이다. 그렇지만 노인은 예로부터 늙은이의 뜻으로 극히 평범하게 사용되어 왔다. 서양에서는 흔히 노인은 전형적인 은퇴 나이인 65세에서 시작된다고 말하고 있다. 이는 단순히 연령적으로 65세를 노인이라고 말하기보다는 실질적인 경제활동과 노동현장에서 은퇴하고 있는 인구층을 지칭하는 것으로 해석된다.

우리나라에서는 역연령인 60세를 전후하여 노인으로 규정하고 있는데 이는 전통적으로 환갑 연령이나 정년퇴직의 시기, 조부모가 되는 시기 등을 고려한 것으로 판단된다(최원석, 2012).

2) 인류의 변화

현대는 노년기가 점점 길어지고 있다. 21세기는 고령화의 시대로서 우리가 사는 기간의 절반이 노년기라는 사실을 알게 된다. 오늘날의 세계는 이전에 미처 예측하지 못했던 인간의 고령화 현상으로 인해 사회전체가 재편되어야 할 위기를 맞이하고 있는 가운데 인류는 지난 100~150년 사이에 전보다 체격이 커지고 건강해졌다. 평균수명이 높아지고 노화 기간도 연장되면서 만성질환이 감소하였다.

즉, 인류의 유전자는 바뀌지 않았지만 사실상 진화에 비할 만한 변화를 하였다고 한다. 미국의 경우 21세기의 뉴 실버세대는 체격이나 수명 등에서 19세기 후반의 실버세대에 비해 많은 변화를 가져왔다. 그 이유는 현재의 장년층이 어릴 때 질병에 대한 예방접종을 받았고 좋은 영양 상태에서 성장하여 면역력이 강화되었기 때문이다(양옥남, 2012).

3) 기존 노년세대와 뉴 실버세대의 차이점(동아일보 2006.7.27.)

① **가치관**: 세대 간의 단절과 변화에 대한 거부 / 변화에 개방적이고 다른 세대와 소통

② **노후설계**: 무계획적이고 자녀용돈 등에 의존 / 계획된 노후 설계로 독립추구

③ **레저관**: 일에 재미를 붙이고 여가는 수단 / 여가 자체가 목적

④ **자산처분**: 상속의식이 강함 / 자신을 위해 쓰다 남으면 상속하거나 사회에 환원

※ 뉴 실버세대와 관련해서 핫 에이지라는 신조어를 만든 미국, 새들러 박사는 중년기 이후에 30년의 삶을 새롭게 발견하는 세대를 핫 에이지 세대라고 했다.

4) 핫 에이지

핫 에이지(Hot Age)라는 신조어를 만든 미국의 새들러(William Sadler) 박사는 중년기 이후에 30년의 삶을 새롭게 발견하는 핫 에이지 세대는 '6R'의 기간을 소유한다는 것이다. 6R이란 육체의 부활(Rencwal), 원기회복(Revitalization), 영적재생(Regeneration), 자아의 재발견(Rediscovery), 회춘(Rejuvenation), 인생의 방

향수정(Redirection)이라고 하였다(양옥남, 2012: 15-16). 따라서 뜨거운 인생이란 의미로 중년기 이후에 30년의 삶을 새롭게 발견하는 세대를 말한다.

5) 핫 에이지의 특성

첫째는 내면적인 만족 추구이며, 둘째는, 자기 자신의 삶이 이기적이라는 지탄을 받지 않음에 대한 인식이다. 셋째는, 은퇴 후 과거로부터 자신이 하고 싶었던 일을 하면서 여가 즐기기이며, 넷째는 정신적인 젊음의 유지이며, 다섯째는 가족이나 친척 이외의 많은 사람들과 교류하며 베풀고 행복하기이다. 여섯째는, 항상 죽음을 생각하고 준비해두기이다.

6) 노인을 위한 원칙

노인에 대한 사회의 주의를 환기시키고자 UN에서는 1991년 12월 16일 노인을 위한 유엔 원칙 5가지를 제시하였다(보건복지부, 2020).

(1) 독립의 원칙

① 본인의 소득은 물론 개인과 가족과 지역사회의 지원을 통하여 식량, 물, 의복, 주택, 건강보호에 접근할 수 있어야 한다.

② 일을 할 수 있는 기회를 제공받도록 하고, 다른 소득을 얻을 수 있도록 접근할 수 있어야 한다.

③ 언제 직장을 그만 둘 것인지에 대한 결정에 참여할 수 있어야 한다.

④ 적절한 교육과 훈련 프로그램에 접근할 수 있어야 한다.

⑤ 개인의 선호와 변화하는 능력에 맞추어 안전하고 적응할 수 있는 환경에서 살 수 있어야 한다.

⑥ 가능한 한 오랫동안 가정에서 살 수 있어야 한다.

(2) 참여의 원칙

① 사회에 통합되어야 하고, 노인에 관한 복지에 직접 영향을 미치는 정책의 형성에 적극적으로 참여하고, 노인의 지식과 기술을 젊은 세대와 함께 공유할 수 있어야 한다.
② 봉사의 기회를 지역사회를 위한 것이 되어야 하며 흥미와 능력에 맞는 자원봉사자로서 활동할 수 있어야 한다.
③ 사회운동과 사회단체를 노인들이 조직할 수 있어야 한다.

(3) 보호의 원칙

① 지역사회의 문화적 가치 체계에 따라 지역사회의 보살핌과 보호를 가족과 함께 받아야 한다.
② 노인들은 신체적, 정신적, 정서적 안녕을 유지하거나 되찾도록 도움을 받고, 질병을 예방하거나 지연하는 건강보호서비스를 이용할 수 있어야 한다.
③ 노인의 자율과 보호를 높이는 사회적, 법률적인 서비스를 이용할 수 있어야 한다.
④ 시설에 거주하는 노인들도 인간적이고 안전한 환경에서 보호, 재활, 사회적, 정신적 격려 서비스를 제공받을 수 있어야 한다.
⑤ 보호 및 치료시설에 거주할 때도 기본적 인권과 자유를 누릴 수 있어야 한다.

(4) 자아실현의 원칙

① 노인들의 잠재력을 완전히 개발하기 위한 기회를 마련해주도록 한다.
② 사회의 교육적, 문화적, 정신적 자원과 여가에 관한 서비스를 자유롭게 이용할 수 있어야 한다.

(5) 존엄의 원칙

① 존엄과 안전 속에서 살 수 있어야 하며, 착취와 육체적·정신적 학대로부터 자유로워야 한다.

② 나이, 성, 인종이나 민족적인 배경, 장애나 여타 지위에 상관없이 공정하게 대우를 받아야 하며, 노인의 경제적 기여와 관계없이 평가되어야 한다.

2. 노인에 대한 고정관념과 긍정적 노인상

1) 노인에 대한 고정관념[1)]

노인에 대한 고정관념과 편견으로 인해 자칫 노년기에 삶에 있어서 긍정적인 측면이 간과될 수 있음을 알 수 있다. 노인에 대한 고정관념은 대부분 부정적인 것으로 부정확하지만 다양한 문구들이 되고 있다. 그 문구들을 몇 가지를 살펴보면 다음과 같다(양옥남 외, 2012: 19).

- 모든 노인은 비슷하다.
- 은퇴는 쇠약과 조기 사망을 가져온다.
- 성에 흥미가 없고 성적 활동이 불가능하다.
- 치매는 노년기에 나타난다.
- 대개의 노인들은 건강상태가 나쁘다고 생각한다.
- 늙으면 다시 어린애가 된다.

사람은 '떡으로만 사는 것이 아니라 말씀으로 사는 존재'라는 성서의 표현이 있듯이 사람은 자기완성을 위해 계속 노력하는 의지가 있어 동물과는 다르다는 것을 알 수 있다. 노년기에는 정신적으로 더 성숙하고 포용력

---

1) 어떤 집단이나 범주에 속하는 사람들에 대한 지나친 단순화, 과장된 신념.

이 많아지며 성격이 원만해지고, 지혜가 높아지는 등 긍정적인 변화의 계기가 있음을 알 수가 있다.

2) 긍정적 노인상

노인은 대체적으로 젊은 세대에 비해서 삶의 균형과 지혜를 쌓아 다음과 같은 긍정적인 측면이 있다(보건복지부, 2020: 10-11).

첫째는, 노인은 일상적인 균형을 유지하고, 안정적이면서도 지속적으로 수준이 높은 사고력을 가지고 있어서 동기부여를 통해서 직무를 수행할 수 있다. 둘째는, 의사결정에서도 신중을 기하고 조심스러워 젊은 사람들보다 실수가 적은 편이다. 셋째는, 많은 정보 중에서도 중요한 중보를 추출해 낼 수 있는 능력이 뛰어나다.

아프리카 속담에 "노인 한 사람이 죽으면 도서관 하나가 사라지는 것과 같다"고 하였다. 만화 미생의 대화 중에 "바둑판 위에 의미 없는 돌은 없다"고 하였다. 따라서 젊은 세대는 노인들의 삶의 과정에서 얻은 지혜와 경험을 더욱 발전 시킬 수 있도록 노력하여야 한다.

3. 노인의 정의와 연령범위

1) 국제 노인학회의 개념

1951년 제2회 국제노년학회에서 정의한 노인의 개념이 가장 많이 인용되고 있는데 그것에 따르면 노인은(원석조, 2010: 31)

첫째, 환경의 변화에 적절히 적응할 수 있는 자체조직에 결핍이 있는 사람이다.

둘째, 자신을 통합하려는 능력이 감퇴되어 가는 시기에 있는 사람이다.

셋째, 인체기관, 조직기능 등에 감퇴되는 현상이 일어나는 시기에 있는 사람이다.

넷째, 생활자체의 적응이 정신적으로 결손 되어 가는 있는 사람이다.

다섯째, 인체의 조직 및 기능저장의 소모로 적응이 감퇴되어 가는 사람이다.

2) 브린(Breen)과 비렌(Birren)의 개념 정리

첫째, 생리적 및 생물학적인 면에서 퇴화기에 있는 사람이다.

둘째, 생체의 자체 통합능력이 감퇴되고 있는 사람이다.

셋째, 사회적인 면에서 지위와 역할이 상실된 사람이다.

넷째, 생체의 적응능력이 점차로 결손되고 있는 사람이다.

다섯째, 조직의 예비 능력이 감퇴하여 적응이 제대로 되지 않는 사람으로 정의하고 있다.

※ 개인의 자각에 따른 개념정리로 우리나라 노인 자각 조사연구 결과 60~64세로 늙음 혹은 고령화 자각(37.7%)이 가장 높은 것으로 나타났다(이가옥 외, 1994).

3) 노인의 연령범위

(1) 역연령에 따른 노인의 개념[2)]정리

① 연소노인(55~65세): 사회적으로 일할 수 있으며, 능력도 절정에 도달하게 된다.

② 중・고령노인(65~75세): 퇴직자가 대부분일 수 있다.

③ 고령노인(75세 이상): 일하기 어려운 사람들로 신체적으로 노쇠하고 질병에 걸린 경우가 많고 경제적으로 곤란하고, 가정적, 사회적으로 고립된 사람일 수 있다.

---

2) 달력상의 특정연령에 이르게 되는 사람을 규정하는 정의.

(2) 행정적 노인의 정의

① 노인복지법, 국민기초생활보장법: 65세 이상이다.
② 국민연금법: 노령연금급여대상자는 60세 이상이나 2033년부터는 65세이다.
③ 고령자고용촉진법: 55세를 고령자로 규정한다.

(3) 인위적인 노인의 정의

노인에 관한 인위적 정의를 분류한다면 첫째는 역연령인 달력상의 연령을 들 수 있으며, 둘째는 특수한 일을 수행할 수 있는 개인의 능력의 차이를 기준으로 한 기능적 연령으로 볼 수 있으며, 셋째는 사회적 역할과 관련하여 직업을 가지고 활동하는 여부가 기준이 되는 사회적 노인으로 구분할 수 있으며, 넷째는 노인 자신이 주관적으로 판단하여 스스로 노인이라고 인정하는 개인의 자각에 의한 노인으로 정의할 수 있다.

(4) 사회적 연령에 따른 노인

"사회적 연령이란 사람들이 어떻게 해야 한다."는 관례에 따른 일련의 기대 및 지침과 관련된 것이다. 즉, 노인에게 기대되는 사회적 역할이란? 배우자의 사별, 조부모 되기, 은퇴자와 같은 역할이다. 사회적 역할을 이행하는 것이 반드시 노화를 의미하는 것은 아니다(최원석, 2012).

(5) 주관적 연령에 의한 노인

1990년대에는 60~65세 사이의 노인 자각률이 가장 높았으나 2000년대 이후 개인 자각에 의한 노인은 70~74세 사이에서 가장 높게 나타나고 있어 갈수록 노인이라고 자각하는 연령이 높아지고 있다(한국보건사회연구원. 2000).

제2절 인구변화와 노인문제 및 특성

1. 현대의 노인문제

1) 인구 변화와 노인문제

노인들이 산업사회에서 직면했던 사회구조적인 변화는 생산방식이 가내수공업으로부터 공장의 대량생산으로의 변화, 농경사회로부터 도시사회로의 생활양식 변화, 대가족 해체와 더불어 핵가족의 발생, 사회의 거대한 조직화 경향, 지속적인 기계의 자동생산으로 길어진 여가시간 그리고 평균수명의 연장 등이 노인생활에 영향을 주었다. 그 결과 평균수명의 연장과 노후의 생활보장과 생활불안 사이의 모순을 경험하며, 가족 부양기능의 약화됨을 경험하며, 공적부양으로의 이행이 시작되고 그리고 여가와 고독, 역할 상실 등이 나타나게 된다.

피부양 노인과 부양자 간의 교환관계를 여러 측면에서 살펴보면 사회적 노화 이론인 교환 이론에서는 인간관계를 상호 주고받는 교환관계로 본다. 사람들은 가능하면 최소의 비용으로 최대한의 보상을 얻으려는 경향이 있다.

농촌사회에서는 노인이 재정적 능력을 대표하는 토지 문서와 농사에 필요한 지식과 기술을 젊은 사람에게 전달할 수 있어 교환할 수 있는 자원을 확보했다. 그러나 산업사회에서는 노인은 불리한 입장에 놓이게 된다. 노인들이 자원을 갖기 위해서는 국가적으로 노인정책이 잘 수립되어 소득, 건강, 소외 문제라는 노인의 三苦, 그리고 역할까지 포함하여 노인의 四苦를 해결해야 한다(양옥남 외, 2012).

2) 다양한 측면에서의 분석

(1) 인구 사회학적 문제

인구의 고령화는 개인 고령화를 집합적으로 생각한 것이다. 인구의 고령화는 한 국가사회 전체 인구의 중위연령이 증가하는 것을 의미하기도 하지만, 대부분의 경우 사망률의 저하로 국가의 총인구 중 65세 이상의 노인인구가 증가하는 현상을 말한다.

① 저 출산으로 인한 인구 고령화 심화
② 노후 보장을 둘러싼 세대 간의 갈등 첨예화
③ 취약 계층과 홀로 사는 노인 증가

(2) 보건 복지 측면

① 노인 의료비 및 요양 서비스 수요 증대
② 요보호 노인 케어를 위한 사회적 비용 증가
③ 자녀 양육 및 노인부양의 책임문제 대두

(3) 경제 산업적 측면

① 경제성장 둔화
② 노동시장 변화
③ 재정 금융 및 산업 구조의 변화
④ 세입기반의 약화

(4) 노인 개인적 측면

① 수입 감소
② 긴 여가시간
③ 역할상실
④ 건강 악화와 보호

⑤ 부양 및 보호

⑥ 사회적, 심리적 고립과 소외(고재욱, 2012)

2. 노인의 일반적인 특성과 변화

1) 노인의 심리사회적 특성

노인의 심리적 특성은 정신적인 노화로 대변하는데 이는 일반적으로 감각, 지각, 기억, 지능 등과 같은 정신 및 신경기능의 저하와 불안 또는 우울 등의 정서 및 성격적 변화를 말한다. 노년기에는 기억력이 저하되어 말을 되풀이하여 하게 되는 경우가 많아지고 사고 능력에 있어서도 독창성이 결여되며 판단이 주관적으로 되는 경향을 보인다. 일단 한 번 내린 결정은 잘 바꾸려하지 않는다. 노년기에 나타난 심리사회적 특성을 들면 다음과 같다(양옥남 외, 2012: 68-69).

(1) 우울 경향의 증가

우울증에 빠진 노인은 주변사람들에게 적대적으로 대하거나 타인을 비난하는 등의 행동을 보이기도 한다. 노령에 따른 여러 가지 스트레스, 배우자의 사망과 같은 가족관계의 변화, 경제적 수입의 감소, 직장에서의 은퇴나 장자 경제권 이양들로 인한 역할의 상실 그리고 신체적 건강 수준의 하락, 그리고 가고 싶은 곳은 많으나 자주 가볼 수도 없고 찾아오는 사람도 적어지기 때문에 느끼는 사회적 고립 등으로 인하여 우울증 경향이 증가한다. 그러나 노년기의 우울증 경향의 정도는 개인이 가진 적응 능력에 따라 사람마다 차이가 난다.

(2) 내향성 수동성 증가

노화에 따라 모든 문제를 내면적으로 깊이 고려하여 처리하면 외부 지향적인 적극성이 줄어든다. 뿐만 아니라 환경을 조절하는 자아적용양식에 있어서도 자기 자신이 주도적으로 움직이는 능동적인 조절보다는 타인의 도움을 받아 일을 해결하려는 수동적 조절이거나 또는 신비적 조절 형태를 취하여 일의 성패를 우연히 내맡겨 버리는 경향이 있다. 청장년기에는 심적 에너지가 바깥 사회생활로 향해 있다가 노년기에 접어들면서 내면으로 향하기 때문에 내향성이 나타난다. 사회적 활동이 감소되고 타인과 만나는 것을 기피하는 현상이 있고 내향적인 성격이 되어간다.

(3) 경직성의 증가

편리하고 효율적인 기구나 방법이 개발되었음에도 불구하고 이를 채택하지 않고 비효율적인 예전의 방법을 고집하는 경향을 보인다. 또한 컴퓨터나 타자기가 발명되었는데 붓이나 펜으로 쓰기를 고집하게 된다. 매사에 융통성이 없어지고 새로운 변화를 싫어하며 도전적인 일을 꺼리는 경향이 있다.

(4) 조심성의 증가

노인은 젊은이에 비해 모든 사물의 판단과 행동수정에 있어서 매우 조심스러워진다. 노인들의 경우 어떤 질문이나 문제에 대해 대답을 하지 않거나 중립을 지키는 경향이 늘어나는데, 이는 노화에 따른 조심성을 단적으로 나타내 주는 것이다. 또한 노인 스스로 정확성을 중시하며, 시청각 등의 감각능력 감퇴로 신체적·심리적 메커니즘 기능의 쇠퇴로 인해 결정에 대한 자신감의 감퇴가 나타난다.

(5) 생에 대한 회상의 경향

노년기에 이르면 지나온 일생을 정리하는 경향이 나타난다. 지나온 일생의 여러 요인들 가족배경, 신체적 조건, 학교 진학, 결혼, 취업과 같은 인생의 갈림길, 부부생활 및 자녀와의 관계, 성생활과 성역할, 직업생활, 정신건강, 인간관계, 죽음에 대한 태도 등을 깊이 되새겨 보게된다. 이러한 과정을 통하여 그동안 특정 일에 대하여 응어리졌던 감정을 해소할 수 있고, 다가오는 죽음을 평온한 마음으로 또 실패와 좌절에 대해 담담한 자세로 임할 수 있게 된다. 이러한 인생회고 과정은 하나의 '정신치료' 효과를 나타내는 과정이라고 보아도 좋을 것이다. 그리고 자신의 과거를 재해석함으로써 무의식적으로 주위 사람들에게 자신의 지난날을 좋은 방향으로 지지받고 싶은 심리에서 비롯된다.

(6) 사물에 대한 친근감

노인이 될수록 자기가 오랫동안 사용해 오던 친근한 사물에 대한 애착심이 커진다. 이는 기나긴 세월 동안 살아오면서 세상은 많이 변했지만 자기 자신과 주변은 변하지 않고 일정성을 유지하고 있다는 안도감을 갖기 위한 것이다. 즉, 노인에게 자신에게 친근한 물건은 이미 물체가 아니라 인격체이며, 자신의 분신이 될 수도 있기 때문이다.

(7) 시간 전망의 변화

제한된 인생의 길이에 대한 관념은 더욱 조심스러워지고 보수적이 되는 등 남은 생애를 계산하려는 경향이 강해진다. 남은 날의 짧음을 느끼고 이에 과거로 돌아가 과거를 회상함으로써 현실을 회피하거나 과도하게 미래지향적으로 나아가게 되기도 한다.

(8) 유산을 남기려는 경향

생명의 유한함을 지각하고 후세에 유산을 남겨 자기가 이 세상에 다녀갔다는 흔적을 남기려고 한다. 자손, 예술・문학작품, 독특한 기술, 지식, 교훈, 부동산, 돈, 아름다운 기억(에릭슨의 장년기의 발달과업<생산성>의 실질적인 표현)

(9) 의존성의 증가

노년기에는 신체적 및 경제적 의존성이 강해지는데 이는 정상적 현상이다. 노년기에는 신체적 의존성, 경제적 의존성, 정신적 의존성, 사회적 의존성 등이 증가하게 된다.

(10) 성(性)역할 지각의 변화

노년기에 이르러서는, 남성은 여성적 특성(유친성, 양육동기, 동정심 등)에 있어서 증가를 보이는 반면, 여성은 남성적 특성(공격성, 자아중심적 경향, 권위주의적 동기 등)에 있어서 증가를 보인다. 다시 말하면, 여성의 경우 특히 부드럽고 전통적인 여성다움이 감소하여 좀더 적극적이고 남성적인 특징이 나타나는 경향이 있다.

3. 노인인구의 변화속도

1) 인구의 고령화란?

- 젊은 근로층이 나이가 많은 근로층 및 퇴직 고령인구로 변화하는 것을 의미한다.
- 노인인구가 전체 인구의 7% 이상이면 고령화사회, 14% 이상이면 고령사회, 20%이면 초고령사회이다, 우리나라는 2000년 7.2%(고령화사회)에서 2019년 14.4%(고령사회)로 진행하는 데 18년밖에 안 걸렸다(프랑스:

115년, 스웨덴: 85년, 미국: 72년, 이태리: 61년, 독일: 40년).

- 2026년(초고령사회)–불과 8년에 지나지 않음: 역피라미드형이 된다.
- 우리나라 고령화에 영향을 주는 요인: 평균수명의 변화와 저출산의 문제이다.

2) 우리나라 노인문제

(1) 우리나라 노인문제 실태

① 부양비와 노령화지수

부양비가 증가하면 노령화지수도 증가. 1998년 30.4%, 2008년 59.3%, 2016년 100.7% 증가. 결론적으로 저출산과 조기퇴직이 확산되면서 노후기간이 30~40년이 되고 저출산과 노령화지수가 높아지면서 국가의 경쟁력은 낮아지고 인구의 생산력과 소비력이 떨어지며 재정과 연금, 노인의 빈곤문제 등이 등장하였다.

② 경직성의 증가

자녀와 함께 사는 노인 비율이 38.2%(도시 44.5%, 농어촌 25.6%), 자녀와 따로 사는 노인이 61.8%이나 연령이 올라갈수록 함께 살고 싶어하는 비율은 올라가고 있다.

③ 주택점유(장래에 살고 싶은 곳)

장래에 살고 싶은 곳으로 자기 집을 선호(60세 80%)하고, 배우자가 없는 노인 41.7%, 있는 경우는 27.7%, 미취업 노인이 취업 노인에 비해 자녀와의 동거율이 높다.

제3절 노인복지학의 특성

1. 노인복지학의 특성 및 개념

노인들의 복지문제는 미래의 우리의 삶의 질을 좌우하는 중요한 문제로 점차 사회복지의 중요한 영역이 되고 있다. 오늘날의 노인복지는 단순히 경제적 문제와 신체적 문제뿐만 아니라 길어진 노후의 삶을 어떻게 보내는가라는 종합적인 시점에서 접근할 수 있는 요인이 되고 있다. 그러므로 노후의 경제적, 사회적, 심리적, 신체적, 정신적 등 다양한 연구와 복지 실천과 복지욕구가 요구되고 있다. 노인복지학은 노인문제에 대한 해결을 강구하는 실천학문이라고 할 수 있다.

1) 노인복지학의 특성

(1) 욕구의 다양성

나이가 들어 갈수록 욕구가 다양해진다. 경제적 빈곤, 건강의 악화, 역할 상실, 질병 등 어려운 문제에 당면하고 있으며, 후손들의 장래에 대한 걱정과 어른으로서 대접 받겠다는 욕구 등 다원적 성격을 띤다.

(2) 대상자의 보편성

모든 사람이 다 조만간 그 대상이 된다. 노인복지란 아동, 장애인, 여성 등과 마찬가지로 인생에 있어서 특정한 생애주기에 있는 노인이 처할 수 있는 생활상에서 발생되는 노인문제에 대응한 조직적인 활동이라고 할 수 있다. 그러므로 주로 공적이고 사회적인 차원에서 노인의 일상생활상에서 겪을수 있는 문제나 욕구를 해결해 나가는 과정을 포괄적으로 의미한다고 할 수 있다(고수현 외, 2009: 109).

(3) 대상의 급증성

인구의 고령화 현상이 그 원인인 동시에 오늘날 산업도시화 사회에 있어서 새로운 기술 개발, 구조 조정, 정년제 등 인위적인 정책에 따른 제도적 요인도 노인복지 대상이 급증하게 되었다.

(4) 선 기여, 후 수혜성

경제활동이 가능했던 기간 중에 보험료, 납세 등에 의해 보험재정이나 국가 재정에 기여해 왔으며, 사회적 활동을 통해 사회발전에 기여해 왔기 때문에 경제능력을 상실한 노후에는 오늘의 경제활동 인구층으로부터 부양 받을 권리를 갖고 있다(최원석, 2012).

참고 | 노인의 욕구를 파악하는 데 중요한 기본 원칙

- 인생의 계속성 존중
- 잔존능력과 자기 자원의 활용
- 자기결정의 존중

2) 노인복지의 개념

산업화와 도시화로 인하여 핵가족화와 그리고 가족의 노인부양기능의 약화를 배경으로 노인문제가 점차 사회화되어가고 있다. 노인들의 문제와 사회적 대책을 중심으로 한 분야가 사회복지영역에서 분리되어 독립적으로 연구되게 되었으며 학문으로서의 체계가 갖추어지기 시작했다(이해영, 2014: 31).

노인복지란 노인이 인간다운 생활을 영위하면서 가족 및 지역사회에 적응하고 통합되도록 필요한 자원을 제공하는 공적 및 사적 차원의 조직적인 제반 활동을 의미한다.

노인의 심신건강 유지와 생활안정을 위하여 필요한 노인생활 전면 보장 및 복지서비스이다. 즉, 인간다운 생활을 영위할 수 있도록 제반 사회복지 서비스를 제공하고 실천하는 사회적 활동이다. 어떤 경우에든 노인복지는 독립된 인간으로서 노인의 기본 욕구 충족과 문화생활 유지를 국가나 사회가 보장한다는 것이다.

참고 | 노년기 결핍되기 쉬운 5가지 욕구

매슬로우(Maslow)의 욕구유형에 따라 분류되지만 노년기에는 더욱 다섯 가지 욕구가 결핍되기 쉬운 상황에 처하게 된다. 즉, 노인은 경제활동에서 은퇴하므로 소득이 단절되고 이에 따라 생리적 욕구나 안전의 욕구가 결핍되기 쉽고 노쇠현상으로 질병에 걸리기 쉽고, 사랑의 욕구는 일선에서의 은퇴와 자녀의 출가, 친구들의 죽음, 고독과 고립이 밀려오는 인생의 황혼기의 어려움을 얻게 된다. 노인에게 사랑의 욕구만큼 충족되어야 하는 욕구가 또 있을까 싶다. 자아존경과 자아실현 욕구도 결핍되기 쉬운 욕구이다(현외성, 2012).

2. 노인을 위한 복지의 당위성과 연구 영역

1) 복지의 당위성

(1) 노년기의 적절한 경제적 보장

노화로 인해 재화를 창조하는 일을 할 수 없는 시기로 노후보장제도가 작동되지 않으면 상품이나 서비스를 구입하기 어렵고 질병의 비율이 상대적으로 높아 경제적 능력이 약화되므로 사회적 차원에서 노인복지정책이 필요하다.

(2) 사회 통합의 유지와 인간윤리의 실천

노령연금에 대한 지원을 젊은 세대들이 해주고 나중에 그들이 또 노령세대가 되었을 때 그 다음 젊은 세대들이 지원해 줄 것이라는 암시적 협약과 상호 호혜의 규범으로 사회통합이 유지되어야 한다.

사회는 약자의 돌봄에 대한 정의가 있고 가족이라는 소집단에서는 가족 공동체 윤리가 존재한다. 노인은 가족과 사회를 위해 공헌을 해왔기 때문에 그에 대한 보답을 하는 것이 도리이며, 또 나이가 들어서 약해져 있기 때문에 노인을 위한 복지 프로그램과 서비스를 제공해야 한다.

(3) 노년기라 할지라도 개인의 자아실현의 욕구는 중요하다.

노년기는 인간 성장발달의 마지막 단계로서 개인으로서는 특수한 발전 욕구가 있으며 성공적인 노년기의 삶을 위한 발달과업이 있다. 매슬로우는 자아실현의 욕구를, 에릭슨은 자아통합을 강조, 동양의 경전에는 "능변여상", 즉 인간다움을 유지하려면 항상 지속적인 발전을 해 나가는 기회를 주어야 한다.

2) 학문적 분야와 연구영역

우리나라에서는 노인복지학을 사회복지학의 분과영역 혹은 분야로 생각하는 경향이 있으므로 사회복지학의 학문적 논리와 체계를 따라 구성되는 특성을 갖는다.

노인복지학은 사회적 접근 방법, 이론, 연구방법 등을 활용하는 한편, 노년학, 사회학, 정치학, 행정학, 법학, 경제학, 심리학, 교육학 등의 제반 학문으로부터 필요한 요소를 활용한다. 여기서 핵심은 노화, 노인 및 복지현상과 관련된 내용을 종합학문으로서 독자성을 가진다는 점, 즉 노인복지론이 사회복지학의 분과영역으로 위상을 가진다면 노인복지학은 그 자체로서 독자적인 학문이다(양옥남 외, 2012).

3) 노인복지 전공자의 태도

(1) 노인에 대한 관심

노인들의 복지문제는 미래의 우리의 삶의 질을 좌우하는 중요한 문제로 점차 사회복지의 중요한 영역이 되고 있다. 그러므로 노인에 대한 관심이 중요하다.

(2) 노인복지에 대한 지식

- 미시적 실천 차원인 임상적 방법: 노인 상담과 치료, 거시적 실천인 정책문제가 크고 범위가 넓으며, 전국적일 때보다 효과를 거둔다. 정치활동, 로비활동 등이 있다.
- 다른 기관 단체나 조직들과의 연계를 위한 협력이 필요하다.

(3) 연구하고 관찰하는 태도

노인복지에 필요한 기본적인 지식의 습득과 노인문제에 대한 이해와 관찰과 지속적인 연구가 필요하다.

(4) 현장 실습 경험이 풍부

노인복지 전공자의 역할: 연구 및 교육, 정치 및 행정 분야의 일, 노인과 연관된 기관에서 프로그램을 다루거나, 노인복지 관련 사업을 할 수 있다.

참고문헌

고수현 · 윤선오(2009). 새로운 노인복지론 개정판. 양서원.

김근홍(2001). 한 · 독 노인복지이해. 학문사.

김치영 외(2014). 노인복지론. 동문사.

김치영 · 고명수 · 김영대(2014). 노인복지론. 동문사.

박석돈 외(2013). 노인복지론. 양서원.

보건복지부(2019). 요양보호사양성과정 표준교재. The 고시뱅크.

서강훈 외(2018). 노인복지론. 창지사.

안홍순(2015). 노인복지론. 공동체.

양옥남 외(2012). 노인복지론. 공동체.

원석조(2010). 노인복지론. 공동체.

윤남숙(1994). 노인의 성격유형과 죽음불안도에 대한 태도연구. 서울대학교 보건대학원 석사학위논문.

윤선오 · 김현진(2016). 사회복지실천기술론. 양성원.

윤진(1985). 성인 · 노인심리학. 중앙적성출판사.

이해영(2014). 노인복지론 개정3판. 창지사.

임정문 외(2020). 노인복지론 개정판. 동문사.

최원석(2012). 노인복지론. 양서원.

현외성(2012). 노인복지학 신론. 양서원.

Chapter 02 노화 관련 이론

제1절 노년사회학 이론

1. 노년연구와 노년사회학 이론의 역사

노년학이 사회학적으로 주도된 것은 무엇보다 노화과정에 수반되는 정신영역을 다루는 심리학적 시각이었다. 사회구조와 생활관계의 조건들에 대한 분석을 연구대상으로 하는 사회학은 사회학적 노년학의 과제들을 넘겨받게 되었다. 노화를 겪는 주체의 입장과 태도에 노화가 미치는 영향들에 대한 주체들은 심리학적 노년연구에서 두드러지게 나타나고 있다. 독일의 노년심리학자 레어(U. Lher)는 이러한 심리학적 노연연구를 연대기적으로 다음과 같이 세 시기로 구분하였다(김근홍, 2001: 64-66).

1) 초창기(1835~1918)

제1기에는 무엇보다도 나이에 의해 조건지어진 인간 신체 기관의 변화들에 대한 분석이 이루어졌으며, 이는 특히 지적능력 같은 심리학적 요인들과 연관지어졌다. 이 과정에서 실증적 방법론이 연구에 도입되었다.

2) 체계정립기(1919~1945)

제2기에는 노화연구가 체계화되기 시작하였다. 특히 구 소련연방과 미국에서 이러한 체계화 작업이 활발히 이루어졌는데, 실험적 연구들을 통해서 노인들의 정신적 수행능력이 나이에 따라 어떻게 달라지는지를 파악하는 것이 그 작업의 주된 목적이 되었다. 이를 위해 여러 가지 실험 절차와 방법들을 개발하였으며, 미국에서 쓰인 웩슬러 실험(Wechsler-Test) 같은 것도 그 가운데 하나이다.

3) 확장기(1945년 이후)

제3기는 독일에 노화연구가 도입된 시기라고 할 수있다. 1960년대까지 이 분야에서 논의를 주도 했던 것은 나이에 의해 조건지어진 수행능력과 기능상의 변화에 대한 연구들이었다. 그러나 그 후에는 오히려 사회심리학 방향으로 주제를 설정하게 된다. 이때 무엇보다 중요한 쟁점으로 대두 된 것은 나이와 관련된 변화들과 사회적 활동성 및 사회관계 등이다.

2. 고전적 관점

찰스 셀(Charles M Sell)은 한 개인이 자신이 늙어가고 있음을 자각하게 되는 세 가지 요인으로 주관적 감정, 객관적 현실, 사회적 기대 특히 성공적인 노화는 그 사회에서 개개인에게 주어지는 기대와 역할이 달라짐으로써 자신이 더 이상 젊지 않다는 것을 인식하게 되는 사회적 기대의 변화에 대한 적응의 중요성을 강조한다.

1) 분리 이론(은퇴 이론)

커밍(Cumming)과 헨리(Henry)는 분리 이론을 제시하였다. 분리 이론에 의하면 노인이란 기능과 역할을 상실하는 퇴보하는 과정에 있는 사람이기 때문에 노년기에 은퇴나 퇴직을 함으로써 사회적으로나 개인적으로 만족한다는 가정에서 출발한다(안홍순, 2015: 89). 노인의 사회적 분리는 노인에게는 부담을 덜어주고 개인적인 삶을 위한 기회를 더 부여함과 동시에 사회는 늙고 비생산적인 노인 대신 생산적인 젊은이에게 더 기회를 부여하는 긍정적인 효과를 강조한다.

은퇴 이론은 활동 이론에 입각한 것이긴 하지만 중년기에 대한 방향설정의 문제에 있어서는 활동 이론과 다른 입장을 취하고 있다. 연령은 독자적인 발달단계를 나타내며, 개인적 및 사회적 발달모형을 지나치게 중년기에 한전시켜서는 안된다는 것이다. 그러므로 노인은 젊은 사람들에 비하여 건강하지 못하고 사회에 대한 공헌도 미약하기 때문에 이들을 중요한 사회적 위치에서 분리시켜 쉬게 하는 것이 개인적으로나 사회적으로 바람하다는 것을 전제로 하고 있다(김근홍, 2001: 69).

사회적 분리를 제도적으로 실시함으로써 사회 전체의 기능을 원활히 하고 사회전체를 안정 가운데 유지할 수 있다. 그러나 역사와 문화적 영향이나 노인 개개인의 생활 경험의 차이나 개인적 특성 차이에 대한 고려가 없다는 비판을 하고 있다.

(1) 분리 이론의 두 가지 전제

① 인간은 중년기 이후 외부세계나 타인보다 자아와 내면세계에 관심을 두고 몰두하는 것이 자연스럽고 정상적인 현상이다.

② 인간은 노년기에 죽음을 앞두고 있다.

(2) 분리 이론의 한계

분리 이론에 대하여 비판이 나오자 수정작업을 하였으나 한계점이 있는 이유는 다음과 같다.

① 사회구조변동에 대한 문제들을 무시하였고,

② 심리사회적인 개인의 격차를 다루지는 못하였으며, 경제활동에서의 연속성을 배제하고, 근로자가 경제활동 영역으로부터 분리되면 만족

한다는 점을 강조하였고,

③ 근로자가 퇴직한 후에 삶이 빈곤해지거나 사회적 손실과 사회비용의 증가 등에 관한 문제를 간과하였다는 점이다(안홍순, 2015: 93).

2) 활동 이론

활동 이론은 노인들에게 있어서 삶의 초기에 존재한 동일한 가치와 욕구를 유지하면서 노년기에 있는 노인들이 자신들의 전체적인 삶의 과정을 발달하였던 역할과 활동을 지속적으로 할 것을 주장한 이론이다(김기태 외, 2013: 47).

하비거스트와 알브레트의 주장으로 분리 이론을 반박, 노인의 사회활동 참여 정도와 생활만족도는 긍정적인 상관관계가 있어 사회활동 참여도가 높을수록 노인이 심리적, 신체적으로 건강한 삶을 유지, 개념은 활동은 개인의 자아 개념을 재확인하는 데 필요한 역할을 지지, 제공한다.

오길비(Ogilvie, 1987)제시한 바는 은퇴자들은 성별과 관계없이 자신들의 삶에 의미를 준다고 생각하는 일을 추구하기 위하여 활동적으로 참여할 때 정서적 만족도가 높고 그 대표적인 활동으로 자원봉사, 종교적 활동, 가족 간의 활동 상실의 경험은 생활 전면의 총체적 위기를 초래하며 역할 전환에 대한 성공적 사회화를 이룬다는 것이다.

활동 이론은 노후의 생의 만족도를 높이기 위해서는 사회적 참여가 있어야 하고 그 사회적 참여와 생활만족도는 긍정적 상관관계가 있다. 즉 생물학적 측면과 건강의 불가피한 변화를 제외하고는 노인은 근본적으로 중년기와 다름없는 심리적 사회적 욕구를 지니고 있다는 가정을 제시하고 있다(김근홍, 2001: 67).

3) 하위문화권 이론

하위문화권 이론은 로즈(Rose, 1965)에 의하여 주장되었으며 핵심은 노인들간의 상호작용으로 유사한 신념과 관심사 등으로 노인들은 집단 특유의 규범과 가치를 창조해 냄으로써 집단정체감과 하위문화를 형성하게 된다는 것이다. 노인세대의 하위문화가 다른 세대와의 갈등, 분화를 통하여 집단 내 결속력을 높이고 더 많은 권력을 얻지 못한 결과, 노인들은 문제를 경험하게 된다. 노령기에 속해 있다는 공통적 특성과 사회로부터의 소외 및 노인에 대한 사회의 부정적 반응과 비호의적인 정책으로 인한 동류의식이 강화되어 그들만의 상호작용이 촉진되고 노인 특유의 하위문화 발생. 장년기 이후의 활동을 지속적으로 유지, 개발하는 것이 도움이 되며 노인을 활동적으로 보고 조작력을 인정하고 사회에 영향력을 행사할 수 있다는 장점이 있다.

3. 사회구조적 관점

1) 현대화 이론

(1) 시몬스(Simmons, 1945)

노인의 권력과 지위가 사회의 요구에 대해 개인이 소유한 기능 수행 및 능력의 정도에 비례한다고 할 때 노인의 지위는 현대화가 진행될수록 불명확하며, 낮아진다는 것이 현대화 이론의 출발점이다.

(2) 카우질(Cowgill, 1986)

첫째로 건강기술의 발달은 영아, 모성 사망률을 감소시켰고 평균수명을 연장시켰으며 결과적으로 인구증가를 초래하였다. 은퇴와 퇴직이라는 사회적인 압력이 제도적으로 발전하게 되었다.

둘째로 과학 기술의 발전은 전통기술과 경영방식에 의존하는 노인과 새로운 기술과 지식을 소유한 젊은이들과의 세대격차를 심화시키고 노동시장에서 가치 있는 역할에 기여하지 못하고 주변 인물로 소외되었다.

셋째로 도시화는 핵가족을 가속화시켰으며, 직업과 교육의 기회를 위해 빈번한 지리적 이동 증가, 핵가족화 가속화, 세대 간에 상호관계의 질과 양은 엄청난 변화를 경험, 노인의 지위와 역할은 하락하게 되었다.

넷째로 교육기회의 확대발전으로 자녀의 교육 수준이 부모보다 높아져 부모 자녀 간에 지적·도덕적·사회경제적 지위의 격차를 심화시켰다(양옥남 외, 2012: 48-50).

2) 연령계층 이론

연령계층 이론은 라일러와 포너(Riley & Foner, 1968)에 의하여 제기된 이론으로 사회가 경제적 계급에 의해 계층화되는 것과 마찬가지로 청년, 중년, 노년으로 연령에 따라 계층화된다는 것이다. 각각에 다른 연령집단에 속한 사람들은 기대되고 수행되는 사회적 역할이 다를 수밖에 없다. 때문에 노인계층은 다른 계층과 사회적 기대와 역할이 달라짐으로 노인은 이전까지 누리던 역할과 권력 등이 약화되면서 배분과정에서 소외되어 간다. 즉, 노화에 따른 권력의 약화, 사회 배분구조에서의 소외로 인하여 노인은 세대 간 차이를 느끼고 낮은 서열로 밀려나게 됨으로써 문제를 경험하게 된다(임병우 외, 2015).

사회는 기본적으로 연령등급에 의해 연령계층으로 구성되어 서열화되어 있다고 가정한 이론이다. 한 연령층에 속한 사람은 같은 문화권에서 서로 비슷한 역사적 경험을 하면서 성장해 왔기에 비슷한 가치와 태도가 형성되어 다른 역사적 경험을 하면서 자란 타 집단과 구별, 사람들의 생활과 사회구조의 상호작용을 중시하고 사회적·심리적·생리적 요소들의 상호

의존성을 강조함으로써 연령을 더 넓은 시각에서 보고 있다. 연령계층 이론은 종래의 고령화 자체를 본질적인 발달과정으로 보는 견해에 대해서 연령집단에 따라 지속적인 경험의 차이가 있다는 견해로 변화시켰다. 그러나 연령계층은 인종과 성 등과 더불어 동일한 사회계층 요소로 보는 것이 적절하냐는 의문이 제기되고 있다. 또한 이 이론은 사회적 역할을 강조함으로써 개인의 자율성을 무의미하게 보며 구조결정론의 형태를 암시한다는 지적도 받고 있다(김치영 외, 2014: 69-70).

4. 통합적 관점

1) 사회심리적 관점

(1) 사회 와해 이론

쿠이퍼스와 벵슨(Kuypers & Bengtson, 1973)에 의해 제시된 이론이다. 사회와해 이론은 심리적 문제가 있는 노인에 대해서 부정적인 인식이 노인 전체에 대한 부정적 인식으로 환류되어서 노인에 대한 부정적 인식이 강화되고 그리고 부정적인 사회적 인식의 틀 속에서 생활해야 하는 노인의 사회적활동이 더욱 위축이 되고 어려워지게 되는 순환적인 틀을 형성하고 이러한 순환적 틀 속에 갇혀서 생활해야만 하는 노인은 결국 사회적으로 와해된다고 주장한다(고수현 · 윤선오, 2009: 43).

서구사회의 노인에 대한 사회의 부정적 인식이 노인 스스로의 긍정적 자아정체감 형성을 방해함으로써 의존적이고 사회적으로 취약한 사회적 존재로 만들었다(김욱, 2012; Zusman, 1966).

심리적으로 허약한 사람에게는 자신의 행동에 대하여 체계로부터 받은 부정적 피드백이 개인에게 총체적 와해의 요소로 작용한다. 사람은 자신이 부정적 행동을 했을지라도 비판하면 반항하거나 자신감을 상실하여 또 다른 부정적 행동을 하게 되며 혹은 자신에 대해 비현실적인 기대를 하거나 전혀 기대하지 않는 무자극의 사회 환경에서는 무기력, 무능력하게 되어 개인적 삶을 와해된다(양옥남, 2012).

(2) 사회심리적 모델

사회심리적 모델은 사회정책과 사회구조에 초점을 두고 노인을 퇴화해 가는 존재가 아닌 사회활동가로 보고 사회의 한 구성원으로 복귀시키는 것에 주력하면서 노인의 활동 선택에 한계를 두는 사회경제구조를 비판하고 다양한 기회와 분배의 정의가 실현될 수 있는 방식을 강조한다.

2) 정치 경제적 관점

고령화로 인한 문제는 단독으로 발생한 것이 아니라 사회의 가치, 공공정책, 정치우선순위와 물질적 여건들이 개인의 경제적 자원과 심리적 자원에 영향을 미치며 고령화 패턴 형성에 있어서 사회정책, 사회조직, 집단권익의 역할을 조직적으로 검토함으로 사회구조와 개인생활 간에 연결성을 탐구, 노인의 개인차를 간과했다는 비판하고 있다(양옥남, 2012). 이 이론은 경제적, 정치적 힘의 상호작용에 따라 사회적 자원의 할당 방법을 결정하려고 시도하며 그리고 노인의 사회적 지위와 처우 방법에 대한 변화는 경제적 동향, 공공정책 그리고 사회구조적 요인 등에 의해 노인의 경제적 자원과 사회심리적 자원에 영향을 미친다는 주장이다. 노인의 정치 경제적 접근방법은 두 가지 측면이 있는데 첫째, 사회적 지위가 노인의 생활 양식에 미치는 영향을 검토하는 것이며, 둘째, 여러 다양한 집단들이 힘을 취득하고 유지하려는 과정에서 변동하는 세력의 분배와 경제조직 형태 간의 역학관계를 분석하는 것이다(김기태 외, 2011: 58).

제2절 노인의 생리적 변화와 노화 이론

1. 노인의 생물학적 특성

1) 신체구조의 변화

인간은 나이가 들어감에 따라 신체적 노화과정을 거치게 되고 이러한 과정은 신체의 구조적인 변화를 초래하게 된다. 즉, 인간의 신체가 노화 과정에서 재생성보다 퇴화성이 강하게 작용하여 신체의 구조적 변화됨을 의미한다(김동배 & 권중돈, 1998).

① 골격은 큰 변화를 보이지 않으며 칼슘이 고갈 되어 골밀도가 낮으며 여성에게 현저한 골다공증과 골절사의 위험이 증가된다.

② 신체의 연결조직인 콜라겐, 엘라스틴, 레티큐틴 등의 기초물질 감소로 연골의 탄력성이 약해져 관절의 움직임이 활발하지 못해 관절염에 걸릴 확률이 증가된다.

③ 피부나 지방조직, 치아와 같은 조직의 변화가 현저하다. 성인 초기나 중기는 지방질이 점차 증가하고 노년후기에는 지방질이 사라져 피부와 근육의 탄력을 잃고 주름이 늘고 대머리, 백발, 얼굴의 반점 등이 나타나는데 이는 신체의 지방질이 늘고 세포가 노화됨에 따라 피부의 수분을 유지하는 능력이 점차 감소, 미세조직이 엷어지기 때문이다.

2) 대뇌의 변화

① 노화가 가장 먼저 시작된 곳으로 가장 활발한 시기는 20~40세경에 그 무게와 크기가 최대에 달하여 약 100억 개의 신경원이 있다.

② 30세를 전후해서 매일 2만~10만 개의 신경원이 상실되다가 그 이후

에는 감퇴 정도가 더 심해져 대뇌의 크기와 무게가 줄어든다.

③ 40세 이후에는 뇌의 순환도 점차로 저하되고 뇌파 사이클 변화와 대뇌에 지장색소가 쌓이게 되어 회백색에서 황색으로 변하며 비타민 E가 부족할 경우 더욱 촉진된다.

④ 노화로 인해 영양공급이 안 되어 신경전달물질의 양이 감소하고 신경섬유가 엉키어 노인은 활력과 생기가 떨어지고 정서 감정도 달라져 희로애락을 느끼는 정도가 희박해진다.

3) 신체 각 기관과 생리적 변화

① 치아손상, 침, 위액의 분비가 감소되어 소화기의 운동성, 분비능력, 흡수능력이 저하되고 대장 기능이 떨어져 변비나 숙변이 증가, 폐의 탄력성이 떨어져 혈중 탄소압과 폐활량이 감소해 저산소증이나 고탄산증의 원인이 된다.

② 심장은 무게의 변화는 없지만 55세경부터 불규칙해지고 박동이 느려진다. 혈액을 응고 시키는 트롬빈의 증가와 지반축척 증가, 혈관내의 탄력성 감소와 콜라겐의 증가는 혈전증과 심장 판막 질환의 원인이다.

③ 세포조직의 재생기능이 퇴화하여 신진대사가 저하되어 기초대사율이 낮아지나 혈액 속의 당분 포함 정도인 탄수화물 대사율이 증가하여 혈당량이 높아지게 되는데 성인기의 당뇨병의 원인이 된다.

④ 수면 양상은 램(REM)단계의 수면이 줄어 깊이 잠을 못자며 대뇌의 휴식과 활동 능력이 저하되어 인지활동이나 정서생활에 영향을 준다.

⑤ 호르몬의 감소로 자체 피드백 체계에 혼란이 오면서 신체적, 심리적 충격에 대한 적절한 대처능력이 떨어져 적응력이 약화된다(양옥남 외, 2012).

2. 노화의 개념

노화는 생명체에게 예외 없이 시간의 흐름에 따라 일어나는 점진적인 변화로 유기체의 세포, 조직, 기관조직, 또는 유기체 전체에 일어나는 성장과 발달의 과정 중의 한 부분이다.

노화(aging)의 정의는 학자들마다 다르게 접근하고 있으나 바이런(Birren, 1959)의 주장처럼 공통적으로 인간의 정상적인 성장과 발달과정에서 일어나는 생물학적 변화, 심리적 변화, 사회적 변화를 포함한 전체적인 변화를 포함한다. 이러한 세 가지 변화는 각각의 개별적인 변화일 수도 있고 상호 유기적으로 연관되어 변화를 초래할 수 있다.

노화는 일차적 노화(primary aging)와 이차적 노화(secondary aging)로 구분된다.

일차적 노화는 인간 누구에게나 일어나는 점진적이고 불가피하며 보편적인 노화를 말하며, 이차적 노화는 일차적 노화가 일어나는 속도에 영향을 미치는 것으로 스트레스, 질병, 흡연 등이 노화과정을 가속화하는 것을 말한다(Hickey et al. ed., 1997; 박광준, 2004).

노화의 개념을 이해하기 위하여 金子仁(홍종인 역, 1986)은 다음과 같은 노화의 특성을 이해해야 한다고 보고 있다.

① 노화는 병이 아닌 일차적인 변화이며 본질적이다.
② 노화는 진행형이며 한번 시작하면 후퇴하지 않는다. 즉, 일단 노화가 시작되면 원래상태로의 회복이 불가능하다. 원래대로 회복이 된다면 노화가 아닌 병이 치료된 것이다.
③ 노화는 인간의 몸에 해악을 가져오는 장애를 동반한다.
④ 노화는 인간 누구에게나 일어나는 보편적인 것이다. 그러나 출현방식은 개인마다 다르다.

반면에 권중돈(2004)은 노화의 개념을 이해하는 데 고려해야 할 사항은 다음과 같다고 주장한다.

① 사회적 노화와는 다르게 생물학적 노화는 원래 상태로의 회복이 불가능하다.

② 노화의 원인규명에는 내외적 요인들을 고려해야 한다.

③ 노화는 보편성과 개인적인 차이를 고려해야 한다.

④ 노화는 성장과 쇠퇴, 부정과 긍정, 상실과 획득을 동시에 고려해야 한다.

⑤ 노화는 변화와 함께 변하지 않는 안정성에 대하여 고려해야 한다.

제 학자들의 노화에 관한 개념적 정의를 정리하여 그 특징을 다음과 같다고 주장하였다. 첫째, 노화는 유기체 내에서 일어나는 필연적인 것으로 출생에서 죽을 때까지 전 과정에서 일어나지만 노년기에 그 속도가 빨라진다. 둘째, 노화는 신체의 구조나 기능의 변화뿐만 아니라 인간의 적응이나 행동에 있어서의 변화 유형을 포함한다.

참고 | 노화와 더불어 고려해 볼 점

(1) 노화를 발달상의 변화로 이해하지만 시간이 지나도 신체, 심리, 사회적 측면의 변화하지 않는 특성, 즉 안정성에 대하여 고려해 볼 필요는 있다.
(2) 상실과 획득, 부정과 긍정, 쇠퇴와 성장 두 가지 측면을 동시에 고려해야 한다.
(3) 노화는 모든 사람에게 나타나지만 개인의 차가 있기 때문에 노화의 보편성과 개인의 독특성을 동시에 고려해야 한다.
(4) 노화는 유전적 프로그램에 의한 변화로 인식되는 경우가 있지만 노화의 내적 환경과 외적 환경을 고려해야 한다.
(5) 생물학적 노화는 일단 노화가 진행되면 원래 상태로 돌릴 수 없지만 사회적 노화는 원래 상태로 돌릴 수 있다(최원석, 2011).

표 2-1 노화에 따른 변화: Baltimore Longitudinal Study of Aging(BLSA)

구 분	변 화
외모	• 30세 이후 남녀 신장 0.16cm/년 감소 • 팔, 다리의 굵기 감소, 몸통 둘레 증가
체중 및 체내대사	• 55세까지 체중 증가하다가 감소 • 근육, 수분, 뼈의 질량 감소 • 30세 이후 1일 칼로리 섭취량 12calorie/년 감소 • 전체 체내지방의 양은 일정함, 단 분포에 있어서 차이가 있음 • 허벅지에 집중, 복부는 상대적으로 감소
심혈관계	• 혈중 콜레스테롤치가 성인기부터 시작하여 60~65세까지 증가, 이후에는 감소 • 심박출량은 변화 없음 • 심박동수는 감소하나 건강에는 전혀 지장이 없음 • 심장벽 두께 증가
구강상태	• 씹는 습관은 연령 증가에 따라 계속 변함 • 충치 발생률, 치주질환 증가 • 타액의 생성과 구성 성분에는 변화 없음
반응속도	• 소리나 자극에 반응하는 속도가 느림 • 사물의 작은 변화(예 시계의 분침의 움직임)에 대한 인식 능력이 저하
인지능력	• 단기 기억력 감퇴 • 시각적 기억력 감퇴
성격	• 질병이 없는 한 성격은 변하지 않음 • 노인이 되면 건강염려증을 보인다는 근거를 발견하지 못했음
성기능	• 성적활동 감퇴, 그러나 젊었을 때 성생활의 횟수가 높은 노인의 경우 연령이 증가해도 계속 상대적으로 높은 수준 유지 • 전립선의 비대
감각기능	• 시력, 후각 감퇴 • 전 주파수에 대한 청각의 감퇴 • 단맛과 신맛에 대한 미각은 불변, 짠맛과 쓴맛은 약간 감퇴
생리적 기능	• 신장, 폐기능 감퇴 • Lymphocytes, neutrophil 등 면역세포의 기능 감퇴
근력	• 팔과 등의 근력 감소 • 신체적 활동, 운동능력의 감소

(Hayflick, 1996; National Institute on Aging, 1993b)이성국 교수(경북대학교 의과대학 예방의학교실)

3. 생물학적 노화

(1) 세포 이론

① 마모 이론

기계를 장시간 오래 사용하면 마모현상에 의해 노후되는 것처럼 세포와 조직이 닳아 없어짐으로써 신체 기관의 노화가 진행된다는 이론이다.

② 노폐물 누적 이론

해로운 물질과 노폐물이 생성, 축척되어 세포의 정상 기능을 방해하여 노화가 진행된다.

③ 유해산소 이론

신진대사 과정에서 흡연, 감염, 지나친 운동 등으로 활성산소를 생산하는데 이 산소가 지방질이나 단백질을 파괴하고 세포기능 저하로 노화가 진행된다.

(2) 유전 이론

① 유전적 결정 이론

유전인자(DNA) 속에 노화의 속성이 미리 프로그램 되어 있어 유기체가 일정한 시간이 되면 노화가 진행된다.

② DNA 작용 착오 이론

유전인자(DNA)가 단백질이나 효소와 결합하여 생명유지에 필요한 단백질을 형성하는 과정에서 유전정보에 맞지 않는 단백질을 생산할 때 노화 진행된다.

③ 유전자 돌연변이 이론

유전자가 손상을 입으면 정상유전자로 복구되는데 이 시스템이 비정상일 경우 돌연변이 세포 생성이 누적될 때 노화가 진행된다.

(3) 생리학적 이론

① 신진대사 이론

신진대사에 필요한 적정수준의 열량 부족으로 인해 노화가 발생된다.

② 칼로리 제한 이론

영양실조, 과다한 영양공급으로 인해 노화가 진행된다.

③ 신경호르몬 이론

뇌의 시상하부의 신호에 의해 분비되는 호르몬 분비가 감소되거나 생화학적 조절 기능이 약화되어 노화가 진행된다.

(4) 면역 이론

① 면역반응 이론

백혈구가 이물질에 대한 식별 능력이 저하되어 이물질을 모두 파괴하지 못하여 누적된 이물질에 의해서 노화 진행된다. 항체물질에 대한 식별능력이 저하되어 이물질을 다 파괴하지 못하게 된다. 미처 파괴되지 못한 이물질이 계속 체내에 있으면서 부작용을 일으켜서 결국은 노화를 촉진시킨다는 이론이다(김인혁 외, 2014: 48).

② 자동면역 이론

체내 면역체계가 항체를 만들 때 정상세포까지 파괴하는 자동항체를 만들고 이의 증가로 정상세포가 파괴되어 노화가 진행된다.

(5) 스트레스(stress theory) 이론

스트레스 이론(stress theory)은 1930년대에 셀리(H. Selye)에 의하여 주장된 이론으로 연령이 증가함에 따라 스트레스 대처능력이 감소한다는 이론이다. 스트레스는 혈관, 내분기계, 소화기계 및 심장계 질환 등 인체 전반에 걸친 스트레스성 병리현상을 나타낸다. 스트레스가 체내의 부정적 병리 현상을 유발하여 노화가 진행된다는 이론이다.

제3절 노인의 심리적 적응과 발달심리 이론

1. 노인의 심리적 특성

1) 감각 기능의 변화

(1) 시력

각막, 동공, 수정체의 변화에 의해 눈의 선명도가 떨어지고 물체가 흐릿하게 보이고 갑자기 밝은 곳으로 나가게 되면 눈부심 현상이 일어난다. 수정체의 섬유질 증가로 백내장, 노폐물의 축적으로 눈의 선명도가 떨어지고 눈이 침침해져 눈부심의 현상, 암순응과 명순응의 능력이 감퇴된다.

(2) 청각

고음에 어려움을 느끼고 목소리 구분을 잘 못하며 타이니터스 질환으로 굵고 낮은 소리를 더 잘 듣는다. 남자가 감퇴현상이 더 잘 일어나고 직업을 가진 여성들의 청력 상실이 더 빈번하게 발생된다.

(3) 미각

흡연 여부에 따라 현저한 차이를 보이고 남성은 짠맛 미각이 현저하게 퇴화되고 이는 남성노인의 심장질환을 촉진시키는 요인이다. 세대의 맛과 냄새의 경험차이라고 지적하고 있다.

2) 지각 능력의 변화

뇌의 신경원과 신경조직의 퇴화함으로 유입된 정보의 해석과 추리과정, 정보에 대한 반응 속도 상의 퇴보가 일어난다. 자극지속 이론－지각된 정보의 흔적이 오래 남아 다음 자극 처리에 방해가 되기 때문이다.

시공간의 통합 능력이 감퇴하며, 생리적 각성 수준이 낮아져 주의 집중력이나 경계능력이 감퇴한다. 선택적 집중력이 약화되고 주의 양분 능력이 떨어지면서 복잡한 방해 자극이 있는 가운데 하나의 표적에 주의를 기울이는 능력과 두 자극에 동시에 주의를 기울여 지각하는 능력에 어려움을 느낀다.

3) 지적 능력의 변화

유동성 지능은 성인 초기에 절정에 달하였다가 뇌의 신경조직이 손상되면 서서히 감퇴하나 결정화된 지능은 나이가 들어도 꾸준히 증가한다. 연령 증가에 따라 정신기능이 절대적으로 감퇴한다는 과학적 증거는 없으며 교육, 훈련, 과제의 친숙성과 과제 수행의 속도, 신체의 건강정도는 개인의 지능과 밀접한 관련이 있어 지적 수행 기능이 계속 유지되며 개인차가 있음을 알 수 있다.

4) 기억력의 변화

감각기관을 통해 받아들여진 정보를 부호화하여 저장해 두었다가 다시 인출하는 것을 말하며 기억구조는 감각기억 → 단기기억 → 장기기억으로 감각기억의 과정에 과도한 정보나 방해하는 정보가 부여되면 부호화에 문제가 발생하여 정보처리가 어려워지면서 체계적으로 정보가 저장되지 못하고 인출 시 문제 발생한다.

5) 학습능력과 창의력의 변화

연습이나 경험을 통하여 정보나 기술을 습득하는 능력을 의미하여 과업수행의 결과로 측정한다. 사고(思考)나 문제해결 능력 등의 저하는 교육수준과 지능과 매우 관련이 깊은 정신 작용으로 노화가 직접적인 영향을 주는 것으로 보기 어렵다.

특별한 창의력은 개인의 독창적 문제해결 능력인 동시에 자기실현을 위한 독특한 정신작용으로써 활동 유형, 동기, 노력, 보상, 개인차 등 다양한 변인의 영향을 받으므로 노화가 창의력 감퇴와 직접적인 관계가 있다고 하기에는 무리가 있다.

6) 정서의 변화

개인의 정서경험, 정서표현, 조절 과정에는 안정과 분화, 변화가 공존한다. 노인의 감정이 무뎌져서 무미건조해진다는 견해가 지배적이었으나 연령과 관계없이 안정적이며 오히려 긍정적 정서경험이 증가한다. 연령이 증가하면서 정서조절기능이 발달함에 따라 정서표현이 절제되고 세분화되며 복합적으로 외부로 드러나는 정서표현이 적어지게 된다.

7) 성격[3]의 변화

성격은 선천적으로 부여받은 소질을 바탕으로 후천적 환경과의 상호작용에 의해 형성된다고 볼 수 있다. 노년기에 올 수 있는 신체적, 정신적, 기능의 저하, 역할상실, 배우자·친구 상실 등 노년기에 올 수 있는 여러 가지 환경변화들은 노인의 성격에도 영향을 미칠 수 있다. 노년기의 성격적 특성으로 일반적으로 설명되고 있는 내용들은 우울증의 경향, 내향성과 수동성 증가, 경직성과 조심성 증가, 성역할 지각의 변화가 나타나 양성성이 강해짐, 친근한 사물에 대한 애착심, 유산을 남기려는 마음, 의존성 증가 등이 있다(이해영, 2014: 70-71).

---

3) 일반적으로 그 사람의 행동양식이나 가치의식을 결정짓는 개인의 욕구와 동기, 태도

2. 노년기의 발달심리 이론

1) 발달과업 이론

(1) 에릭슨(Erikson)의 심리발달 이론

에릭슨(Erikson)은 긍정적 성격의 특성은 자아통합이며 긍정적 자아 통합이 발달하지 못하면 절망의 태도가 형성된다고 하였다.

(2) 펙(Peck)의 발달과업 이론

펙(Peck)은 인간의 노년기는 직업상실, 신체기능의 상실, 죽음이라는 세 가지 커다란 현실에 직면하는데, 성숙한 자아 분화가 잘 이루어지는 경우 건강한 자아 정체감과 더불어 성숙한 노화과정을 경험하게 됨으로 직업 기반 이외에 다른 역할에서의 자아 지지 기반을 획득함으로써 직업 상실의 위기에 대처하며 생물학적 노화현상을 극복하고 적응하고 죽음의 불가피성을 수용함으로써 초월적 과업을 이루는 것이 중요하다고 하였다.

(3) 하비거스트(Havighust, 1972)의 발달 이론

하비거스트(Havighust, 1972)는 생의 발달과정을 6단계로 구분하여 각 발달단계에서 해결해야 할 과업을 제시하였는데, 약화된 신체의 힘과 건강에 따른 적응, 퇴직과 경제적 수입 감소에 따른 적응, 배우자의 죽음에 대한 적응, 동년배 집단과의 유대관계 강화, 사회의 역할을 융통성 있게 수행하고 적응하는 일, 생활에 적합한 물리적 생활환경을 조성해야 한다는 6가지 과업을 제시하였다.

(4) 레빈슨(Levinson)의 인생구조 이론

레빈슨(Levinson)은 60~80세까지를 노인 전기, 80세 이상은 노인 후기로 분류, 이 가운데 60~65세 사이를 노인 전환기라고 하였다. 노년기에는 우정, 여가, 종교가 삶의 핵심부로 이동하면서 은퇴와 신체적 쇠퇴에 적합한 새로운 인생구조를 수립하고 심리적 적응을 꾀해야 한다는 이론이다.

2) 정체감 위기 및 유지 이론

(1) 정체감 위기 이론

밀러(Miller, 1965)는 퇴직은 직업 역할과 이에 부수적으로 연결되었던 다른 역할의 상실을 초래하므로 자아지지의 기반이 무너지고 그동안 유지했던 정체성이 위기에 처하게 된다는 이론이다.

(2) 정체감 유지 이론

에췰리(Atchley, 1971)에 의해서 제기된 이론으로 직업적인 일에만 전적으로 전념하는 것이 아니라 다른 여러 가지 일이나 역할에 관련되어 있으므로 퇴직 후에도 참여하여 정체감을 유지시켜야 한다는 이론이다.

3) 사회적 와해 이론

사회적으로 인식된 부정적 환류가 부정적 인식을 강화시키는 순환적 틀이 되어 노인의 사회적 관계와 활동을 어렵게 만들고 외부인에게 도움을 요청하게 되면 이러한 과정 자체는 '문제 있는, 무능한 취약자'로 낙인되고 이러한 낙인 속에서 다시 외부의 도움을 요청하는 순환적 관계에 빠지게 되고 결국 사회적 와해 증후를 초래한다는 이론이다(최원석, 2012.).

참고문헌

고수현 · 윤선오(2009). 새로운 노인복지론. 양서원.

김귀환 · 나직균(2012). 노인복지론 개정판. 동문사.

김근홍(2001). 한 · 독 노인복지이해. 학문사.

김기태 외(2011). 노인복지론. 공동체.

김남희 외(2014). 노인복지론. 동문사.

김인혁 외(2014). 노인복지론 증보판. 창지사.

김현진(2015). 대학생의 생활스트레스가 정신건강에 미치는 영향. 대한신학대학원대학교 박사학위논문.

안홍순(2015). 노인복지론. 공동체.

양옥남 외(2012). 노인복지론. 공동체.

이용교 외(2006). 노인복지의 길. 학현사.

임정문 외(2020). 노인복지론 개정판. 동문사.

장인협 · 최성재(2003). 노인복지학. 서울대학교출판부.

최원석(2012). 노인복지론. 양서원.

현외성(2012). 노인복지학 신론. 양서원.

Atchely, R. C.(2000). S*ocial Forces and Aging*(9th ed.), California Wordsworth : An Introduction to Social Gerontology.

Birren, J. E., "Principles of Research on Aging," In Handbook of Aging and *the Individual*, Ed. by J. E. Birren, Chicago, University of Chicago Press, 1959.

Blazer. D. G.(2003). Depression in Later Life: Review and Commentary, *Journals of Gerontology*, 58(3), 249-265.

Chapter 03

노인복지법의 이해

제1절 노인복지법 제정 배경과 주요 개정 내용

1. 노인복지법의 제정과 그 배경

1) 사회경제적 요인

(1) 노인인구의 현황

어떠한 사회적 배경 하에서 노인복지법이 제정되는지를 알아보기 위해서는 우선 노인의 존재가 사회문제화되었는지의 측면부터 살펴볼 필요가 있다. 1960년~1980년까지 인구구성의 추이를 보면 1970년대에 연소인구(0~14세)가 감소함에 따라 생산인구(15~64세), 노인인구(65세 이상)가 증가하고 있음을 알 수 있다. 이것은 1960년대부터 전개해 온 인구 억제정책의 영향으로 간주된다.

1960년대 초반 우리나라의 인구 증가율은 3%에 달했고 이러한 높은 인구 증가율을 저하시키기 위해 정부는 가족계획에 의한 인구 억제정책을 추진하여 출생률은 서서히 감소하게 되었다. 65세 이상 노인인구 증가 추이를 보면 1960년의 노인인구는 82만 명으로 구성 비율은 3.3%였던 것이 1980년에는 146만 명으로 3.8%를 차지하여 20년 사이에 무려 77%의 증가율을 보이고 있다. 노인인구 비율은 20년 동안에 3%대의 수준을 유지하고 있어 노인인구 그 자체가 노인복지법 제정의 직접적 요인이었다고는 보기 어렵다.

(2) 노인의 취업문제

우리나라는 1960년부터 시작된 경제개발계획에 의거 산업구조와 취업구조에 큰 변화를 가져왔다. 전체적 특징을 보면 1차 산업비중의 감소, 2차 산업은 20.2%, 그리고 제3차 산업은 41.9%를 차지하고 있었던 것이 1980년에는 14.6%, 30.9%, 54.4%로 제1차 산업의 비중이 현저하게 저하되면서 산업화가 진행되었다. 산업별 취업자의 구성 비율을 보면 1965년에 58.7%로 압도적 비율을 차지했던 제1차 산업부분이 1980년에는 34%로 하락했다. 반면 제2, 3차 산업의 취업인구는 1965년에 각각 13.2%, 28.1%였던 것이 1980년에는 22.6%, 43.4%로 증가했다.

우리나라의 산업화는 제1차 산업의 대부분을 차지하고 있던 농업 부분이 GDP에서 점하는 비율을 급격하게 저하시키면서 농촌 인구의 도시에의 유입과 농업 취업인구가 도시 산업 부분에 흡수되면서 진행되었다고 볼 수 있다.

노인복지법 제정 당시의 급격한 산업화와 도시화는 노인의 취업에 큰 영향을 미쳤다. 우리나라 갤럽 조사의 「우리나라 노인의 생활과 의식구조」(1990)에 의하면 1981년에 노인의 취업률은 20% 정도였다.

취업하고 있는 대부분의 노인은 농림사업이나 자영업에 종사하고 있으며 자영업 부분에 있어서는 노인이 직접 경영하고 있는 것이 아닌 가족경영체제에서 부급으로 일하고 있는 경우가 많아 실질적인 노인의 취업률은 20%에도 못 미친다고 지적하고 있다.

제정 당시의 우리나라는 산업구조 및 기술의 근대화에 의해 노인의 역할상실과 도시화에 의한 노동력의 유동화에 의해 노인의 취업은 사실상 어렵다고 볼 수 있다.

(3) 가족 부양의식의 변화

급속한 산업화와 도시화의 진전은 노인의 지위 하락은 물론 가족 부양

의식에도 큰 변화를 가져왔다. 전통적 가치였던 유교의 경로효친사상은 노부모에 대한 장남의 효를 최대의 가치로 삼고 장남이 노부모를 동거 부양하는 것으로서 재산과 제사권을 상속 받았다. 그러나 장남도 도시로 이주함에 따라 동거부양은 사실상 어렵게 되었다. 따라서 자녀 모두가 노부모를 부양하는 방향으로 전환하게 된다(양옥남 외, 2012: 79-80).

이러한 변화에 박차를 가한 것이 1977년의 민법의 개정이라고 볼 수 있다. 1977년의 민법 개정에서는 피상속인이었던 장남 이외의 직계비속도 남녀 구별 없이 평등하게 재산을 상속할 수 있게 되었다. 전국 14세 이상의 세대원을 대상으로 실시된 경제기획원의 「사회통계조사」에 의하면, 부모의 부양책임에 대한 태도"에 관한 질문에서 1979년에는 "장남에게 책임이 있다"고 대답한 비율이 30.6%, "아들 모두의 책임"이라고 대답한 비율은 22.2%로 변화되었다(김미숙, 2001).

노부모에 대한 부양의식은 기존의 장남 책임 중심에서 자녀 모두로 변화 되었다. 여전히 자녀에게 의존하는 비율은 높고 노인의 자립이나 사회에 대한 책임의식은 낮게 나타나는 한계를 지니고 있다.

2) 관련제도의 한계에 의한 제도적 요청

(1) 노인복지법 제정의 필요성

우리나라는 1960년대부터 사회경제적 안정을 꾀하면서 근대적 사회보장 정책을 제도화하기 시작하였다. 1962년에는 정부가 사회보장제도의 기틀을 세우고 복지사회 건설에 매진한다는 정책 방향을 수립하였다(박차상 외, 2002). 1960년 공무원연금법을 시작으로 1961년 12월에는 생활보호법을 실시하는 등 일련의 시책이 사회보장제도의 일환으로서 자리 잡게 되었다. 그러나 노인복지법이 제정되기 이전에 발생한 노인문제를 기존의 노인 관련 제도로 해결하기에는 많은 한계점을 내포하고 있었다.

제도적 한계에 의해서 노인복지법 제정이 필요하게 된 이유를 정리해

보면 다음과 같다.

첫째, 노인복지법 제정 이전의 노인 관련 시책으로서 가장 큰 문제점은 대다수 노인의 노후소득보장에 관한 시책의 부재를 들 수 있다. 앞에서 지적하였듯이 당시 심각한 노인문제는 경제적 빈곤문제였다.

노인복지법 제정 이전의 연금제도를 보면 특수직연금, 즉 공무원연금(1960년), 군인연금(1963년), 사립학교교직원연금(1975년)은 실시되고 있었지만 대다수 노인들의 소득보장정책인 국민연금은 그때까지 시행되지 않고 있었다. 1973년에 현 국민연금제도의 모체인 국민복지연금법이 제정되어 1974년 1월부터 시행될 예정이었으나, 당시 오일 쇼크와 맞물려 경제적 위기와 호응 미비로 연기되었다. 이와 관련하여 당시 공공부조인 생활보호급여 수준은 최저생계비에도 미치지 못하는 형편이었다(현외성, 1994). 단편적인 노후소득보장과 공공부조의 열악한 수준을 개선하기 위해 종합적 시책으로서 노인복지법 제정이 필요하게 되었다.

둘째, 1970년대 후반에 접어들면서 노인복지서비스에 대한 필요성과 인식이 높아지면서 양로원, 노인정, 노인교실, 노인대학 등의 법적 근거와 노인복지서비스의 양적·질적 확충을 꾀하기 위하여 노인복지법이 필요하게 되었다는 점을 들 수 있다. 1968년 7월에 사회보장심의위원회는 사회개발의 기본 구상을 발표하면서 노인복지와 관련된 내용을 다음과 같이 제시하고 있다.

노인인구의 증가에 대비하여 취업 노동자의 노후생활안정을 위해 양로보험을 도입하고 전국 42개소밖에 없는 양로보호시설을 확충·개선하며, 유료양로원시설, 노인복지센터, 노인요양시설을 법적으로 설치하는 것과 경로회관과 경로당을 설치하는 것 등을 내용으로 하고 있다(김태현, 1977).

1970년대 중반까지 우리나라는 빈곤문제를 해결하기 위하여 경제개발과 성장을 우선 정책으로 하여 노인복지에 대한 관심을 국가적 관심으로 이끌어 내지는 못하였다. 1970년대 후반에 접어들면서 국민들의 생활수준이 향상되자 노인들에 대한 관심이 확대되고 욕구 수준도 증대되었다.

도시의 일부 노인들은 빈곤, 주택난, 노인복지서비스의 부재, 역할상실, 고독 등 노인들에 대한 인식과 노인복지에 대한 구체적 욕구를 호소하기도 하였다. 이러한 분위기는 노인학교라는 제도를 탄생시키기도 하였다(박차상 외, 2002).

1970년대까지 노인복지만으로 이루어진 정책이나 사업은 없었고 생활보호법의 테두리 안에서 최소한의 시책만이 이루어지고 있어 종합적이고 체계적인 노인복지제도 안에서의 서비스 확충과 기관정비의 필요성이 제기되었다.

노인복지법은 노인인구의 급속한 증가가 직접적인 요인으로 작용했다고 보기는 어렵고 핵가족화에 따른 부양의식의 퇴조, 노인의 빈곤문제, 노인의 지위와 역할의 상실, 노인복지서비스의 확충과 함께 법적 근거 마련의 필요성 등에 의해 제정되었다고 볼 수 있다.

3) 노인복지법의 개정 과정과 주요 내용

(1) 1989년 제2차 개정

1989년의 제2차 개정에서는 노인복지법의 제2의 탄생이라고 할 정도로 전문에 걸친 개정이 이루어졌다. 제정 당시의 노인복지법 내용은 노인복지의 당위성이나 선언적·훈시적 내용만을 강조하고 있어 실제로 노인이 직면하고 있는 현실적 문제에 대해서는 대응을 하지 못하고 있다는 비판을 받아 왔다(김만두, 1991). 그러나 제2차 개정에서는 국가의 노인복지에 대한 책임을 좀 더 적극적으로 강조하고 있음을 알 수 있다.

참고 | 개정된 주요 내용

• 노인복지대책에 관한 국무총리의 자문에 응하기 위하여 노인복지대책위원회가 설치되었다(동법 제5조). 노인복지법 이외의 사회복지서비스법에 의한 각종 위원회는 보건사회부(현 보건복지부)장관 소속으로 설치되어 있으나 노인복지대책

위원회를 국무총리 소속으로 설치한 것은 정부가 노인문제에 대해서 각별한 관심을 가지고 있음을 시사 한 것이라고 볼 수 있다.

- 재가노인을 위한 가정봉사원 사업의 실시가 규정(동법 11조). 제정당시는 재가노인복지서비스에 관한 규정은 없었다. 1989년 개정에 의해 처음으로 가정봉사원 사업이 법적으로 규정되었다.
- 65세 이상의 노인에게 노령수당을 지급한다는 규정이 신설(동법 제13조) 노인에게 취업의 기회가 확대되었다(동법 제15, 16조). 노인의 생업 지원을 위하여 공공시설 내의 매점 설치 허가 및 전매품 판매인의 지정에 있어서 노인이 신청할 경우에는 우선적으로 기회를 부여할 수 있도록 하였다.
- 노인복지시설에 있어서 다양화를 꾀하게 되었다. 노인복지시설의 범위에 실비양로시설과 유료노인요양시설 및 노인복지주택이 추가되었다. 노인여가시설의 내실화를 꾀함.
- 노인복지시설과는 별도로 노인여가시설이라는 조문이 신설되면서 경로당, 노인교실, 노인휴양소로 분류하였다. 1989년의 제2차 개정에서는 재가노인복지사업 및 노령수당에 관한 규정의 신설, 노인 취업 기회 확대를 위한 규정 마련, 노인복지시설의 다양화, 노인여가시설의 내실화를 개정의 주요 내용으로 하여 적극적 복지 조치의 토대를 마련하였다.

(2) 1993년 제3차 개정

제3차 개정은 1993년에 이루어졌는데 1989년의 제2차 개정과 비교하여 획기적이었다고는 할 수 없으나, 개정의 목적은 경제 행정의 규제 완화 시책의 일환으로서 민간기업이나 개인도 유료노인복지시설을 설치 및 운영할 수 있도록 하여 노인복지사업의 효율성을 제고하는 데 있다.

참고 | 주요 내용

- 사회복지법인이 아닌 민간 기업이나 개인도 시・도지사의 허가를 받아 유료 노인 복지시설을 설치 및 운영할 수 있도록 하였다. 재가노인복지사업의 종류를 가정봉사원 파견사업, 주간보호사업, 단기 보호 사업으로 명시하고 사업 실시의 법적 근거를 마련하였다.
- 행정 처분의 상대방 또는 대리인에게 의견 진술의 기회를 주기 위하여 청문절차를 규정하였다. 제3차 개정의 특징은 가정봉사원파견사업에 국한되어 있던

재가노인복지사업의 범위를 주간보호, 단기보호로 확대함으로써 재가복지서비스의 기반을 정비함과 동시에 실버산업 발전을 위한 민영화의 촉진이라고 볼 수 있다.

(3) 1997년 제5차 개정

노인의 날을 매년 10월 25일로 하고 매년 10월을 경로의 달로 규정하였다. 경로연금에 관한 규정이 신설. 기존의 노령수당을 폐지하고 경로연금을 변경하여 1998년 7월부터 지급하게 되었다. 노인의 사회참여와 취업 활성화를 위해서 노인지역 봉사기관 및 노인취업알선기관 등 노인복지 관계기관에 대한 지원 법적 근거를 마련, 치매노인에 대한 연구 관리 사업 및 노인재활 요양사업의 실시가 규정, 노인복지시설의 종류와 시설 명칭이 변경된다.

노인복지시설은 노인주거복지시설, 노인의료복지시설, 노인여가복지시설, 재가 노인복지시설로 종류가 변경, 노인복지시설에는 치매, 중풍 등 중증질환 노인과 만성 퇴행성 노인 환자를 위한 노인 전문 요양 시설, 유료 노인전문 요양시설 및 노인전문요양시설 및 노인전문병원을 새롭게 신설된다.

(4) 1999년 제7차 개정

① 개정의 목적

행정규제기본법에 의한 규제 정비계획에 따라 노인복지시설에 대한 규제 완화를 통하여 시설운영에 자율성을 꾀하고, 경로연금제도의 운영상 문제점 개선, 보완을 위해 개정됐다. 1989년에 설치된 노인복지대책위원회 폐지, 경로연금 지급대상자 선정을 위한 소득 기준과 재산 기준을 동시에 충족한다.

② 생활보호대상자

국민연금 등 공적연금을 수급하고 있더라도 경로연금이 수급되고 있으며, 노인전문병원의 관리 및 운영 등에 있어서는 의료법상 요양병원으로 보도록 양로 시설, 실비 양로시설, 노인요양시설, 실비노인요양시설 및 노인전문요양시설에 입소자는 보건복지부령이 정한 비용수납 한도액을 초과 시 시장, 군수, 구청장에 신고. 유료양로시설, 유료노인복지주택, 유료노인요양시설, 유료노인전문요양시설의 비용수납 신고제 폐지가 된다.

(5) 2000년 이후 주요 개정 내용

① 노인주거복지시설에 대한 조항 신설

② 가정봉사원의 교육과 가정봉사교육기관의 설치에 관한 조항 신설

③ 2004년 1월 노인학대 예방과 학대받는 노인보호를 위한 긴급전화, 노인보호 전문 기관 설치 등에 관한 조항 신설

④ 2005년 노인 일자리 전담기관 설치, 운영에 관한 조항 신설

⑤ 2007년 8월 7월에는 노인 장기요양 보험제도

⑥ 기초노령연금제도 실시(2008년 1월)에 대비하기 위해 대대적 개정

⑦ 경로연금 조항 삭제, 독거노인에 대한 지원 조항 신설

⑧ 노인복지시설

- 노인주거복지시설
  양로시설, 노인공동생활가정, 노인복지주택
- 노인의료복지시설
  노인요양시설, 노인요양공동생활가정
- 재가노인복지시설
  방문요양서비스, 주·야간보호서비스, 단기보호서비스, 방문목욕서비스

⑨ 가정봉사원 교육기관: 요양보호사 교육기관으로 변경

- 교육기관의 설치. 신고 등 소관사항
  시장·군수·구청장 → 시·도지사

제2절 노인복지법의 주요 내용

1. 노인복지법의 내용

1) 노인복지법의 목적

① 노인의 질환을 사전에 예방 또는 조기에 발견하고 질환 상태에 따른 적절한 치료, 요양으로 심신의 건강을 유지하며, 노후의 생활안정을 위하여 필요한 조치를 강구함으로써 노인의 복지증진에 기여함을 목적으로 하고 있다. 노인복지법에서 밝히고 있는 목적은 크게 세 가지로 '노인의 복지'와 '심신의 건강', '생활의 안정'이라는 광범위한 분야에 걸친 법적 조치를 목표로 명시한다.

② 노인복지법의 목적은 노인들의 인간다운 생활 유지와 삶의 질을 높이기 위해서 필요한 욕구에 대응하고 있음을 알 수 있다.

2) 기본이념

① 노인은 후손의 양육과 국가 및 사회의 발전에 기여해 온 자로서 존경받으며 건전하고 안정된 생활을 보장 받는다.

② 노인은 그 능력에 따라 적당한 일에 종사하고 사회적 활동에 참여할 기회를 보장받는다.

③ 노인은 노령에 따른 심신의 변화를 자각하여 항상 심신의 건강을 유지하고 그 지식과 경험을 활용하여 사회의 발전에 기여하도록 노력한다.

3) 보건복지의 책임

① 기본 이념을 바탕으로 노인복지법에서는 국가 및 지방자치단체가 노

인의 보건 및 복지증진의 책임 주체가 된다. 실제로 이러한 법적 규정은 보건복지부장관, 특별시장, 광역시·도지사, 구청장, 시장, 군수가 이를 구체적으로 실시한다.

② 노인의 일상생활과 관련되는 사업을 경영하는 자에게도 노인복지의 증진에 노력해야 할 의무를 부과하고 있다.

③ 노인복지 관련 사업이 국가의 책임으로 무료로 서비스를 제공하던 것에서부터 유료의 다양한 노인복지서비스가 제공되고 있음을 염두에 둔 조치로 판단된다. 개인 사업이라 할지라도 노인복지 관련 사업인 경우에는 사회복지적 특성을 살려서 공익성을 중시해야 한다는 의미이다.

2. 노인복지시설

노인복지서비스 시책				관련시책
입소시설체계		이용시설체계		
노인주거복지시설	노인의료복지시설	재가노인복지시설	노인여가복지시설	
제32조 제1항 • 양로시설 • 노인공동생활가정 • 노인복지주택	제34조 제1항 • 노인요양시설 • 노인요양공동생활가정	제38조 제1항 • 방문요양서비스 • 주·야간보호서비스 • 단기보호서비스 • 방문목욕서비스 • 그 밖의 서비스	제36조 제1항 • 노인복지회관 • 경로당 • 노인교실 • 노인휴양소	• 생업지원 • 경로우대 • 노인취업알선 • 건강진단 • 치매관리사업

1) 노인주거복지시설

(1) 종류

① **양로시설**: 노인을 입소시켜 급식과 그 밖의 필요한 편의를 제공함을 목적으로 하는 입소정원 10명 이상 시설이다.

② **노인공동생활가정**: 노인들에게 가정과 같은 주거여건과 급식 그리고 그 밖에 일상생활에 필요한 편의를 제공함을 목적으로 하는 입소정원 5명 이상 9명 이하 시설이다.

③ **노인복지주택**: 노인에게 주거시설을 분양 또는 임대하여 주거의 편의, 생활지도, 상담 및 안전 관리 등 일상생활에 필요한 편의를 제공함을 목적으로 하는 시설이다.

- 노인주거복지시설의 입소대상, 입소절차, 입소비용 및 분양·임대 등에 관한 필요한 사항은 보건복지부령으로 한다.

(2) 설치

① 국가 또는 지방자치단체는 노인주거복지시설을 설치할 수 있으며, 국가 또는 지방자치단체 외의 자가 노인주거복지시설을 설치하고자 하는 경우에는 특별자치도지사·시장·군수·구청장에게 신고를 하고 설치해야 한다.

② 노인복지시설의 시설 기준, 직원 배치 기준 및 운영 기준과 설치신고 등에 관하여 필요한 사항은 보건복지부령으로 정한다.

2) 노인의료복지시설

(1) 종류와 입소 요건

① 노인요양시설

치매·중풍 등 노인성 질환으로 심신에 상당한 장애가 발생하여 도움을 필요로 하는 노인을 입소시켜 급식, 요양과 그 밖에 일상생활에 필요한 편의를 제공함을 목적으로 하는 시설이다.

② 노인요양공동생활가정

치매·중풍 등 노인성 질환 등으로 심신에 상당한 장애가 발생하여 도움을 필요로 하는 노인에게 가정과 같은 주거 여건과 급식,

요양, 그 밖에 일상생활에 필요한 편의를 제공함을 목적으로 하는 시설이다.

(2) 설치

① 국가 또는 지방자치단체는 노인의료복지시설을 설치할 수 있으며, 그 외의 자가 노인의료복지시설을 설치하고자 하는 경우에는 시장, 군수, 구청장에게 신고하여야 한다. 다만, 노인전문병원은 의료법에 의한 의료기관을 개설할 수 있는 자에 한하여 시·도지사의 허가를 받아 설치한다.

② 노인의료복지시설의 시설, 인력 및 운영에 관한 기준과 설치신고 및 설치허가 등에 관하여 필요한 사항은 보건복지부령으로 정한다.

3) 노인여가복지시설

(1) 종류와 입소 요건

① 노인복지관

노인의 교양, 취미생활 및 사회참여활동 등에 대한 각종 정보와 서비스를 제공하고, 건강증진 및 질병예방과 소득보장, 재가복지, 그 밖에 노인의 복지증진에 필요한 서비스를 제공함을 목적으로 하는 시설이다.

② 노인교실

노인들에 대하여 사회활동 참여 욕구를 충족시키기 위하여 건전한 취미 생활, 노인건강유지, 소득보장, 기타 일상생활과 관련한 학습 프로그램을 제공함을 목적으로 하는 시설이다.

③ 경로당

지역노인들이 자율적으로 친목도모, 취미활동, 공동작업장 운영 및 각종 정보교환과 기타 여가활동을 할 수 있도록 하는 장소를 제공함을 목적으로 하는 시설이다(65세 이상 이용가능).

(2) 설치

국가 또는 지방자치단체는 노인의료복지시설을 설치할 수 있으며, 그 외의 자가 노인 의료 복지 시설을 설치하고자 하는 경우에는 시장·군수·구청장에게 신고하여야 한다. 노인여가복지시설의 시설, 인력 및 운영에 관한 기준과 설치신고 등에 관하여 필요한 사항은 보건복지부령으로 정한다.

4) 재가노인복지시설

(1) 종류와 입소 요건

① 방문요양서비스
가정에서 일상생활을 영위하고 있는 노인으로 신체적·정신적 장애로 어려움을 겪고 있는 노인에게 필요한 각종 편의를 제공하여 지역사회 안에서 건전하고 안정된 노후를 영위하도록 하는 서비스이다.

② 주·야간보호시설
부득이한 사유로 가족의 보호를 받을 수 없는 심신이 허약한 노인과 장애노인을 주간 또는 야간 동안 보호시설에 입소시켜 필요한 각종 편의를 제공하여 이들의 생활안정과 심신기능의 유지·향상을 도모하고 가족의 신체적·정신적 부담을 덜어주기 위한 서비스이다.

③ 단기보호서비스
부득이한 사유로 가족의 보호를 받을 수 없어 일시적으로 보호가 필요한 심신이 허약한 노인과 장애노인을 보호시설에 단기간 입소시켜 보호함으로써 노인 및 노인가정의 복지증진을 도모하기 위한 서비스이다.

④ 방문목욕서비스
목욕 장비를 갖추고 재가노인을 방문하여 목욕을 제공하는 서비스이다.

⑤ 그 밖의 서비스
재가노인에게 제공하는 서비스로서 보건복지부령으로 정하는 서비스이다.

(2) 설치

국가 또는 지방자치단체는 노인의료복지시설을 설치할 수 있으며, 그 외의 자가 노인 의료복지시설을 설치하고자 하는 경우에는 시장·군수·구청장에게 신고하여야 한다. 재가노인복지시설의 시설 기준 및 설치신고 등에 관하여 필요한 사항은 보건복지부령으로 정한다.

3. 노인복지의 내용

1) 노인복지의 비용

(1) 비용 부담

건강진단 등과 상담, 입소 등의 조치 및 노인복지시설의 설치 및 운영에 소요되는 비용, 노인 일자리 전담기관의 설치·운영 또는 위탁에 소요되는 비용은 대통령령이 정하는 바에 의하여 국가 및 지방자치단체가 부담한다.

(2) 비용수납 및 청구

① 복지실시기관이 복지 조치에 필요한 비용을 당해 노인이나 그 부양의무자로부터 전부 또는 일부를 수납하거나 청구할 수 있다.

② 부양의무가 없는 자가 제28조의 규정에 의한 복지조치에 준하는 보호를 행하는 경우 즉시 그 사실을 부양 의무자에게 알리고, 보호를 행하는 자는 부양 의무자에게 보호 비용의 전부 또는 일부를 청구할 수 있다.

③ 양로시설, 노인공동생활가정 및 노인복지주택, 노인요양시설 및 노인요양공동생활가정을 설치한 자는 그 시설에 입소하거나 그 시설을 이용하는 기초 수급권자 외의 자로부터 그에 소요되는 비용을 수납하고자 할 때에는 시장·군수·구청장에게 신고하여야 한다.

(3) 비용의 보조

국가 또는 지방자치단체는 노인복지시설의 설치, 운영에 필요한 비용을 보조할 수 있다(양옥남, 2012).

2) 미국의 노인복지정책

전통적 개인주의, 자유방임주의, 지방분권주의 등의 영향을 받아 국가 차원에서의 노인복지가 서구의 다른 나라에 비해 비교적 늦게 출발했다.

- 노인의료서비스의 강화
- 은퇴하는 노인의 퇴직안정 보장
- 사회보장제도의 강화

(1) 부시 행정부의 메디케어 강화정책

① 미국의 노인들이 처방약을 10~25% 저렴한 가격으로 구입할 수 있도록 메디케어 처방약 카드를 제공한다.

② 각 주정부로 하여금 저소득층 노인의 의약품 구입 보조방안을 만들도록 도와준다.

③ 노인들의 비싼 의료비용이나 처방약값을 지원하기 위한 보충급여를 제공한다.

(2) 노인의 퇴직 안정보장

① 대통령의 경제안전대책 속에 은퇴자의 연금이나 투자, 토지의 안전보

장을 보호하기 위한 새로운 방안을 마련한다.

② 근로자의 노후를 위한 투자를 다양화한다.

③ 근로자의 현명한 투자를 위한 투자 상담을 제공한다.

(3) 사회보장기금의 강화

2010~2030년은 베이비붐의 은퇴기로서 조세와 보험료 수입이 급감하고 수급자의 기대수명이 증가될 것이며 조기에 사회보장제도 개혁이 요구되고 있다. 즉각적으로 사회보장세를 3.5% 인상하거나 현행급부를 22%까지 줄여야 한다는 주장이 제기되고 있다.

① 퇴직금을 다양하게 투자하여 기금고갈의 위험을 제거한다.

② 여성의 퇴직 연금을 적극 강화한다.

③ 미래세대가 아메리칸 드림을 성취할 수 있도록 지원한다.

④ 국내 저축과 경제성장을 촉진시킨다.

⑤ 사회보장제도를 선택하도록 한다.

⑥ 퇴직 후의 자산을 확대시킨다(고진욱, 2012).

제3절 노인복지법의 내용: 시설

1. 노인복지시설의 유형

1) 노인주거복지시설

- 일상생활에 지장이 없는 노인을 대상으로 급식과 그 밖에 일상생활에 필요한 편의를 제공하여 노후의 안정된 생활을 도모하는 시설이다.
- 노인주거복지시설운영의 이념은 입소노인이 제2의 인생을 인간답고

즐거우며 의미 있는, 즉 심신이 모두 건강하고 삶의 보람을 가지고 안정된 생활을 영위할 수 있도록 체계적 서비스를 제공하여야 하며, 입소노인이 정치활동, 영리활동, 의사에 반하는 특정 종교 활동 등에 이용되지 않도록 하는 것이다. 주거노인복지시설에 대하여 시・도지사 및 시・군・구청장은 관계 법령에 따라 시설에서 입소노인의 건강관리, 급식위생관리, 운영 규정, 회계, 사업 등에서 각종 불법행위나 부당한 문제가 발생되지 않도록 지도・감독을 철저히 하는 한편, 우수 시설에 대한 상여제 실시 등 시설운영 수준의 향상을 위해 필요한 조치를 취하고 있다(고재욱, 2012).

(1) 양로시설

노인을 입소시켜 급식과 그 밖의 필요한 편의를 제공함을 목적으로 하는 시설이다.

(2) 노인공동생활가정

노인들에게 가정과 같은 주거여건과 급식, 그 밖에 일상생활에 필요한 편의를 제공함을 목적으로 하는 시설이다.

(3) 노인복지주택

노인에게 주거시설을 분양 또는 임대하여 주거의 편의생활지도 상담 및 안전 관리 등 일상생활에 필요한 편의를 제공함을 목적으로 하는 시설을 말한다.

2) 노인여가복지시설

노인의 여가・문화 그리고 노인교육과 관련된 법규를 살펴보면, 우선 「노인복지법」에서는 노인사회참여지원과 노인여가복지시설을 규정하고 있다.

「노인복지법」에서 정한 노인여가복지시설은 노인복지관, 경로당, 노인교실 등이 있다.

건강한 노인의 사회참여욕구 증대와 함께 노후를 보다 풍요롭고 안락하게 보낼 수 있는 각종 여가 및 주거시설에 대한 욕구가 크게 증대되고 있지만 욕구를 충족시킬 수 있는 사회적 여건이 미흡하고 여가시설이 부족하다.

(1) 노인복지관(노인종합복지관)

① 서울 및 대도시에서는 노인종합복지관, 다른 지역에서는 노인복지회관, 노인종합복지회관 등의 명칭이 사용되고 있으나 「노인복지법」에서는 노인복지관으로 규정되어 있다.

② 노인종합복지관에 대한 규정은 명시되어 있지 않으므로 각 지방자치단체에서 자율적 규정을 마련하여 운영하고 있다.

③ 우리나라에서 노인을 위한 전용노인복지관은 1971년 인천광역시 노인복지회관이 처음이었지만, 이 기관은 「노인복지법」이 제정되기 이전에 설립되어 현재의 노인복지관 역할과는 차이가 있다.

④ 1981년 「노인복지법」이 제정된 이후 처음으로 설립된 노인복지관은 1983년도 전라북도의 금암노인복지회관이다. 노인복지회관/노인종합복지관은 1990년대 이후 급증하여 2013년 12월 말 기준으로 전국적으로 319개소가 있다.

⑤ 생활상담, 기능회복, 사회교육 프로그램, 후생복지서비스 등 여러 가지 프로그램을 시행하고 있으나 규모에 비해 이용노인 수가 많다. 지역에 따라서는 특히 농촌에서는 대한노인회가 운영을 맡아 지회 사무실로 쓰면서 노인교실, 취업알선센터, 경로식당 등을 형편에 따라 운영하기도 하고, 어떤 시설은 노인복지뿐만 아니라 청소년, 아동, 여성복지사업을 병행하는 경우도 있다.

⑥ 노인종합복지관은 지역노인이 자립생활을 유지하면서 풍요로운 삶을

살아갈 수 있도록 노인에 대한 총체적 서비스와 지역사회 인적·물적 자원의 연결·조정을 통한 노인복지서비스센터의 역할을 해야 하는데 노인복지회관을 여가시설로 구분하고 있는 법적 규정으로 서비스를 제공하는 데 제약을 받고 있다.

⑦ 노인인구의 지속적 증가라는 장기적 안목으로 바라볼 때 노인종합복지관은 여가와 재가복지 등 노인복지 전반에 걸친 사업을 포함해야 하며, 향후 지역사회에서 노인복지에 대한 서비스망을 형성하는 데 있어 주도적 역할을 담당할 수 있도록 지원되어야 한다. 노인종합복지관의 설치·운영이 빠른 속도로 진행되고 있는 전국적 추세에 비추어 적어도 시·군별로 1개소씩 확대해 나가야 한다.

(2) 경로당

① 노인을 위한 사랑방으로 시작된 경로당은 1970년대 말, 1980년대에 확산되기 시작하여 2013년 말 63,251개소가 있다.

② 경로당은 노인이 동년배들과 손쉽게 어울릴 수 있는 자연스러운 모임의 장이고, 대화 및 취미, 오락, 정보교환을 통해 소외 및 고독에서 벗어날 수 있는 중요한 역할을 하고 있다.

③ 국가 또는 지방자치단체는 시·군·구별로 모범 경로당 시상제도를 마련하여 우수시설에 대한 시상과 모범적 운영사례를 다른 경로당에 파급하도록 노력하고 있다. 또한 교양강좌, 사회봉사 활동, 건강증진 활동, 자체 내 수입조성, 훈장적 역할수행 등 분야별 활동사항을 예시하여 다양한 프로그램을 유도하고 있다.

④ 정부에서는 경로당 운영을 위해 개·소당 연간 30만 원의 난방연료비와 월 6만 원의 운영비를 지원하고 있을 뿐 구체적 프로그램 지원, 행정적 지원은 없는 실정이다. 2000년도부터 전국 44개 지역에서 노인복지관 혹은 사회복지관이 인근 경로당 5개 정도를 담당하여 여러 가지 다양한 프로그램을 파견 실시하고, 지도, 관리하는 경로당 활성

화 사업을 시범으로 운영하고 있다.

현재 경로당이 노인의 여가시설로 자리 잡고 있기는 하지만 아직은 우후죽순 식으로 늘어난 경로당이 노인의 여가욕구를 충족시키기 위한 다양한 프로그램을 제공하는 장소로 활용되기보다는 단순한 만남의 장소, 오갈 곳 없는 노인이 머무르는 곳이라는 부정적 비판도 있다.

(3) 노인교실

노인교실은 1972년 종로 태화관의 '서울평생교육원'을 시작으로 하여 1970년대 후반과 1980년대에 급속히 설립된 시설로 노인의 여가활동과 교육의 두 가지 기능을 담당하고 있다.

현재 운영되고 있는 노인교실은 「노인복지법」상의 노인여가복지시설이고, 대부분 교육적 측면보다는 무료한 여가를 활용하는 역할이 더 강조되고 있다. 노인교실은 시·도 사회과/가정복지과가 담당부서로 되어 있으나 형식적일 뿐 실직적 지도·감독의 역할은 없는 실정이다.

국가로부터의 재정지원은 일괄적이지 않지만 대체로 등록된 노인교실에 대해 약간의 지원을 하고 있는 실정이다. 노인교실의 운영주체는 주로 대한노인회 등 노인단체, 종교/사회단체, 혹은 개인으로 나눌 수 있는데, 수직으로는 대한노인회 산하 노인교실이 가장 많다.

대부분의 노인학교는 운영자부담, 학생회비, 정부보조 등으로 운영비를 마련하고 있고, 수업 기간은 1년에 방학을 제외하고 수업을 주 1회 이상 실시하고 있다.

2. 노인복지시설의 유형과 방안

1) 노인의료복지시설 종류

(1) 노인요양시설

노인성 질환 등으로 심신에 상당한 장애가 발생하여 도움을 필요로 하는 노인을 입소시켜 급식, 요양과 그 밖에 일상생활에 필요한 편의를 제공함을 목적으로 하는 시설이다.

(2) 노인요양공동생활가정

노인성 질환 등으로 심신에 상당한 장애가 발생하여 도움을 필요로 하는 노인에게 가정과 같은 주거여건과 급식, 요양, 그 밖에 일상생활에 필요한 편의를 제공함을 목적으로 하는 시설이다.

참고 | 노인의료복지시설

- 「노인복지법」 제34조에 의해 노인요양시설, 노인요양 공동생활가정으로 분류한다.
- 노인의료복지시설은 노인장기요양보험의 실시로 민간을 중심으로 많이 늘어날 것으로 예상된다.

2) 노인보호전문기관

① 노인보호전문기관은 시도지사가 지정, 운영하도록 되어 있으며, 노인학대예방센터라고 한다.

② 이 기관은 노인학대신고, 상담, 보호, 예방 및 홍보하는 것이 목적이다.

2004년 「노인복지법」에 신설된 노인보호전문기관은 아직 초기 단계로 그 실적이 미미한 실정이며 2008년 말 현재 중앙노인전문기관 1개소, 지방노인보호전문기관 19개소가 운영 중에 있다.

3) 재가노인복지시설

재가노인복지시설은 정신적·신체적 이유로 독립적 일상생활을 수행하기 곤란한 노인과 노인부양 가정에 필요한 각종 서비스를 제공함으로써, 노인이 가족 및 친지와 더불어 건강하고 안정된 노후생활을 영위할 수 있도록 함과 동시에 노인부양으로 인한 가족의 부담을 덜어주기 위한 시설이다.

재가노인복지는 '재가노인을 위한 보건의료복지서비스'를 말한다. 재가노인이란 수용시설에 입소된 노인을 제외한 지역사회 내에 거주하고 있는 모든 노인을 가리킨다.

보건의료복지서비스는 심신기능의 장애나 퇴행성 만성질환으로 병약한 노인을 위한 보건, 치료, 간호, 재활 등의 의료서비스를 비롯하여 노인의 일상생활에 필요한 소득보장, 의료보장, 주택보장에 관련된 물질적 지원과 비물질적인 사회적 서비스를 포함한 개념이다. 다시 말해서 재가노인서비스는 지역사회 내에 살고 있는 노인이나 부양자에게 필요한 서비스를 가정에 직접 제공하거나 지역사회의 보건의료복지시설을 이용하여 노인이 가정에서 계속 생활하면서 일상생활을 영위할 수 있도록 도와주는 사업을 말한다.

2009년 말 현재 재가노인복지시설의 현황을 보면, 방문요양서비스 시설 1,111개소에 정원 59,966명, 주·야간보호시설 621개소에 정원 10,627명, 단기보호시설 217개소에 정원 2,560명이 이용하는 것으로 나타났다.

재가노인서비스는 서비스의 대상, 내용, 제공되는 장소에 따라 다양한 의미로 사용되기도 한다. 좁은 의미의 재가노인서비스는 지역사회에 거주하고 있는 노인의 가정을 방문하여 노인의 일상생활에 필요한 각종 보호와 자원을 제공하는 가정보호를 말하고, 넓은 의미의 재가노인서비스는 가정방문과 방문간호를 비롯하여 지역사회 내의 이용시설이나 주거보호시설에서 제공하는 서비스를 말한다(양서원 2012, 고재욱).

4) 노인복지시설의 실천방안

첫째, 이용자 욕구를 최우선으로 해야 한다. 노인복지서비스는 장기요양보험제도의 실시로 노인복지시설에서 제공하는 일관된 서비스 방식에서 이제는 이용자의 자기결정권으로 선택할 수 있어, 이용자의 욕구충족에 필요한 서비스를 제공하여야 한다. 따라서 노인복지시설에서는 다양한 욕구를 가지고 있는 이용자에게 욕구를 충족시켜 줄 수 있는 서비스를 개발하여 이용자에게 만족을 주는 서비스를 제공하여야 한다.

둘째, 토털서비스를 지향해야 한다. 토털서비스 지향이란 대상을 젊은 노인에서부터 후기고령노인에 이르기까지, 서비스 영역에서 건강의 유지·증진, 일자리 확보, 교육 등에서부터 호스피스 케어까지 원스톱, 패키지 서비스 방식으로 제공되는 것으로, 이러한 토털서비스 지향을 위해서는 복지서비스 제공체계의 연계화, 통합화가 이루어져야 한다.

셋째, 경영감각을 도입해야 한다. 지금까지 노인복지시설은 관리운영 위주로 이루어져 왔으나 앞으로는 경영감각을 도입해야 한다.

즉, 복지다원주의로 인하여 민간복지 분야의 참여는 민간기업과 마찬가지로 시설 간의 경쟁체제로 전환될 것이고, 기존 정부의 지원이 점차 축소될 것이며, 복지서비스를 위한 효과적 시설운영의 효율성 강화와 재정운용의 건전화 등이 필요할 것으로 예상되므로 합리적이고 효율적으로 시설을 운영하지 않으면 안 된다.

참고문헌

남기민・홍성로(2020). 사회복지법제와 실천. 공동체.

박진화(2020). 사회복지법제와 실천 제2판. 지식공동체.

법제처 홈페이지(2021). 국가법령정보센터 자료실.

보건복지부(2020). 요양보호사양성과정 표준교재. The 고시뱅크.

안홍순(2015). 노인복지론. 공동체.

양옥남 외(2012). 노인복지론. 공동체.

임정문 외(2020). 노인복지론 개정판. 동문사.

최원석(2012). 노인복지론. 양서원.

현외성(2012). 노인복지학 신론. 양서원.

PART 02

노인과 노인복지정책에 대한 이해

Chapter 04

노인소득 보장정책

제1절 노인소득보장의 이해

1. 노인소득보장에 관한 이해

사회정책에서 노인은 단지 '늙은 사람'을 의미하는 것이 아니다. 노인은 나이가 들었다는 이유로 노동시장에서 제도적으로 '밀려난' 사람을 총칭하기도 한다. 나이를 기준으로 사람을 노동시장에서 제도적으로 밀어내는 장치를 우리는 은퇴라고 부른다. 노인들이 가장 먼저 직면하는 것은 물론 소득상실이고 일시적인 것이 아니기 때문에 노인들의 여생에 심각한 저해요소로 작용한다.

별도의 저축이 없이 임금 소득에 의존하여 살아 온 대부분의 은퇴자들에게 소득상실은 생존 자체를 위협하는 사건이 아닐 수 없다. 대다수 전문가들이 빈곤을 현대 노인문제의 핵심으로 지목하는 것도 바로 이런 이유때문이다.

과거 전통사회에서 질병 등의 이유로 경제활동을 중단한 노인의 부양은 가족의 몫이고 아직도 이러한 가족의 역할이 어느 정도 유지되고 있기는 하지만 가족 제도와 산업 구조의 급격한 변화는 가족의 노인부양기능을 현저히 약화시키고 있다. 가족의 부양을 받지 못하고 자신의 생계를 힘겹게 꾸려가는 가난한 노인들은 스스로 자신의 목숨을 끊어 힘겨운 노년의 삶을 마감하기도 한다.

최근에는 자녀를 상대로 부양비를 지급하라며 송사를 벌이는 경우조차 심심치 않게 발생하고 있다. 사람들은 이러한 보도를 접할 때마다 부모와 자식의 관계에 초점을 맞추곤 한다. 전통적인 효의 관점에서 문제를 바라보는 것이다. 현대사회에서 노인부양 문제는 부모와 자식 사이라는 미시적인 차원에서 해결될 수 있는 문제가 아니다. 그렇게 하기에는 사회가 너무 많이 달라졌다. 사회적인 차원의 방법을 모색하지 않으면 안 되게 되었다(최원석, 2012).

노인들을 위한 사회보장제도 가운데 소득보장은 영구적인 소득 상실로 인한 노후의 빈곤 문제를 사회적·국가적 차원에서 예방하고 대처하기 위한 제도적 노력이다. 이러한 소득보장제도는 얼마 전까지만 해도 서구 선진국의 전유물이었다. 대부분의 개발도상국가에서는 가족과 지역사회에 의존하는 비공식적인 노인소득보장제도를 최근까지도 유지해 왔다. 우리나라 역시 예외가 아니다. 공식적인 노인소득보장제도인 국민연금이 도입된 것은 1988년에 이르러서였다.

산업화와 현대화가 초래한 사회 변화로 세계 곳곳에서 공식적인 노인소득보장제도의 중요성은 날로 늘어가는 추세이다(양옥남, 2012).

노인에 대한 소득보장은 노인 빈곤에 대한 사회적 대책으로서 국가나 사회가 노인을 빈곤 상태에서 벗어날 수 있도록 최소한의 정기적 소득을 확보해 주는 활동이다. 노인의 소득보장 방식에는 직접적 현금 급여인지 아닌지에 따라 직접 소득보장제도와 간접 소득보장제도로 나눈다.

직접 소득보장에는 노인들이 빈곤으로 떨어지지 않도록 미리 예방하는 사회보험과 소득보장 프로그램 가운데 역사가 오래되고 이미 발생한 빈곤을 해결하기 위한 공공부조 그리고 흔히 보편적 프로그램이라고 부르는 사회수당이 있다.

현행 직접 소득보장제도는 사회보험 방식으로 운영되고 있는 연금제도와 경제적으로 빈곤한 노인에게 제공되는 공공부조 그리고 노인복지법상의 경로 연금부분을 연금법으로 대체한 기초연금제도가 있다.

간접 소득보장제도는 경로우대제도 등의 비용할인, 고용 증진 및 생업지원제도, 각종 세제 감면제도 등이 실시되고 있다.

2. 노인소득보장체계

노인소득보장체계는 3층 구조를 활용하고 있다. 1층은 공공부조인 국민기초생활보장제도인데 저소득층 노인에 대한 최소한의 소득을 보장해 주는 것으로 자산조사를 전제로 하는 선별적 프로그램이다. 2층은 국민연금과 특수직 연금으로 대표되는 공적연금제도이며 노인의 소득보장을 위한 대표적인 프로그램으로 공적연금의 성숙도에 따라 복지국가의 성패가 달려있다고 해도 과언이 아니다. 3층은 개인연금이 이에 속하고 있다. 부가적 소득보장제도로는 경로연금제도가 있는데 이는 공적 소득보장 혜택의 사각지대에 놓여 있는 저소득 노인의 소득을 보장하기 위하여 도입된 제도이다.

2007년 기초노령연금법이 제정되면서 2008년 1월부터는 경로연금 대신 기초노령연금제도가 시행되고 있었다. 2014년 7월부터 기초노령연금법제가 폐지되고 기초연금법제가 새로 시행되고 있다. 기초연금법은 노인세대를 위한 안정적인 공적연금제도를 마련하여 65세 이상의 노인 중 소득기반이 취약한 노인의 70%를 대상으로 하여 생활이 어려운 노인에게 기초연금을 지급하고 있다. 연금제도가 성숙할 때까지 현 노인의 부족한 소득보장을 보완하는 역할을 하고 있다.

3. 노인소득보장의 의의와 방법

1) 노인소득보장의 의의

현대사회에 있어서 인간다운 최저한의 생활을 영위하기 위해서는 의식주의 욕구, 건강보호의 욕구 및 문화적 욕구를 기본적으로 충족시킬 수 있는 경제적 수입이 필요하다.

노년기의 적절한 경제적 수입은 최소한의 계속적 생존을 가능하게 할 뿐 아니라 여가의 문제, 사회적·심리적 고립과 소외의 문제 등에도 크게 해결할 수 있으며, 나아가 자존심을 유지시켜 줌으로써 성공적 노화의 삶을 가능케 한다.

노년기에는 생물학적 노화와 사회적 제약 등으로 수입이 줄거나 없어져서 최소한의 수입을 확보하지 못하는 사람들이 많다. 이러한 노인들에 대해서 현대국가들은 사회의 연대책임정신을 발휘하여 최저한의 수입을 보장해 주는 소득보장제도를 마련하고 있다(박민, 2007).

노후소득보장제도는 첫째, 국민연금과 같이 고령인구에게 지급되는 공적연금이 있으나 아직 상대적으로 성숙되지 않은 실정이고 둘째, 생계형 근로에 종사하는 고령인구가 많으며 셋째, 자식의 노부모 부양관습이 남아 있다. 이 중 둘째와 셋째의 요소는 노후소득보장을 위한 사회안전망이 미비했던 현실을 반영한 것으로 볼 수 있고, 특히 자식의 노부모 부양은 동거를 통한 부양 이외에도 노부모가구에 대한 사적소득 이전, 예컨대 생활비 제공이나 용돈 지급 등의 형태로 노인빈곤에 대한 일종의 사적 안전망의 역할을 해 왔다. 그러나 핵가족화, 개인주의화, 저출산·고령화 등 경제·사회적 여건의 변화추세는 고령인구를 각자 자식에게만 맡겨 놓기 어렵게 만들었고, 국가에 대한 노인복지욕구도 높아지고 있는 실정이다(김희삼, 2014).

노인복지 측면에서 활기찬 노후를 위해 필수불가결한 노인소득보장정책의 일환으로 노인의 고용증진을 강화하는 등 국가 차원에서의 정책적·제도적 역할이 중요하다.

2) 노인소득보장의 방법

(1) 데모그란트

개인이나 가족의 고용상태, 경제수준에 관계없이 국민 전체 또는 일정 범주(주로 연령)에 속하는 사람 전체에게 국가가 일정한 액수의 금품 또는 서비스를 제공하는 것이다(예 65세 이상의 모든 노인에 대한 수당).

국민의 공통욕구를 국가가 책임지고 해결해 주는 의미에서 국민의 복지권을 보장받는 것으로 볼 수 있다. 재정은 국고에서 충당되며, 국민최저수준을 보장하는 정도가 된다.

참고 | 데모그란트의 특성

첫째, 국민의 복지권으로 모든 노인이 수치감과 모욕감을 느낄 필요가 없다.
둘째, 재정은 국고에서 충당되므로 소득이전에 의한 소득재분배의 효과를 갖는다.(세대 간, 계층 간) 그러나 사회보험이나 공공부조보다는 약하다.
셋째, 평등한 취급으로 사회적 통합성과 효과성은 높으나 필요하지 않은 사람에게도 배분되므로 비용의 효과성은 떨어진다.
넷째, 경제수준이 높거나 복지국가 이념과 가치관을 지향하는 나라일수록 이 제도를 택한다. 국가의 재정과 사회의 가치관이 고려되어야 하며, 무한정 증대되는 것은 사회의 부담과중으로 불가능하다.

데모그란트를 실시하는 예는 영국의 노령연금 중 비기여제 노령연금, 호주의 비기여제 노령연금 등이다. 주로 많은 선진산업사업사회의 노령연금은 데모그란트에 의한 비기여제 부분과 개인의 기여 정도에 따른 기여제 부분이 혼합된 형태이다. 우리나라의 경우, 국가 공무원에게 적용되고 있는 노인부양수당과 65세 이상의 노인에게 지급하는 경로우대승차권을 들 수 있다.

(2) 사회보험

국가나 공익단체가 보험운영주체가 되어 노동자가 일정 기간 이상 일을 하면서 고용주 및 국가가 공동부담하거나 고용주와의 공동부담으로 납입한 보험료에 따라 일정연령에 도달했을 때 정기적 연금으로 지급하거나 지급사유의 발생 시마다 지급해 주는 제도이다. 불입은 강제적이며 임금의 일정률로 지급하므로 개인마다 보험료가 다르다.

① 사회보험에 의한 소득보장방법

기여제 노령연금 또는 갹출제 노령연금이다. 기여제 노령연금은 보험료를 납입하여 적립한 것을 돌려받는 것이다. 노동자가 노력하여 획득한 권리이므로 복지권이라기보다 재산권이라 할 수 있다.

② 급부지출비용을 준비하는 재정방식

- 부과방식은 당해 연도의 급부비용을 당해 연도에 조달하는 방식으로 현재의 근로세대가 낸 보험료가 당해 연도 노령연금 급부비용으로 이전 충당되는 방식이다. 이 방법은 세대 간의 소득이전이 이루어지는 효과가 있다.
- 적립방식은 징수한 보험료를 적립하여 장래의 보험료 부담을 충당하는 방식으로 연금제도 초기에는 적립에 의한 보험료의 완전충당이 가능하지만 기간이 경과함에 따라 적립금이 감소되어 보험료 충당이 어려워져 결국 부과방식에 접근하게 된다.

③ 사회보험의 특성

첫째, 자신의 기여로 이루어진 권리이므로 수치심을 가질 필요가 없다.
둘째, 소득의 일정률 납입으로 소득이전에 의한 소득재분배 효과가 가장 크다.
셋째, 국가 입장에서 비용을 가장 적게 들이고 가장 효과적으로 소득보장을 할 수 있다.
넷째, 노동수입이 있는 자에게만 적용되고 자영업자는 임의 적용되므로 적용에 한계가 있다. 또한 시작 초기에 저소득층, 비근로층이 제외되어 소득보장 의의가 약화되기 쉽다.

(3) 공공부조

사회보험연금혜택을 받을 수 없는 경우, 받더라도 최저생활수준에 미달하는 개인이나 가족에게 일정한 금품이나 최저생활수입 미달분을 국고에서 보조해 주는 방법으로 사회보장 또는 소득보장의 방법 중에 제일 먼저 발달한 방법이다. 사회보험과 함께 사회보장의 핵심방법이다.

신청에 의한 자산조사를 통해 수혜자가 정해지며 보호 장소에 따라 거택보호와 시설보호로 구분된다. 재정은 국고(대부분 과세)에서 충당되므로 소득이전을 통한 소득재분배의 효과가 있다.

- 공공부조의 특성

첫째, 수혜자는 수치감과 치욕감을 느끼고 무능력자로 낙인찍히게 된다.
둘째, 세대 간, 소득계층 간의 소득재분배 효과를 가져 온다. 그러나 사회보험보다는 효과가 적다.
셋째, 사회보험에 의한 소득보장을 보충하는 제도로서 효과적이다.
넷째, 경제적으로 필요한 사람에게만 지급되므로 비용효과성을 높일 수 있다.

(4) 간접보조

실제로 현금이나 물품을 지급하는 것은 아니지만 지출을 감소시켜 주는 방법이다. 재산세 감면, 공공시설과 교통시설 이용시나 생필품 구입 시 할인 혜택을 제공 등이다.

(5) 노인고용

퇴직한 노인, 저소득층 노인에게 취업기회를 마련해 줌으로써 소득유지에 도움을 주는 방법으로 직접고용, 노인복지공장의 운영, 취업안내, 취업훈련, 노인 직종 보호 등이 있다. 우리나라에서는 노인능력은행과 노인공동작업장을 지역별로 운영하며 노인취업안내와 직접고용을 확대하고 있다.

제2절 노후소득보장제도의 내용

1. 국민연금제도

노령, 폐질, 퇴직, 사망 등과 같이 사회적 위험에 처해 소득의 중단 또는 상실의 위험이 있는 경우 당사자나 유족에게 국가 또는 법률에 의한 특수법인이 운영 주체가 되어 경제적으로 안정된 생활을 보장할 수 있도록 연금형태로 급여를 제공하는 것을 말한다.

공적연금제도에는 전 국민을 대상으로 하는 국민연금과 공무원연금, 군인연금, 사립학교 교직원연금이라는 일부 특수직역 계층을 대상으로 하는 특수직연금제도로 구분되어 있다. 각 연금제도는 노령연금, 유족연금, 장애인연금과 같은 급여 종류가 있다.

선진국에서는 일찍 공적연금을 도입하여 공적연금이 노후생활의 가장 중요한 수입원이 되고 있다. 우리나라는 가장 대표적인 노후소득보장체계인 국민연금이 1988년에 도입되었고 완전노령연금 급여는 2008년부터 지급되고 있어 아직까지는 노인들의 주된 수입원이 되지 못하고 있다.

1) 국민연금의 연혁

1973년 말 국민복지연금법 제정되어 1974년에 실시 예정이었으나 경제위기(석유파동)와 정치사회적 여건의 미비로 시행이 유보되었다. 이후 1980년대에 접어들면서 경제가 안정되고 노인인구의 증가로 노후생활의 인식이 높아지면서 1986년 국민복지연금법이 폐지되고 국민연금법으로 입법되어 1988년부터 제도가 시행되고 있다. 그러나 도입 당시는 전 국민이 가입대상자가 아니고 10인 이상 사업장의 근로자만 가입할 수 있었다.

1992년 5인 이상 근로자를 고용하는 사업장으로 확대되었고 1995년 7월

농어촌 지역 자영업자 및 농어민, 1999년 4월부터 도시 지역 주민이 가입되어 전 국민 연금시대를 맞이하게 되었다.

2) 가입자 및 수급자 현황

국민연금 가입대상자는 국내에 거주하는 18세 이상 60세 미만의 국민이다. 그리고 국민연금 가입 사업장에 종사하는 외국인, 국내 거주 외국인도 해당 된다. 다만 특수직연금에 가입하고 있는 자는 제외된다.

가입대상은 반드시 가입해야하는 당연 적용 가입대상과 본인의 선택에 의해 가입하는 임의적용 가입대상이 있다.

2. 가입자의 종류

① 당연적용 사업장 가입자는 종전에는 1인 이상의 근로자를 고용하는 사업장이 가입하도록 되어 있다. 또한 가입자로 가입되던 자가 계속 근로기간 1개월 이상 고용되는 임시・일용직 근로자와 월 80시간 이상, 또는 주당 평균 18시간 이상 근무하는 시간제 근로자도 사업장 가입자로 가입된다.

② 지역가입자(사업장 가입자에서 제외)는 18세 이상 60세 미만의 농어민, 도시 자영업자가 의무 가입대상이다.

③ 임의가입자는 사업장, 지역가입자가 아닌 자로서 18세 이상 60세 미만인 자가 가입 신청한 경우를 말한다.

④ 임의 계속 가입자는 국민연금 가입기간이 20년 미만인 가입자가 60세에 달하여 20년을 채우기 위해 65세 미만의 기간 동안 연장 가입한 자를 의미한다. 연금가입자의 현황을 보면 1999년 전 국민 연금시대가 열렸음에도 불구하고 홍보의 부족, 정부의 관리능력에 대한 불신, 세금이라고 잘못 알고 있는 무지 등의 이유로 연금혜택을 받을 수 있

는 사람은 그리 많지 않다. 연금의 사각지대에 놓여있는 사람이 전체 가입대상자의 절반가량이나 된다. 또한, 이들은 별다른 대책 없이 정작 연금이 필요한 계층이라는 문제의 심각성을 드러내고 있다.

국민연금이 현재 노후생활의 안정적인 역할을 하고 있다고는 볼 수는 없다. 2007년 현재 국민연금 가입자 1천 7백 80만 명이다. 이 가운데 사업장 가입자가 883만 명, 지역가입자가 895만 명, 임의가입자가 5만 명이다. 4인가구의 한 명이 가입한 것으로 계산하면 1천 6백만×4명=6천 4백만으로 우리나라 전체 인구보다 많다. 맞벌이 부부 등 가족 내에 두 명 이상 가입한 경우와 아예 가입대상에서 제외되는 빈곤층을 감안하면 일단은 전 국민이 가입되어 있는 셈이다.

지역가입자의 경우 납부예외자가 50% 이상을 차지하고 있다는 점과 2008년 현재 연금 수급자가 약 226만 명 정도에 머물러 있다는 현실을 감안하면 국민연금이 현재 노후생활의 안정적인 역할을 하고 있다고는 볼 수 없다.

1) 급여의 종류

국민연금 급여는 가입자가 노령이나 질병, 사망 등으로 인해 소득 능력이 상실 또는 감퇴되었을 때, 본인이나 유족의 생계를 보장하기 위해 지급되는 것이다.

국민연금 급여의 종류는 노령연금, 장애연금, 유족연금 그리고 연금급여의 수급요건을 충족시키지 못하고 도중에 자격을 상실하거나 사망한 경우에 본인 또는 유족에게 지급되는 반환일시금, 사망일시금이 있다.

(1) 노령연금

국민연금 가입자가 일정 기간 납입하고 노령연령에 도달하여 소득활동에 종사하지 못할 경우 생활안정과 복지증진을 위하여 지급되는 급여로서

60세부터 지급되는데 최소 10년 이상 가입해야 한다.

① **완전노령연금**: 20년 이상 가입자에게 지급

② **감액노령연금**: 10년 이상~20년 미만의 가입자에게 지급

③ **재직노령연금**: 10년 이상 가입자로 소득활동을 하고 있는 경우 60세 이상 65세 미만의 기간(특수직종 55세 이상~60세 미만)

④ **조기노령연금**: 10년 이상 가입자로 55세 이상인 자가 소득이 없는 경우

⑤ **특례노령연금**: 연금제도 도입 초기에 45세 이상인 자였던 가입자인 경우

⑥ **분할연금**: 혼인기간이 5년 이상인 부부가 이혼할 경우 노령연금을 분할해서 지급

(2) 장애연금

가입자가 질병, 부상 완치 후에도 신체 또는 정신상의 장애가 있어 노동력이 상실, 감소된 경우 생계안정을 위해 등급(장애1~4등급)과 장애 정도에 따라 지급한다. 처음 도입 시에는 가입자가 적어도 1년 이상 가입한 경우에 발생한 사고 등에 의한 장애에서만 지급하도록 하였는데 사회보험으로서의 기능 수행이 문제점으로 지적되어 현재는 가입기간과 관련한 내용이 폐지되었다.

(3) 유족연금

유족연금은 10년 이상 가입했던 자, 노령연금 수급권자 또는 장애등급 2급 이상의 장애연금 수급권자가 사망한 경우에 그 유족 생활 보장 위해 지급되는 연금이다.

지급 받을 수 있는 유족은 사망한 가입자에 의해 생계를 유지하고 있던 자 중 배우자(60세 이상, 장애등급 2급 이상) → 자녀(18세 미만, 장애등급 2급 이상) → 부모(60세 이상, 장애등급 2급 이상) 손자녀 → 조부모 순으로 최우선 순위자에게 지급된다.

(4) 연금급여 산출 및 재원 분담

연금급여액 지급사유에 따라 기본 연금액, 가급 연금액으로 구성되어 있다.

① 기본 연금액은 사업장가입자 및 지역가입자의 평균소득을 기초로 산출되는 균등 부분과 가입자 개인의 가입기간 동안의 소득 수준에 의해 산출되는 소득비례 부분으로 구성되어 있다.

균등부분은 가입자의 소득기준이나 연금보험료 부담액과 관계없이 균등하게 정액으로 결정되므로 가입자의 소득을 재분배하는 기능을 가지고 있다. 기본연금액은 노령연금, 장애연금 및 유족연금의 산정 기초가 된다.

② 가급 연금액은 수급자가 권리 취득 당시 가입자에 의해 생계를 유지하고 있던 자에 따라 지급하는 가족수당 성격의 부가급여이다. 생계를 유지에 관한 대상자별 인정 기준(대통령령)에 의해 정해져 있는데, 2008년 4월 현재 배우자 연 205,220원, 자녀(18세 미만, 장애등급 2급 이상) 연 136,800원, 부모(60세 이상, 장애등급 2급 이상) 136,800원 지급받는다.

- 국민연금의 재정부담은 전형적 사회보험 형태를 취함
  - 근로자: 근로자와 사용자가 각각 절반씩 부담
  - 자영업, 농어민: 본인이 전액부담하고 농어민 국고 보조가 일부 지원된다. 국민연금의 보험료는 가입자가 가입기간 동안 가입자의 소득에 비례하여 일정 비율의 연금 보험료를 지불하게 되는데 보험료율은 사업장가입자와 지역가입자 다르게 적용하고 있다. 이처럼 보험료율이 다른 이유는 각 가입자별로 적용시점이 달랐기 때문이다.

참고 | 사업장

시행초기(1988~1992년) 표준소득월액의 3%
1993년에 6%로 상향조정, 1998년에 9% 인상

1999년 3월까지 가입자 본인과 고용주가 각각 3%씩 부담하고 퇴직금 전환금에서 3%가 더해졌다.

1999년 4월부터 퇴직금 전환제도 폐지되고 근로자, 고용주가 4.5%씩 부담, 지역가입자(농어민, 자영업자)는 1955년 3%를 시작 → 2000년부터 1%씩 상향조정 → 2004년 6월 7% → 2005년 7월 9%로 근로자와 부담을 같도록 하고 있다.

연금의 급여자격요건은 보통 연령과 보험료 불입 기간이다. 현재 노령연금의 수급개시 연령은 만 60세이나 그 지급연령이 높아져 2013년부터는 5년마다 1세씩 연장하여 2033년부터는 65세부터 지급한다.

국민연금 급여는 2008년 말 현재 노령연금(2008년부터 지급 개시), 유족연금, 장애연금, 반환일시금이 지급되고 있다. 노령연금의 급여 수준을 소득대체율로 살펴보면, 1998년 말 국민연금 개혁으로 40년 가입 평균소득자를 기준으로 볼 때 급여 수준을 종래의 최종 표준소득월액의 약 70%에서 60%로 하향조정하여 노령연금의 월수급액으로 지급하고 있다.

현행 국민연금은 저부담-고급여의 체계로 2036년에는 연금 수급자 증가로 연금기금 수지에 적자가 발생하고 2047년에는 기금고갈이 예상되어 이러한 하향조정은 2004~2007년까지 55%로 또다시 조정되었고, 정부는 2070년까지 연금 재정안정을 달성하기 위하여 2008년부터는 급여 수준을 50%로 조정하기로 하였다.

3. 국민연금제도의 향후 과제

1988년에 시작된 국민연금제도는 그동안 수차례 제도 개혁을 단행해 오면서 상당 부분이 개선되었다고 보인다. 그럼에도 불구하고 국민연금 재정의 불안정 문제는 여전히 과제로 남고 있다.

국민연금 재정의 불안정한 이유는 저 출산 현상이 심화되고 평균 수명이 급속하게 연장되면서 급여를 받아야 하는 노인인구는 늘어나는 반면, 보험료를 부담하는 가입자가 계속 줄어드는 제도 외적인 원인과 국민연금 자체가 저부담-고급여 구조로 설계되어 있는 내적 원인에 기인한다고 볼 수 있다.

국민연금 재정이 안정되기 위해서는 가입자가 부담하는 보험료 수입과 급여가 장기적으로 균형을 이루어야 한다. 국민연금은 현재 보험료 부담 9%를 유지할 경우 상기에서 지적한 바와 같이 2030년대 중반에 재정수지 적자가 발생하고, 2040년대 중반 이후에는 적립 기금이 고갈될 것으로 전망되고 있다. 고갈된 이후인 2050년에는 30%, 2070년에는 39.1%로 보험료율을 인상해야 할 것이다. 장래 세대의 부담 경감과 재정안정을 위해서는 선진국들의 연금 개혁과 같이 연금 급여 수준의 하향조정과 국민연금 보험료를 단계적으로 상향조정해야 한다.

1998년 국민연금법 개정으로 수급 개시 연령은 상향조정되어 현재의 60세에서 2013년부터 5년마다 1세씩 단계적으로 연장하여 2033년에는 65세가 되도록 개선이 이루어졌다. 문제는 보험료 부담의 상향조정과 급여율의 하향조정이다. 2007년 12월에 국민연금법이 개정되면서 보험률은 그대로 두고 연금의 소득대체율을 60%에서 40%로 갖추는 정도에서 국민연금개혁이 이루어져 미봉책에 그쳤다는 비난을 받고 있다(공동체 2012, 양옥남).

공적연금의 재정안정을 위해서는 우선 가입자가 부담하는 보험료와 퇴직자가 받는 급여 간의 균형을 이루어야 한다. 수지 균형을 달성하기 위해서는 저부담-저급여를 선택할 것인가 또는 고부담-고급여로 전환할 것인가를 정책적으로 결정하여야 한다.

제3절 노후소득보장제도의 문제점과 한계점

1. 국민기초생활보장제도

국민기초생활보장제도는 빈곤층을 대상으로 한 공공부조로 노인의 경우 부양 의무자가 없거나 부양 의무자가 있더라도 부양능력이 없어 부양을 받을 수 없는 자로서 소득인정이 최저 생계비 이하인 경우에 수급대상이 된다.

1) 도입 배경

① 기존의 생활보호제도가 국민의 최소한의 생활을 보장하는 데 많은 한계점을 지니고 있다는 점이다.

② 1997년 이후 IMF 구제 금융 사태와 구조 조정에 따른 실업으로 근로능력이 있는 빈민이 급증함에도 불구하고 이들에 대한 기본적 사회복지대책이 부재하여 저소득층의 불만이 고조되고 있다는 점이다.

③ 적극적인 시민단체 활동의 성과를 꼽을 수 있다. 이와 같은 이유로 인하여 근로능력에 관계없이 최저생계비 이하의 저소득층의 생활안정을 위한 종합적 빈곤 대책의 필요성이 대두되었다.

국민기초생활보장법의 제정은 우리나라 공공부조의 역사에 있어서 대전환이 아닐 수 없다. 지난 40년간 시혜적 단순 보호 차원에서 시행되어 왔던 생활보호제도의 한계를 뛰어넘어 저소득층에 대한 국가의 책임을 강화하는 공공부조 본래의 기능을 수행할 수 있게 되었다는 점에서 큰 의미를 갖는다. 보호가 필요한 절대 빈곤층의 기초생활을 국가가 보장하되 종합적 자활, 자립 서비스의 체계적 지원을 통해 생산적 복지를 구현하는 데 그 의의가 있다.

2) 급여 구조

국민기초생활보장제도의 도입 초기에 따른 수급 요건을 보면 소득 평가액 기준과 재산 기준 그리고 부양의무자의 기준을 동시에 충족시켜야 했다. 그러나 2003년부터는 소득과 재산의 이원적 기준에서 소득 인정액으로 통일하여 수급자 산정기준은 소득인정액 기준과 부양의무자 기준인 2개의 기준으로 통합되었다.

즉, 국민기초생활보장제도의 수급대상자가 되기 위해서는 2003년부터 시행된 소득인정액의 산정 방식에 따라 가구별 소득평가액과 재산의 소득 환산액을 합산한 평가 금액이 가구별로 최저생계비 이하이고, 부양의무자가 없거나 부양의무자가 있어도 부양 능력이 없거나 부양을 받을 수 없는 자여야 한다.

국민기초생활보장 수급자로 결정되면 생계급여와 주거급여, 교육급여 등의 급여를 지급 받는다. 급여수준을 가구 소득과 생계급여 등 각종 급여를 합하여 최저생계 이상이 되도록 규정하고 있다.

생계급여는 가구별 평가소득액과 가구원 수를 고려해서 차등 지급하게 되는데 최저 생계비와 함께 공표한 '현금급여 기준'에서 '주거급여'와 '가구 소득'을 제외한 금액을 생계급여로 지급한다.

예를 들어 소득인정액이 125,450원이 1인가구의 생계급여액을 산출해 보면 2006년도 1인가구의 주거급여액은 33,000원이다. 따라서 현금급여 기준인 357,909원에서 소득인정액 125,450과 33,000원을 빼면 199,459원을 생계급여로 지급받게 된다.

참고 | 생계급여

생계급여 = 현금 급여 기준(최저생계비 − 의료 · 교육급여 및 법령지원액)
− 가구의 소득인정액 − 주거급여액

2. 기초연금제도

1) 기초연금제도 특징

기초연금은 어려운 노후를 보내는 어르신들을 도와드리기 위한 제도로서 어르신들의 생활의 어려움을 덜어드리고 연금혜택을 공평하게 나누어드리기 위하여 2014년 7월부터 기초노령연금제도가 폐지되고 기초연금제도가 시행되고 있다.

기초연금법은 노인에게 기초연금을 지급하여 안정적인 소득기반을 제공함으로써 노인의 생활안정을 지원하고 복지를 증진함을 목적으로 한다(제1조).

기초연금법에서 사용하는 용어의 정의는 다음과 같다(제2조).

- "기초연금 수급권(受給權)"이란 이 법에 따른 기초연금을 받을 권리를 말한다.
- "기초연금 수급권자"란 기초연금 수급권을 가진 사람을 말한다.
- "기초연금 수급자"란 이 법에 따라 기초연금을 지급받고 있는 사람을 말한다.
- "소득인정액"이란 본인 및 배우자의 소득평가액과 재산의 소득환산액을 합산한 금액을 말한다. 이 경우 소득평가액과 재산의 소득환산액을 산정하는 소득 및 재산의 범위는 대통령령으로 정하고, 소득평가액과 재산의 소득환산액의 구체적인 산정방법은 보건복지부령으로 정한다.

2) 기초연금 수급권자의 범위(제3조)

① 기초연금은 65세 이상인 사람으로서 소득인정액이 보건복지부장관이 정하여 고시하는 금액(이하 "선정기준액"이라 한다) 이하인 사람에게 지급한다.

② 보건복지부장관은 선정기준액을 정하는 경우 65세 이상인 사람 중

기초연금 수급자가 100분의 70 수준이 되도록 한다.

③ 제1항에도 불구하고 다음 각 호의 어느 하나에 해당하는 연금의 수급권자와 그 배우자나 다음 각 호의 어느 하나에 해당하는 연금을 받은 사람 중 대통령령으로 정하는 사람과 그 배우자에게는 기초연금을 지급하지 아니한다.

- 「공무원연금법」 제42조 및 「사립학교교직원 연금법」 제42조에 따른 퇴직연금, 퇴직연금일시금, 퇴직연금공제일시금, 장해연금, 장해보상금, 유족연금, 유족연금일시금, 순직유족연금 또는 유족일시금(유족일시금의 경우에는 「공무원연금법」 제56조 제1항 제3호에 해당하는 경우로서 유족이 같은 법 제60조에 따라 유족연금을 갈음하여 선택한 경우로 한정한다)
- 「군인연금법」 제6조에 따른 퇴역연금, 퇴역연금일시금, 퇴역연금공제일시금, 상이연금, 유족연금 또는 유족연금일시금
- 「별정우체국법」 제24조 제2항에 따른 퇴직연금, 퇴직연금일시금, 퇴직연금공제일시금, 유족연금 또는 유족연금일시금
- 「국민연금과 직역연금의 연계에 관한 법률」 제10조 또는 제13조에 따른 연계퇴직연금 또는 연계퇴직유족연금 중 같은 법 제2조 제1항 제7호에 따른 직역재직기간이 10년 이상인 경우의 연계퇴직연금 또는 연계퇴직유족연금

④ 선정기준액의 기준, 고시 시기 및 적용기간 등은 대통령령으로 정한다.

3. 경로우대제도

경로우대제도는 1981년 노인복지법 제정 이전부터 시행되어 오다가 1981년 노인복지법 제정 시 법에 반영된 제도로 65세 이상의 노인에게 비용을 면제시켜주거나 할인하여 노인의 소득을 보전해주는 간접적인 소득보장제도의 성격을 가진다(이혜영, 노인복지론 제3판, 2014).

구분	할인율
공영시설	수도권 전철, 도시철도, 고궁, 능원, 국・공립박물관, 국・공립 공원 및 국・공립 미술관 운임 또는 입장료 100% 할인
	국・공립 국악원 입장료 50% 할인
	철도 - 통근열차 운임 50% 할인 - 무궁화호 운임 30% 할인 - 새마을호 및 KTX 운임 30% 할인
민영시설	국내 항공기 운임 10% 할인 국내 여객선 운임 20% 할인 타 경로 우대 업종(목욕, 이발 등) 자율적으로 실시

자료: 보건복지부(2014). 노인복지사업안내

4. 노인소득보장제도의 한계점

1) 우리나라의 「고용상 연령차별금지 및 고령자고용촉진에 관한 법률」은 고령자의 고용 촉진을 위한 정책 내용

① 직업훈련

② 사업주에 대한 지원

③ 취업알선

④ 고령자고용정보센터 및 고령자인력은행 설치

⑤ 고령자의 고용촉진

⑥ 세제 지원

⑦ 정년에 대한 규정

고령자의 고용촉진을 보면, 기준고용하고 있는 기업체는 전 근로자 수의 100분의 3으로 300인 이상을 고용하고 있는 기업체는 전 근로자의 3% 이상을 55세 이상 고령자를 채용하도록 되어 있다. 고령자고용의무는 노력의무이고, 의무위반에 대해서는 벌칙규정이 없다.

우리나라 노인문제연구소가 취업알선 담당자, 고령자고용 고용주 그리고 취업중단 고령자를 대상으로 60세 이상의 고령자 취업 활성화를 위해 가장 시급히 해결되어야 할 과제 세 가지를 조사한 결과

① 고령자 적합 직종의 고령자 의무화

② 고령자 적합 직종의 지속적 개발

③ 고령자 고용기업에 대한 보상제도 강화였다.

우리나라는 노인취업을 돕는 정부정책이 다소 형식적이고 소극적인 상태에 있다.

2) 정년제의 문제

「고용상 연령차별금지 및 고령자고용촉진에 관한 법률」에서는 정년을 60세 이상이 되도록 노력해야 한다고 규정하고 있으며, 300인 이상 중소기업도 정년연장계획서를 제출할 수 있다고 규정되어 있으나 강제성이 없어 실효를 거두지 못하고 있다.

우리나라의 정년제는 일률정년제도로서 비자발적 퇴직과 자동적 해고이다. 선진국의 정년제도는 일반적으로 통상적 정년이며, 사실상의 퇴직 여부는 당사자의 선택에 달려 있다. 정년연령은 노인평균수명과 정년 후의 경제적 사정을 고려하지 않는다. 우리나라 사람들은 55세 전후가 자녀교육비, 결혼비용 등 지출이 가장 많은 시기인데, 이 시기에 수입중단은 고령자를 빈곤에 빠지게 하거나 경제적 어려움에 처하게 한다. 신체적, 정신적으로 은퇴할 시기가 아닌 중·고령층 저임금근로자는 가장으로서 가족 부양의 의무를 완수하지 못한 상태로 조기은퇴를 하기 때문에 사회적으로도 많은 문제를 제기한다.

2007년 들어서서 정부에서 노동인구를 늘리기 위해 일하는 기간을 늘리는 '2+5정책'을 발표하였다. 이는 청년층의 취업연령을 2년 앞당기고 정년을 5년 늘리겠다는 계획이다. 정년연장에 대한 움직임이 시작되었다. 또한 5년을 늘리기 위해서는 정년연장을 의무화하는 방안, 또 임금피크제를 활

성화하고 정년연장 사업주에게 임금 일부를 지원하는 '정년연장장려금'을 만드는 방안들이 검토되고 있다.

3) 고령자 적합 직종의 개발부족

고령자 적합 직종이란 노인의 능력에 적합한 직종으로 노인에게 적합한 직업을 따로 구분하여 노인이 그 직업에 종사하는 데 우선권을 주자는 것이다. 고령근로자에 대한 편견이나 잘못된 판단으로 고령자 적합 직종 자체가 제한되기도 하며 실제로 도움이 되지 못하고 있다. 적합 직종으로 선정된 직종의 수가 너무 적고 직종이 단순노무직이나 전문직에 치우쳐 있다. 고령자 적합 직종 수는 77개로 고령자 개인이 가지고 있는 다양한 경험을 살릴 수 없으며, 재취업에 대한 동기가 오히려 저하될 우려가 있다. 사회 환경에 따라 적합 직종의 선정도 변화해야 하는데 현실은 기존의 적합 직종에만 국한되어 형식적으로만 유지되고 있다.

4) 고령자에 대한 직업교육 및 직업훈련의 미비

고령자 직업교육은 고령자 교육전담기관, 노인교실 등 시설 중심의 노인교육이 있으나 조직적으로 노인직업훈련을 시키는 곳은 없다.

우리나라 고령자 직업교육 및 직업훈련의 문제점은 다음과 같다.

① 단기 위주의 양성훈련에 치우치고 있으며, 훈련내용이 기업의 필요에 부응하지 못하고 있다.

② 과거의 대량적이고 일반적인 훈련생 양성정책이 유지되고 있다.

③ 직업훈련 프로그램 시행을 위한 교육기관과의 연계망이 없다.

5) 은퇴 이후 노후 공적 소득보장이 미흡

현재 노후 공적 소득보장제도라고 하면, 국민연금 및 공무원 등의 특수직역연금과 같은 공적 연금제도를 들 수 있는데, 이러한 공적 연금제도는 기본적으로 20년 이상 가입하여야 한다.

1988년도에 도입이 되었기 때문에 2008년도에 완전노령연금 수급자가 발생하여, 고령층이나 중·장년층에게 큰 도움이 되지 못하는 실정이다. 현재의 국민연금제도는 보험료 납부 예외자가 전체 가입자의 27.4%이고, 2년 이상의 장기 체납자도 전체 가입자의 7.2%로 나타나 향후 공적 노후소득보장을 받지 못하는 국민이 적지 않게 발생할 수 있다. 특수직역연금제도의 경우에는 재정적자 등 불안이 상존해 있다. 기존 고령자는 국민연금제도 도입 시 가입연령의 초과로 원천적으로 제도가입이 불가능하였다. 고령자의 대부분이 국민연금뿐만 아니라 국민기초생활보장급여를 받고 있지 못하기 때문에 노후생활이 불안정한 상태에 놓여 있다고 할 수 있다.

6) 은퇴 이후 노후 사적 소득보장이 미흡

중·장년층의 경우에는 60세에 도달하여야 국민연금을 수급할 수 있고, 조기노령연금을 수급하더라도 연금액 자체가 낮아져 노후생활보장에는 큰 도움이 되지 못할 것으로 보인다. 따라서 기업퇴직제도가 공적 연금제도를 보완하는 역할을 수행할 수 있다. 그렇지만 그동안 퇴직금을 일시적으로 지불하여 왔기 때문에 노년기 이전에 소진되어 버리는 경우가 보편적이다.

2005년 12월부터 퇴직연금제도를 도입하여 시행하고 있는데, 노후소득보장제도로서의 제 기능을 발휘하기에는 아직 미흡한 실정이다. 민간보험회사의 개인연금상품이 있지만, 계약가입률이 점차적으로 감소하고 있어, 전반적인 사적 소득보장의 수준도 미흡한 실정이다.

5. 노인소득보장제도의 개선방안

고령자 고용과 일자리에 관한 실태조사를 보면 공통적으로 취업욕구는 강하나 일자리가 없어 경제적으로 어려움을 겪고 있는 것으로 조사되고 있어, 노인의 최소한의 경제적 삶을 위협하고 있다. 정부는 사회제도 변화에 따른 상대적으로 경제적 약자인 노인의 소득보장을 위해 1988년 국민연금제를 도입한 이후 많은 직·간접적 제도를 통하여 소득보장에 관한 정책을 실시하고 있다.

노인소득보장에 대한 문제는 비효율적이고 형평성 문제로 제도의 보완과 수정이 필요한 것이 사실이다. 사회적 약자 계층인 노인에 대해서 국민연금, 공공부조, 국민기초생활보장제도, 기초연금 등을 실시하고 있고, 고령자 고용창출을 위한 제도를 실시하나, 여전히 문제점을 노출하고 있다고 할 수 있다. 노인소득보장을 위한 개선방안으로 사회보험제도와 일자리 창출에 대한 개선방안을 제시하고자 한다.

첫째, 국민연금의 부정적 시각을 해소해야 한다. 최근 고령화에 따른 국민연금의 고갈이 사회적 이슈로 부각되고 정부는 고부담-저급여의 체계로 전환할 계획을 갖고 있다. 이런 정책은 결국 국민에게 불신을 주는 것으로, 장기적 관점에서 국민연금의 효율적 운용과 투자를 통하여 수익을 올려 국민의 불안을 해소해야 한다.

둘째, 고령자의 직업훈련과 인적 관리 개발과 적합한 직종개발을 위한 인프라가 구축되어야 한다. 정보화와 서비스 사회로의 전환은 고령자에게 젊은 층과의 괴리를 느끼게 하고 무기력을 가져올 수 있다.

고령자의 일자리는 대부분 단순노무직으로 숙련되지 않은 고령자를 고용하는 사업체들이 꺼리고 있는 것이 현실이다. 정부가 노인일자리 창출을 위해 우선적으로 고령자의 직업훈련 프로그램을 실시하여 전산시스템을 통한 인적 자원 관리를 효과적으로 운영하여 고령자가 취업할 수 있도록 부처 간의 유기적 협조로 인프라를 구축해야 한다. 고령자에게 적합한 일자리를 개발하여 고령자가 경제적 활동을 통한 삶의 만족과 경제적 도움이 될 수 있는 직종개발이 선행되어야 한다.

셋째, 고령자에게 일자리를 제공하는 사업체에 물질적 유인을 제공할 필요가 있다. 고령노동자 채용사업체의 실태조사에 의하면 고령노동력의 활용 필요성을 전혀 느끼지 못하고 있거나 활용하더라도 단순노무업무와 같은 비생산적 직무에 대한 비용절감차원인 경우가 대부분이다.

고령자 노동력을 활용하는 사업체에 대해서 5대 보험과 같은 고령자 노동력에 대한 임금부대비용을 국가가 부담하는 방식으로 물질적 유인을 제공해야 한다. 일정 이하의 노동임금에 대한 세제혜택을 제공하여 실질소득을 높여 주는 정책을 실시해야 한다(고재욱 · 황진수, 2013).

참고문헌

고재욱 · 황진수(2013). 노인복지론 개정판. 양서원.

김치영 외(2014). 노인복지론. 동문사.

김치영 · 고명수 · 김영대(2014). 노인복지론. 동문사.

김희삼(2014). 노후소득보장을 위한 가족과 정부의 역할(정책연구시리즈2014-2). 출판사 KDI.

박석돈 외(2013). 노인복지론. 양서원.

서강훈 외(2018). 노인복지론. 창지사.

안홍순(2015). 노인복지론. 공동체.

양옥남 외(2012). 노인복지론. 공동체.

윤남숙(1994). 노인의 성격유형과 죽음불안도에 대한 태도연구. 서울대학교 보건대학원 석사학위논문.

윤선오 · 김현진(2016). 사회복지실천기술론. 양성원.

윤진(1985). 성인 · 노인심리학. 중앙적성출판사.

이해영(2014). 노인복지론 개정3판. 창지사.

임정문 외(2020). 노인복지론 개정판. 동문사.

최원석(2012). 노인복지론. 양서원.

현외성(2012). 노인복지학 신론. 양서원.

Chapter 05

노인건강과 의료보장정책

제1절 노인의 건강

1. 건강에 대한 개념 정리

1) 건강의 개념

① 생물학적인 관점에서 건강은 질병이 없거나 질병에 저항할 수 있는 신체 상태를 의미한다. 의료적 모델-질병이 없는 신체적 상태

② 생태학적 관점에서 건강은 개인이 사회적 및 물리적 환경 속에서 건강하게 상호작용하는 상태로, 건강에 영향을 미치는 환경적 영향을 고려하지 못했다는 한계를 극복하고자 제시된 관점이다. 공중보건에 대한 관심과 건강 관련 사회정책에 대한 관심을 불러일으켰다.

③ 세계보건기구(WHO)에서 말한 건강이란 단지 질병이 없는데 그치지 않고 신체적, 정신적, 사회적 안녕의 완전한 상태를 말한다.

2) 노년기의 건강과 삶의 관계

(1) 개인적인 측면

건강상의 문제는 노인의 삶의 질을 저하시킨다. 질병이나 장애로 인해 일상생활의 독립성 유지가 어려워질 수 있으며 타인에 대한 의존성이 증가하여 자존감 저하, 건강을 유지시키기 위해서 경제적 부담을 유발한다.

노년기 의료서비스와 요양서비스에 대한 비용을 위해 본인부담금이 존재하므로 개인의 경제적 부담을 가중시킬 뿐만 아니라 경제, 여가, 사회참여 활동을 제약할 수 있다.

2008년 노인실태조사에서 85.5%가 생계비 마련을 위해 경제활동을 원하지만 47.8%의 노인은 건강문제로 경제활동에 참여할 수 없다고 보고되고 있다.

(2) 가족적인 측면

도움이 필요한 노인을 돌보기 위해 경제적 활동을 중단하거나 줄임으로써 간접적 비용을 발생시킬 수 있다. 뿐만 아니라 사회적 활동의 제약, 심리적 부담, 가족 내의 역할 갈등을 경험하는 경우가 흔하며 결과적으로 노인의 건강은 노인가족의 삶의 질에도 영향을 미친다.

(3) 사회적인 측면

급속한 인구의 고령화로 인해 노인의료비 부담이 급격하게 증가하여 노인의료비가 전체 의료비의 31.4%에 달하였고 65세 노인 1명에게 국민건강이 지출한 1년 평균 의료비는 64세 미만의 성인에게 지출한 비용보다 무려 4.14배나 높다.

2. 노년기 건강의 개념

1) 노년기 건강의 특성

① 노인들은 여러 가지 만성질환을 가진다.

② 노년기에 많이 나타나는 만성질환은 노화현상과 구분하기가 쉽지 않다.

③ 노년기에 주로 경험하는 질병은 수반 증상이 없으나 비전형적으로

나타나는 경우가 많다.

④ 노인은 신체적 기능이 감퇴함에 따라 건강이 나빠진다고 획일적으로 인식하는 경우가 있으나 노인집단에도 개인마다 건강상태가 다르다. 노인에게 자신의 건강상태에 대한 주관적인 만족도를 조사한 결과, 응답한 노인 중 약 38%가 만족한다고 응답, 42%가 만족하지 않는 것으로 응답, 20%는 보통인 것으로 응답하였다. 노인집단의 건강 상태가 다양한 이유는 전 생애 누적 효과로 설명할 수 있는데 유전적 요인, 생활습관, 주거환경, 사회적·경제적 상태의 영향이 축적되어 나타나기 때문이다.

노년기에는 일반적 노화를 경험함에 따라 다양한 만성질환을 보유 할 확률이 높다. 그 과정에서 개인의 신체적, 사회 심리적, 경제적 특성은 병리적 노화 현상을 가속화시키거나 지연시킴에 따라 개인의 건강상태도 다양함을 나타낸다.

2) 노년기 건강의 요소

(1) 신체적 요인

① 유전적인 요인

여러 쌍생아 연구는 개인의 신체적 건강에 유전적 영향이 있다는 것을 입증하고 있다. 만성질환의 상관관계를 연구한 코르마로프는 쌍생아 간 보유한 만성질환 중 당뇨병과 피부질환 등을 연구한 결과 보유율의 일치도는 48%에 달했다. 중년기 후반의 329쌍의 청력을 연구한 일치도가 65~70%에 달했고 나쁜 청력을 가진 경우는 일치도가 41~54%에 달했다. 칼 마이클과 맥귀는 쌍생아 간의 신체질량 지수를 조사하였는데 그 일치도가 73%에 달하여 신체건강의 영향 요인으로 유전적 요인의 높은 영향력을 입증하였다.

② 일반적인 노화로 인한 신체 변화를 고려할 수 있다.
시간의 흐름에 따라 세포, 조직, 기관의 기능이 쇠퇴하는 현상인데 노안이 나타나고 시력, 청력의 정확성이 저하되며, 골밀도가 저하되고 혈관의 탄력이 저하되고 심장 및 폐의 효율성이 떨어지는 등의 변화를 의미한다. 실제로 2011년 일본 동북부 대지진 사망, 실종자 3명 중 2명꼴로 60세 이상 노인이었다. 미국 건강 통계국에서 20세 이상 미국인을 대상으로 연령과 성별에 따른 심장과 간질환 보유율을 비교한 결과 심장질환 보유율은 40대 초반 이전까지는 남성이 높다가 40대 후반부터 50대 초반에는 남녀가 거의 비슷해지고 50대 중반 이후에는 여성에게서 더 높게 나타났는데 이러한 경향은 폐경기 이후 급격하게 감소하는 여성호르몬과 관련이 있는 것으로 보고되었다.

(2) 심리 행동적 요인

① 정서상태가 건강에 미치는 영향은 긍정적 정서 영향과 부정적 정서 영향으로 구분된다. 벌크 등은 웃음과 신체적 건강의 관계에 관한 연구에서 웃음과 유머는 인간의 자가 면역체를 활성화시켜 질병과 감염의 위험을 현저하게 줄인다고 보고하고 있다. 코헨과 프레즈만은 행복감, 기쁨, 흥분감, 열정, 만족감 등의 긍정적인 정서는 수명연장과 관계가 있고 질병이환율, 신체통증, 신체적 증후 감소와 영향이 있다고 보고 인간으로 하여금 행복감을 느끼게 하는 긍정적인 정서상태는 심장질환, 호흡기계 질환, 고혈압, 감기, 기타 감염 발병률을 감소시켰다. 이런 관련성은 신체적 건강을 주관적으로 평가할 때 더 뚜렷하게 확인되었다.

② 건강행동은 신체적 건강에 영향을 미치는 또 다른 심리행동적인 요인이다. 건강행동이란 개인의 건강에 직접적인 영향을 줄 수 있는 행동을 의미하며 흡연, 음주, 운동, 식습관 등은 대표적인 건강행동의 예이다.

한 개인의 건강은 개인의 심리사회적 행동을 변화시킴으로써 건강증진이 가능하다고 설명한다. 흔히, 스트레스 대처기술을 증진시키고, 흡연이나 과음 등의 해로운 건강행동을 줄이며, 규칙적인 운동을 함으로써 개인의 건강증진은 가능하다고 설명한다. 개인적인 차원에서 건강증진을 위해 개입할 수 있는 가능성을 향상시켰으며 건강상태에 대해 낙관적인 관점을 제시하였다는 측면에서 의미가 있다.

(3) 사회적인 요인

① 성별과 연령은 건강을 연구하는 심리사회적 연구에서 거의 빠짐없이 고려되었던 요인인데, 여성은 남성에 비해서 일반적으로 기대수명이 높지만, 신체적 통증과 우울증상은 더 많이 호소하였다.

② 사회적 관계가 건강에 미치는 영향은 사회심리학적 관점에서 지속적인 관심을 받아왔으며, 사회적 관계는 개인의 스트레스 대처능력을 강화시킴으로써 질병으로부터 인체를 보호하고 건강을 회복시킬 것이라고 가정하였다.

③ 노년기 건강에 영향을 미치는 사회적 요소로 사회계층이 고려되었다.

3. 우리나라 노인의 신체적 건강 실태

1) 주관적 건강

65세 인구 중 본인의 건강이 좋다고 평가한 비율은 19.6%, 보통 31.8%, 나쁘다고 평가한 비율은 48.7%로 거의 절반이 건강에 부정적이었다. 이러한 경향은 연령이 증가할수록 더 심해졌다. 독거노인과 전체노인을 비교한 결과 독거노인은 자신의 건강에 대해 더 부정적으로 인지하고 있어 건강에 대한 욕구가 강한 집단임을 확인했다.

2) 수명

얼마나 오래 사는가를 나타내는 수명은 흔히 사용되는 건강지표이다. 우리나라 남녀의 기대수명은 해마다 조금씩 증가하였다.

3) 사망원인

5대 사망원인은 1위 암, 2위 뇌혈관질환, 3위 심장질환, 4위 당뇨병, 5위 만성하기도 질환이다. 인구 10만 명당 사망률을 기준으로 볼 때 1위와 3위인 암과 심장질환으로 인한 사망률은 1999년에서 2009년까지 거의 변함이 없었던 반면, 2위 뇌혈관질환으로 인한 사망률은 거의 절반으로 줄었고, 4위 당뇨병과 5위 만성하기도 질환으로 인한 사망률을 각각 약 1/3의 감소를 보였다.

4) 만성질병 및 장애

65세 이상 노인이 가진 10대 만성질환으로는 1위 고혈압(47.3%), 2위 관절염 및 류머티즘 관절염(37.2%), 3위 요통 및 좌골신경통(23.4%), 4위 당뇨병(16.4%), 5위 골다공증(14.1%), 6위 위・십이지장궤양 및 위염(9.3%), 7위 협심증 및 심근경색증(8.3%), 8위 백내장(7.4%), 9위 뇌졸중(6.8%), 10위 만성기관지염 및 폐기종(6.5%) 순으로 나타났다. 질병으로 인해 일상생활에 어려움이 있는지 조사한 결과 15.5%가 전혀 없다, 50.9%가 약간 있다, 33.6%가 많다고 응답하여, 노인 중 84.5%가 질병으로 인해 일상생활에 어려움을 가지고 있다고 보고하였다. 남성노인에 비해 여성노인이, 연령이 높을수록 일상생활에 어려움이 많다고 응답한 비율이 증가하였다.

5) 일상생활수행능력

일상생활수행능력 개념은 자신의 신변 케어에 필요한 기능을 지칭하는 기본적 일상생활수행능력과 지역사회에서 독립적으로 살아가기 위해 필요한 기능을 지칭하는 도구적 일상생활수행능력으로 구분된다.

- **기본적 일상생활수행능력**: 옷 입기, 세수하기, 양치질하기, 목욕하기, 식사하기, 앉았다 일어나기, 대소변보기 등
- **도구적 일상생활수행능력**: 식사준비하기, 빨래하기, 금전관리하기, 교통수단이용하기, 장보기, 전화 걸고 받기, 근거리 외출 등

4. 우리나라 노인의 정신적 건강 실태

1) 우울증

우울증의 대표적인 증상으로는 지속적인 불안감, 공허감, 초조함, 죄책감, 절망감, 무기력, 평상시 좋아하던 일에 대한 의욕상실 등과 같은 정서적 문제, 집중력 장애, 판단력 장애 등의 인지적 문제, 신체적 증후, 피곤함, 식욕변화, 체중변화, 수면장애 등의 신체적 문제를 포함한다.

우울상태 경험률은 성별에 따라 차이를 보였는데, 여성에게는 우울상태 경험률이 높았으며, 연령이 증가할수록 우울상태 경험률이 높아 여성과 고연령 집단이 정신건강 고위험 집단임을 확인할 수 있었다.

2) 자살

우리나라는 경제협력개발기구(OECD) 국가 중 최고의 자살률을 보였다. 또한 자살률은 연령이 높아질수록 더 급속하게 증가하였으며, 80대 이상의 자살률이 OECD 평균보다 5배 이상 높아 노인 정신건강이 심각하게 위험

함을 알 수 있다.

노인의 자살생각 역시 노인의 정신건강 문제와 연관하여 중요하게 고려될 수 있는 변수이다. 자살생각에 영향을 미치는 요인으로 주관적 건강상태가 나쁠수록, 우울증상이 높을수록, 스트레스가 심할수록, 배우자가 없을수록 자살생각이 높다고 보고하여 신체적 및 사회심리적 욕구가 자살생각에 복합적으로 영향을 미침을 알 수 있다.

5. 노년기 건강 유지를 위한 노력

1) 개인적인 측면

① 유전적 요인이나 자연적으로 경험하는 일반적 노화과정에 대한 개입은 제한적일 수 있으나, 질병관리를 위한 노력은 필요하다. 정기적인 검진을 통해 질병을 조기에 발견하고 만성질환을 조기에 관리한다면 질병으로부터 부정적 결과를 최소화할 수 있다.
스트레스란 스트레스요인을 극복할 만큼의 자원을 가지지 않았다고 느낄 때 경험하게 되므로 스트레스 자체보다 스트레스 대처를 위한 자원 개발에 노력해야 할 것이다. 스트레스 관리 프로그램에 적극적으로 참여하는 것이 바람직하며 건강한 생활습관과 규칙적인 운동, 영양 균형이 잡힌 식단을 유지하는 것도 바람직한 건강행동을 유지하기 위한 방법이다.

② 심리적 요인을 개선하기 위해서는 부정적인 정서를 줄이기 위한 노력이 필요하다. 건강한 생활습관과 규칙적인 운동, 영양 균형이 잡힌 식단을 유지하는 것도 바람직한 건강 행동을 유지하기 위한 방법이 될 수 있다.

③ 사회적 차원에서는 사회적 관계망과 사회적 지지를 얻을 수 있도록

사회적 관계 유지를 위한 노력이 필요하다. 사회적 관계의 양적 측면보다 질적 측면이 건강유지 및 증진에 직접적인 영향을 미친다는 점을 고려할 때 사회적 관계망의 무조건적인 팽창보다는 만족스러운 도움이 필요할 때 서로 도움을 주고받을 수 있는 사회관계망 확보가 절대적으로 중요하다.

2) 사회적 측면

개인의 건강수준은 소득, 교육수준, 직업 등으로 결정되는 사회계층과 밀접한 관련이 있으며, 이러한 관계는 국내외 연구를 통해서 일관되게 보고되었기 때문이다. 사회계층이 개인의 건강에 미치는 영향은 개인의 노력만으로 해결될 수 없는 문제이며, 거시적 측면에서 제도와 정책을 마련함으로써 개선이 가능하다.

특히 사회경제적으로 소외된 계층이 의료서비스와 건강관련 정보에 대한 접근성을 확보할 수 있도록 법적·제도적 지원이 필요하다. 또한 저소득층이 거주하는 환경개선을 위한 지원이 필요하며 그들이 심리사회적 위기에 처했을 때 대처할 수 있도록 지원하는 것이 필요하다.

사회계층이 건강에 미치는 영향은 전 생애를 통해 축적되어 나타나므로 다양한 연령집단에서의 개입이 필요할 것이며, 특히 성장기 발달 문제는 영구한 기능장애와 건강문제를 발생시킬 수 있으며 이에 대한 사회적 지원이 절대적으로 중요하다.

(1) 건강관리

① 종합적인 건강관리를 받아야 함

② 식사, 운동, 스트레스, 흡연, 음주와 약물복용, 성생활, 정신건강관리 면에서 소홀하지 말아야 함

③ 운동 필요

참고 | 운동의 필요성

① 체중조절 및 식욕증진
② 외형적 모습의 향상과 신체의 균형 및 안정성 유지
③ 마음안정과 스트레스 해소
④ 숙면
⑤ 자신감 및 생활의 활력
⑥ 개인의 독립성 유지
⑦ 뼈의 쇠퇴방지, 근력의 지속성과 유연성
⑧ 변비 방지(김욱, 2012)

참고 | 올바른 운동의 원칙

① 최대 심박수의 50% 정도의 강도로 운동을 한다(60세의 경우 분당 맥박수는 110회).
0.5×[(최대맥박수(220−나이)−안정 시 맥박수]+안정 시 맥박수
예 60세의 경우: 0.5×[(220−65)−64]+64=110
② 최소한 15분을 계속적으로 유지되는 운동을 한다.
③ 최소한 1주일에 3회 이상 한다.
④ 이 경우 운동효과는 3개월 후, 지병치료 효과는 6개월 후에 나타난다.
⑤ 동시에 주요 관절유연성 체조와 근육 강화 운동을 병합: 목, 어깨, 허리, 골반, 무릎

제2절 노인의 질병

1. 노인의 질병

1) 노화의 차원

노화과정에는 단계가 있으며 전형적인 노화에는 세 가지 차원이 있다.

- **1차적 노화**: 정상적인 노화, 불가피한 것, 점진적인 특징이 있다.
  개인의 유전적 프로그램에 의하여 사람마다 노화속도에 차이가 있다.
- **2차적 노화**: 보편적이거나 불가피한 것은 아니다.
- **3차적 노화**: 생의 마지막 단계
  최후의 급속한 쇠퇴 과정이 진행되는 것이 특징이다.

성공적인 노화는 생애 수십 년간의 일차적 노화를 지나 85세 초고령 이후 조용히 세상을 떠나는 것으로 짧은 기간의 삼차적 노화를 경험하는 것이다.

2) 신체의 기본적 변화

신체의 기본적인 변화 가운데는 회복력, 적응력, 반응력의 저하현상과 예비력의 감소가 있다.

- **회복력 저하**: 아픈 다음에 자연적 회복 기능이 느려지는 것
- **적응력 저하**: 자신이 변화에 적응하면서 자기를 바꾸어 가는 속도가 느린 것
- **반응력 저하**: 위급상황에 대한 대처 동작이 느리고 병원체의 침입에 대한 백혈구의 방어활동 및 면역반응의 작용이 활발하지 못한 것
- **예비력 저하**: 운동이나 위기적 상황에 처할 때 발휘되는 최대의 능력과 일상생활에 필요한 능력이 느려지는 것(공동체 2012, 양옥남).

2. 노인성 질환의 특징

① 노인성 질환은 단독으로 발생하는 경우가 드물다. 노인은 하나의 질병에 걸리면 다른 질병을 동반하기 쉽다. 따라서 노인은 여러 질병을 동시에 가지고 있다.

② 노인성 질환은 증상이 거의 없거나 애매하여 정상적인 노화과정과 구분하기 어렵다. 기존 질병명으로는 구분되지 않고, 기능이상으로만 나타나는 질병이 흔하므로 단순한 식욕부진이나 전신허약감에도 주의를 기울여야 한다.

③ 노인성 질환은 원인이 불명확한 만성 퇴행성 질병이 대부분이다.

④ 노인성 질환은 경과가 길고, 재발이 빈번하며, 합병증이 생기기 쉽다.

⑤ 노인은 노화에 따라 신장기능이 저하되어 소변농축 능력과 수분 재흡수 능력이 감소되기 때문에 질환의 발생에 따른 신체 변화에 대한 적응 능력이 떨어져 수분과 전해질의 균형이 깨지기 쉽다. 수분과 전해질의 불균형은 의식장애, 심장수축이상, 신경이상 등을 초래할 수 있다.

⑥ 노인은 젊은 사람과 달리 약물에 대한 반응이 민감하므로 약물을 사용할 때 보다 많은 주의가 요구된다.

⑦ 노인은 질환 유발 위험요인에 대한 반응이 민감하므로 약물을 사용할 때 보다 많은 주의가 요구된다. 노인의 경우 신장의 소변 농축 능력과 배설 능력이 저하되어 치료 약물이 신체 내에 오래 남아 중독 상태에 빠질 수 있다.

⑧ 노인은 질환자체가 비교적 가벼워도 의식장애를 일으키기 쉽다. 뇌졸중과 같은 질환뿐만 아니라 가벼운 폐렴, 설사 등에도 의식장애의 발생이 빈번하다.

⑨ 노인성 질환은 관절 경축과 욕창을 수반하기 쉽다. 노인이 질환으로 인해 근육을 움직이지 않게 되면 몸의 일부를 압박하게 되고, 노화에 따른 혈액순환기능 저하로 욕창이 잘 발생한다. 또한 노인은 골격근의 수축력 감소로 관절이 쉽게 뻣뻣해진다. 따라서 관절 경축과 욕창 예방을 위한 세심한 배려가 요구된다.

⑩ 노인성 질환으로 인하여 일상생활수행능력의 저하가 일어나며 질환자체가 치유되어도 누워있는 상태가 지속되는 경우가 많다. 따라서

가능한 활동량을 늘려 누워있는 상태가 되지 않도록 돕는 것이 중요하다.

⑪ 노인의 심리적 요인은 질병 발생에 많은 영향을 준다.

⑫ 노인성 질환은 신체적 측면뿐만 아니라 심리적, 사회적, 경제적, 영적 측면이 모두 연관되어 있어 의학, 간호학, 사회심리학, 경제학, 사회복지학 등의 다학제적이고 총체적인 접근이 필요하다.

3. 주요 질환

1) 소화기 질환

(1) 위염

위 점막의 염증을 의미하며 급성위염과 만성위염으로 구분된다. 급성위염은 갑자기 발생하는 위 점막의 염증이며 급성위염이 완치되지 못하고 방치되거나 재발하는 경우 만성위염으로 변화한다. 만성위염이란 위의 표면에 존재하는 점막 세포 사이에 염증 세포가 존재하는 상태를 말한다. 내시경 상에서 이런 소견이 보이는 경우는 위 표면이 정상보다 붉게 보이거나 정상적으로 존재해야 할 위의 주름이 잘 보이지 않는 경우 그리고 군데군데 표면이 약간 상처를 입은 듯한 소견을 보이는 경우 등을 말한다.

(2) 위궤양

위궤양은 위벽의 점막뿐만 아니라 근육 층까지 손상이 있는 위장병을 의미한다. 정확한 원인은 알려져 있지 않으나 여러 가지 원인으로 인해 발생하는 것으로 추정된다.

(3) 위암

위암은 남성에서 2배 정도 발생하며 60세 이상에서 더 많이 발생하는 것으로 보고되고 있다. 최근 위암의 조기진단, 수술과 항암제 등의 발달로 치료성적이 향상되고 사망률이 감소하고 있지만 우리나라에서의 발생률은 전체 남자 암 발생자 중 약 24%(1위)를 차지하고 있고 여자에서는 약 15.3%(2위)를 차지하고 있다.

(4) 대장암

대장암이란 맹장, 결장과 직장에 생기는 악성 종양으로 대장의 가장 안쪽 표면인 점막에서 발생한 암이다. 모든 나이에 대장암이 발생할 수 있지만 대장암 환자의 90% 이상의 경우 나이가 40세 이상이고, 매 10년마다 그 발생률이 두 배씩 증가하고 있다. 최근 식생활의 서구화로 대장암의 발생률과 사망률이 현저하게 증가하여 우리나라 전체 암 발생의 11.2%(4위)를 차지하고 있다.

(5) 설사

설사란 일반적으로 70~90%의 수분이 포함된 물과 같은 대변을 매일 200g 이상 또는 횟수가 하루 2~3회 이상인 경우를 말한다.

(6) 변비

변비란 변을 보는 횟수가 일주일에 2~3회 이하인 경우, 변을 볼 때 힘이 들고 변의 딱딱한 정도가 아주 심한 경우, 변을 보는 데 많은 시간이 필요한 경우, 배변 후에도 대장에 변이 남아 있는 듯한 느낌(잔변감)이 3개월 이상 지속되는 것을 의미한다. 변비는 통증, 복부 팽만감, 경련, 식욕저하 등의 원인이 되어 일상생활과 삶의 질에 영향을 줄 수 있다.

2) 호흡기계 질환

(1) 만성기관지염

만성기관지염이란 기관지의 만성적 염증으로 기도가 좁아진 경우를 뜻한다. 따라서 호흡 곤란에 시달리게 되고 만성염증으로 기관지벽이 파괴될 경우 일부 기관지는 오히려 비가역적으로 늘어나 기관지 확장증이 되기도 한다.

(2) 폐렴

폐렴은 폐 조직에 염증이 생긴 상태를 말하며, 세균이나 바이러스 등의 침범, 기도를 통한 이물질 흡입으로 인해 발생한다.

(3) 천식

천식은 기관지에 만성적으로 염증이 있어 다른 사람보다 예민하게 되어, 약한 자극에도 기관지벽이 부풀어 오르는 부종과 근육이 수축해서 기관지가 좁아지는 현상을 일으키는 병이다.

(4) 폐결핵

폐결핵은 결핵균에 의해 발생하는 전염성 질환으로 주로 폐를 침범하며 신장, 림프질, 대장, 뼈 등 대부분의 장기에 침범할 수 있다. 결핵균에 감염되었다고 하여 모두 발병하는 것은 아니며 감염된 사람의 5~10%만 발병한다. 알코올중독, 영양실조, 당뇨병 등을 가지고 있으면 발병률이 높은 것으로 알려져 있다.

결핵의 20~30%가 65세 이상의 노인에서 발생할 정도로 특히 고령자에서 결핵의 감염 위험성이 높은 것으로 보고되고 있다. 노인의 경우 투베르쿨린 피부반응도 연령의 증가에 따라서 달라질 수 있고, 동반된 복합 기저질환으로 인해 폐결핵 병변이 다른 질환으로 오인되거나 무시되는 등 노인에서의 폐결핵은 진단상의 어려움이 있을 수 있다.

3) 순환계 질환

(1) 고혈압

- 고혈압의 증상은 두통과 함께 뒷머리가 뻑적지근하며 심하면 아플 수도 있다. 간혹 어지럽거나 가슴이 답답하고, 코피가 나며 숨이 차기도 한다. 심하면 심장과 신장의 기능에 문제의 원인이 되며 뇌동맥의 혈관 파열로 중풍 또는 사망의 원인이 되기도 한다.
- 고혈압은 우리나라의 사망원인 가운데 3위를 차지하며 특히 동맥경화와 뇌졸중과 밀접한 관계가 있다.
- 현재 고혈압의 원인은 유전적 요인과 환경적 요인으로 설명되고 있으나 명확하지는 않다. 유전적 요인으로 고혈압을 가진 부모의 자손은 40대가 지나면서 증상이 나타나기 시작하며(최순남, 2000), 환경적 요인으로 염분의 과다섭취, 비만, 흡연, 과음, 스트레스, 여성의 피임약 복용 등이 있다.
- 고혈압의 완벽한 치료방법은 아직 없으며, 짠 음식과, 담배, 과도한 음주를 피하는 것이 최상의 예방책으로 알려져 있다. 보통 일반인의 수축 혈압이 150mmHg, 확장혈압이 90mmHg일 경우 고혈압이며, 120/80mmHg이 정상이나 노인의 경우 90/60이 일반적이다.

혈압은 심장에서 뿜아내는 혈액이 혈관의 벽에 미치는 힘을 잰 것을 말하며 혈압의 종류에는 최고혈압, 최저혈압이 있다. 가장 이상적인 혈압은 120/80mmHg 이하이지만 어떤 이유로 혈관이 좁아지거나 심장이 한 번에 내보내는 혈액의 양이 늘어나면 혈압이 높아지게 된다. 일반적으로 고혈압이란 성인의 최고 혈압이 140mmHg, 최저 혈압이 90mmHg 이상인 경우를 말한다.

(2) 동맥경화증

동맥경화증은 동맥 혈관의 안쪽 벽에 지방이 축적되어 혈관 내부가 좁아지거나 막혀 혈액의 흐름에 장애를 일으키고, 혈관 벽이 굳어지면서 발생하는 것이다.

(3) 심부전

심부전이란 심장의 수축력이 저하되어 신체조직의 대사요구에 필요한 충분한 혈액을 심장이 내보내지 못하는 상태를 말한다.

4) 근골격계 질환

(1) 퇴행성관절염

골관절염이란 뼈의 끝부분을 덮고 있어 뼈를 보호해주는 연골(물렁뼈)이 닳아서 없어지는 상태를 가리키는 말로, 관절 질환 중 가장 흔한 질환이며, 나이가 들면서 증가(퇴행성관절염)한다. 퇴행성관절염은 가장 흔한 관절질환으로 다양한 원인으로 관절에 염증성 변화가 생긴 것을 말한다.

(2) 류마티스 관절염

류마티스 관절염은 관절의 활막에 생기는 이유가 알려지지 않은 만성염증이다. 관절의 활막은 활액을 생성하여 관절의 연골에 영양과 산소를 공급하면 관절 운동 시에 생기는 노폐물을 제거하는 역할을 하는 얇은 막이다. 류마티스 관절염은 남자보다 여자에서 3~5배 많이 발생하며 주로 30대와 40대에 시작되어 치료하지 않고 만성적으로 진행되면 대부분 관절 연골을 비롯하여 뼈까지 파괴되어 결국 관절의 기능을 잃게 되는 병이다.

(3) 골다공증

골다공증은 노화에 따라 척추, 대퇴 부위 뼈조직에서 뼈세포가 상실되어 골밀도가 낮아지고 골절을 일으키기 쉬운 상태가 되는 대사성 질환으로 뼈에 구멍이 많이 생겨서 마치 스펀지 같이 된 상태를 뜻한다. 골다공증은 뼈 안의 골량 감소로 인해 가벼운 충격에도 쉽게 골절을 일으키는 질환이다. 골다공증의 원인은 폐경, 음주와 흡연, 저체중, 운동부족, 칼슘섭취 부족, 갑상선 기능 항진증, 스테로이드제 또는 항경련제 등의 장기복용 등이 있다(김남희 외, 2014: 87).

(4) 고관절 골절

고관절 골절의 90% 이상이 낙상에 의해 발생하는데 노인은 고관절 골절로 인해 독립적인 생활을 유지하기 어려운 경우가 많아진다. 골절이 되면 노인은 의기소침해지고 일상생활의 수행이 어려워지면서 두려움과 자신감이 떨어진다.

(5) 생식 및 비뇨기계 질환

① 요실금

요실금이란 소변을 보려고 하지도 않았는데 자신의 의지와 상관없이 때와 장소를 가리지 않고 소변이 흘러나오는 현상을 말한다. 정상적으로 소변이 차게 되면 방광은 팽창되고, 요도괄약근은 반사적으로 수축하여 방광입구를 조임으로써 소뇌에 전달하며 방광 벽은 수축하고 요도괄약근은 이완되어 소변배출이 이루어진다. 방광, 요도괄약근, 신경계통 중 어느 하나라도 문제가 생길 경우 요실금 현상이 나타난다. 요실금은 하나의 증상이지 질병은 아니다.

② 전립선비대증

전립선은 남성에게만 있는 기관으로 방광 바로 아래에 위치하여 요도를 감싸고 있다. 출생 후부터 사춘기 전까지 전립선의 크기는 거의 변화가 없다가 사춘기가 되면서 남성호르몬의 작용에 의해 전립선은 조금씩 커져 30세 전후가 되면 밤톨 크기가 된다.

이후 연령이 증가하면서 전립선이 비대해져 전립선을 통과하는 요도 부위가 좁아지게 되고 이로 인해 소변 볼 때 여러 증상들이 나타나게 되는 것을 전립선비대증이라고 한다.

③ 난소암

난소암은 부인과 암의 약 20%를 차지하고 있으며, 호발 연령은 50세이다. 암이 발생한 후 복강에 재전이가 일어날 때까지 증상이 전혀 없는 경우가 대부분이어서 처음 진단 시 약 2/3에서 이미 진행된 상태로 발견되기 때문에 여성 생식기에서 발생하는 부인암 중 가장 예후가 나쁜 암으로 알려져 있다.

(6) 피부계 질환

① 욕창

병상에 오래 누워 있는 대상자의 등・허리・어깨・팔꿈치 등 바닥면과 접촉되는 피부가 혈액의 공급을 받지 못해서 괴사되는 상태를 말한다.

② 건조증

노화에 따라 피부외층이 건조해지며 거칠어지는 것이다.

③ 대상포진

대상포진은 바이러스성 피부질환의 일종으로 수두를 일으키는 바이러스에 의해 피부와 신경에 염증이 생기는 질환으로 수두를 앓았던 사람에서 발생하는데 수두를 앓은 후 이 바이러스는 신경세포에 잠복해 있다가 신체 저항력이 약해지는 경우에 증식을 하여 신경과 신경이 분포하는 피부에 염증을 나타낸다.

(7) 신경계 질환

① 뇌졸중

흔히 중풍이라 부르는 뇌졸중은 뇌에 혈액을 공급하는 혈관이 막히거나 터져서 뇌손상이 오고 그에 따른 신체장애가 나타나는 뇌혈관 질환이다.

② 파킨슨 질환

파킨슨 질환은 서동증(몸이 느려짐), 관절 움직임의 경직, 안정 시의 떨림, 자세 반사의 손실로 인해 자주 넘어지거나 균형 감각의 소실, 굽은 자세, 보행 중에 얼어붙는 것처럼 몸이 굳어버리는 현상 등의 증상을 보인다.

(8) 감각기계 질환

① 녹내장

안압의 상승으로 인하여 시신경이 손상되어 시력이 점차적으로 약해지는 질환이다. 안압은 정상적으로 15~20mmHg, 각막과 수정체 등에 영양을 공급하는 방수라는 액체의 생성과 배출 균형을 통해 유지된다. 녹내장은 방수가 안구 밖으로 배출되는 통로에 문제가 생겨 발생한다.

② 백내장

백내장은 수정체가 혼탁해져서 빛이 들어가지 못하여 시력장애가 발생하는 질환으로, 검은 눈동자에 하얗게 백태가 껴서 뿌옇게 보이거나 잘 안 보이게 되는 질환이다.

③ 노인성 난청

노인성 난청이란 연령 증가에 따른 고막, 내이의 퇴행성 변화에 의한 청력 감소를 말한다.

(9) 내분비계 질환

① 당뇨병

당뇨병은 신체 내에서 혈중 포도당 수치를 조절하는 인슐린이 분비되지 않거나 부족한 경우 또는 인슐린에 대한 신체의 저항성으로 인해 포도당이 세포 내로 들어가지 못해 혈중 포도당 수치가 올라가 소변에 당이 섞여 나오는 질환이다.

(10) 신경정신 질환

① 치매

치매란 뇌신경 세포의 손상으로 인한 인지장애이며, 단시간에 일어나는 것이 아니라 몇 개월에서 몇 년의 경과를 거치는 만성증후군으로 인지기증(기억, 인식, 추리, 판단, 시간, 장소, 사람을 인식하는 능력)의 저하로 자신이나 주위에 대한 상황 판단을 부정확하게 하고, 적절한 대응이 어렵고 자립 생활이 곤란한 노인의 상태를 말한다. 치매는 진행이 매우 느리며, 일부 대상자는 다른 노인성 질환을 치료하다가 치매증상을 발견할 수도 있다.

② 우울증

우울증은 노인에게 흔히 발생하는 정신적 질환으로 본인 스스로 자각하기 어려워 병원을 찾는 경우가 드물다. 외상처럼 주변사람이 쉽게 발견할 수 있는 질병이 아닐 뿐 아니라 핵가족으로 고령자들이 혼자 거주하는 경우가 많기 때문에 방치되기 쉽다.

노인은 많은 상실로 인해 자아존중감이 감소되어 슬픔을 더 많이 느끼나 그것을 대신해 줄 수 있는 것이 없을 때 슬픔은 우울로 변한다. 권위나 영향권의 상실, 사회생활의 제한, 가족 간의 관계가 의무적, 형식적, 피상적으로 되어 감에 따라 노인은 고독하게 되고, 일생을 통해 종사해 온 직장, 부모, 친구, 배우자 등의 상실이 슬픔으로, 이것이 다시 우울과 무력감으로 나타나 노인의 정서적 문제를 야기한다. 예를 들면, 배우자 상실을 또래집단의 애착형성으로, 직장은퇴를 사회 봉사활동이나 가정 내 정서적 역할로 대체할 수 있다. 가정 내 정서적 역할이란 손자 손녀들에 대한 지지기능을 들 수가 있고, 사회 정서적 역할이란 장애인, 아동, 노인복지시설 등을 방문할 수 있는 지지기능을 들 수 있다.

참고 | 케어

- 과거의 행복했던 기억을 회상하도록 한다.
- 슬픔이나 울적했던 기분을 표현하도록 한다(울거나 화를 발산).
- 대안적 활동을 권장한다(여가활동, 즉 걷기, 운동, 등산, 원예 등).
- 사회집단에 참여하도록 한다(또래집단, 봉사단체, 교회, 노인학교 등).

③ 섬망

섬망은 의식의 장애로 인해 주의력 저하뿐만 아니라 정동, 사고, 언어 등 인지기능 전반의 장애와 정신병적 증상을 유발하는 것으로 수 시간 내지 수일에 걸쳐 급격하게 발생하며, 증상의 기복이 심한 것이 특징이다.

제3절 의료보장정책의 이해

1. 노인의료보장의 개념

첫째, 국민의 질병, 부상, 분만, 사망 등에 대하여 보험급여를 실시함으로써 국민보건을 향상시키고 사회보장의 증진을 도모하려는 의료보험

둘째, 생활유지능력이 없거나 생활이 어려운 자에게 공공부조의 1종인 의료급여를 실시하여 국민의 보건향상과 사회복지 증진을 위한 의료급여제도

셋째, 국가가 국민보건의 향상과 질병예방을 위하여 각종 의료서비스를 제공하는 국민보건서비스

노인의료보장은 노화에 따른 신체적 기능쇠퇴와 질병으로 인한 건강상의 문제를 해결하기 위해 국가 차원에서 건강보호에 필요한 의료서비스를 제공함으로써 노인의 삶의 질을 향상시키고자 하는 사회적 노력을 의미한다. 노인이 되면 신체적·정신적 기능이 쇠퇴하기 때문에 질병발생률이 높을 뿐 아니라 만성화되는 경향이 있으므로 치료 기간이 길며 유병률도 높아 보건의료서비스에 대한 요구도 높다.

2. 노인의료보장의 필요성

우리나라의 고령화 속도는 매우 빠르게 진행되고 있다. 노인은 질병발생률이 높을 뿐 아니라 이로 인하여 의료비도 증가하고 있어, 노인의 의료보장이 매우 중요한 위치를 점하고 있다.

1) 노인에 대한 의료보장의 필요성

첫째, 건강보호서비스는 노인의 삶의 질과 수명에 직접적으로 영향을 미친다. 건강은 개인의 가장 소중한 자원으로 자신을 유지하고 역할을 수행하는 데 결정적이며, 사회·심리적인 면에서 자신을 긍정적으로 평가하도록 한다. 국가는 국민건강보호의 책임을 가져야 하며, 이는 개인의 권리로 인정되어야 한다.

둘째, 예측불허의 사고와 빈번한 질병, 이에 따르는 고액의 진료비를 개인이 해결하기 어렵다. 노인집단은 다른 연령대에 비해 유병률이 2~3배 높

고 질병이 만성적이어서 장기적 치료와 요양을 요한다. 의료비 또한 고액이므로 국가 차원에서 집단적 해결 방안이 절실하다.

셋째, 건강유지는 노인 개개인에 있어서 생활의 만족감을 향상시키고 사회조직망으로 통합을 촉진시킨다.

2) 리앙과 보르킨(Liang & Dvorkin, 1980)은 노인의료보장의 필요성을 네 가지로 제시

첫째, 건강보호를 위한 의료보장은 노인의 삶의 질과 수명에 가장 직접적으로 영향을 미친다.

둘째, 생각하지 않은 사고와 질병에 의한 고액의 의료비 부담은 노인 스스로 해결하기 어렵거나 불가능에 가깝다.

셋째, 고액 의료비 부담을 상업적 보험에 의해서 해결하고자 하는 시도는 경제적 능력이 있는 일부의 노인만이 가능하다.

넷째, 건강유지는 노인 개개인의 생활만족감의 향상, 노인이 속해 있는 사회적 네트워크와의 결합, 즉 가족, 친족 및 지역사회, 국가사회로의 결합을 촉진시킨다. 따라서 오늘날에는 노인뿐만 아니라 모든 사람이 건강 회복과 유지를 위해 의료보장은 필수불가결하다.

3. 노인의료보장의 정책원리

1) 적용대상의 보편성 원리

노인의료보장은 그 대상과 기회의 측면에서 전체 노인에게 공평하게 의료의 기회를 제공하는 데 그 목적이 있다. 자본주의 사회 이전에 건강은 단순히 개인의 문제였으나 자본주의 체제가 발달하고 산업 근로자의 사회문제가 대두되면서 의료에서 사회계층 간의 불평등이 국민통합을 저해하는 문제로 부각되었다. 이러한 배경에서 국민의 기본욕구인 의료요구를 국가가 해결해야 한다는 이념적 지향에서 의료보장이 시작되었다. 국민연대책임원칙에 의해 남녀노소, 빈부 차에 관계없이 의료보장권을 확보해 주어야 한다.

2) 재원부담의 형평성 원리

노인의료보장은 그 보장수단과 방법에 있어 집단을 조직하고 능력에 비례하는 재원부담을 하도록 하고 있다. 의료보장에서 집합적 조직은 국민 개개인의 힘으로는 사회적 사고에 대처할 능력이 없기 때문에 집합적 구성원을 조직화하고 공동체적 연대성의 원리에 따라 공동의 힘으로 사회적 사고에 대비토록 하는 것이다.

재원 부담은 각자의 능력에 비례한 비용부담과 급여의 공평한 혜택은 사회계층 간의 소득재분배 효과를 발휘한다.

3) 급여수준의 적정성 원리

의료보장은 질병이라는 사회적 사고에 대하여 예방급여와 적정수준의 치료를 함으로써, 건강하고 문화적 생활수준을 유지하도록 급여수준의 적정성 원리에 충실해야 한다.

4. 노인의 건강의료보장제도

우리나라의 의료보장제도는 1970년대 이후 사회보험방식의 의료보험제도, 공공부조방식의 의료급여제도를 병용한 형태로 구성되어 있다. 노인의 질병 및 건강문제를 해결·예방하기 위한 의료보장제도는 국민건강보험제도와 의료급여제도로 대별되며, 노인보건예방사업, 치매, 중풍 등 질환노인사업, 노인의료서비스 제공사업 등이 함께 실시되고 있다. 2000년 1월 학계, 전문가 및 관련 공무원으로 구성된 노인장기요양보호 정책기획단을 설립하여 노인요양보호정책안을 수립하였고, 2005년 7월부터는 공적 노인요양보장제도가 시범사업에 들어가 2008년 7월부터 제도가 시행되고 있다.

1) 국민건강보험

국민건강보험제도는 건강 및 질병문제에 대한 가장 보편적인 대책으로서 피보험자의 기여에 의하여 주로 현물형태의 의료급여를 제공하는 것이다. 국민건강보험제도는 노인만을 위한 제도는 아니지만 질병 및 건강문제에 가장 취약한 계층이 노인이라는 점에서 노인의 주요 의료보장제도라고 볼 수 있다. 국민건강보험은 과거 피보험자의 직종에 따라 직장의료보험, 공무원 및 사립학교교직원 의료보험, 지역의료보험(농어촌가입자, 도시지역가입자)으로 분리되어 운영되었으나, 2000년부터 국민건강보험으로 통합되었다. 노인은 피보험자의 피부양자 또는 피보험자의 의료급여(외래진료비용의 45~60%와 입원진료비용의 80%)를 제공 받는다.

(1) 적용대상

적용대상자는 직장가입자와 지역가입자로 구분할 수 있다. 직장가입자는 사업장의 근로자, 사용자 및 교직원, 공무원, 그리고 피부양자(직장가입자의 배우자, 형제, 직계존속, 직계비속)이고, 지역가입자는 직장가입자와 그 피부양자를 제외한 자를 대상으로 한다.

(2) 급여

국민건강보험의 급여는 현물급여 중심이고, 「국민건강보험법」에 따라 제공되는 급여는 요양급여, 요양비지급, 임의지급, 건강검진이 있다. 이 중에서 요양급여, 건강검진 및 요양비 지급은 법정급여라 한다. 법정급여란 법적 규정에 의해 일정한 보험사고에 대해 지급되는 급여이고, 임의급여는 급여종류는 정해져 있으나 실시 여부는 보험자에게 위임되는 급여이다(강희갑, 2007).

(3) 전달체계

국민건강보험은 사회보험제도의 하나로 감독 및 책임은 보건복지부장관에게 있고, 운영주체로서 보험자는 법인형태인 국민건강보험공단과 국민건강보험심사평가원이다. 보험자인 국민건강보험공단은 가입자 및 피부양자의 관리, 보험료 부과·징수, 가입자의 건강유지·증진을 위한 예방사업, 보험급여비용의 지급, 자산의 관리·운영, 건강보험의 홍보, 조사연구 등의 업무를 수행하고, 국민건강보험심사평가원은 요양급여비용의 심사, 요양급여의 적정성에 대한 평가, 심사 및 평가기준의 개발, 조사도구개발 등을 한다.

(4) 재정

국민건강보험의 재원은 보험료, 국고지원금, 건강증진지원금 등으로 충당되는데, 직장가입자의 월별 보험료 액수는 가입자의 보수월액에 80%의 범위 안에서 심의위원회의 의결을 거쳐 대통령령으로 정하는 보험료율을 곱하여 얻은 금액으로 하며 사용자가 원천징수하여 공단에 납부한다. 지역가입자의 월별 보험료액은 세대단위로 산정하되, 지역가입자가 속한 세대의 월별 보험료액은 보험료부과점수에 보험료부과점수당 금액을 곱한 금액으로 하며, 세대주나 보험자가 납부한다. 우리나라의 국민건강보험료는 직장가입자와 지역가입자의 부과체계 이원화로 인한 형평성 문제가 제기되고 있다.

2) 의료급여

의료급여제도는 무(無)기여에 의한 공공부조제도로서 국민건강보험에서 제외된 국민기초생활보장 수급자 등이 급여대상자가 된다. 저소득층 중 노인의 비율이 상대적으로 매우 높기 때문에 의료급여는 노인의 중요한 의료보장제도로서 역할을 하고 있다. 의료급여는 「생활보호법」이 「국민기초생활보장법」으로 전환되면서 의료보호가 새롭게 변한 것이다. 2008년 의료급여대상자는 국민건강보험을 포함한 의료보장대상자의 약 3.8%이다. 전체 의료급여대상자 1,841,339명 중 65세 이상은 500,844명이다. 의료급여 역시 기존 급성질환 위주의 의료전달체계를 그대로 활용하기 때문에 복지서비스에 대한 배려가 부족하며, 건강보험 및 의료급여에서 배제되는 저소득층 노인에 대한 건강보호가 해결해야 할 과제로 남아 있다.

(1) 적용대상

소득이 최저생계비 이하인 빈곤계층이 재산 및 부양 의무자 기준을 충족하는 경우에 의료급여수급자가 된다. 의료급여수급권자는 1종과 2종 수급권자로 분류되어 있다. 1종 수급권자는 「국민기초생활보장법」에 의한 수급자 중 근로능력이 없는 자, 18세 미만, 65세 이상인 자, 국가유공자, 인간문화재, 이재민, 차상위계층 등이고, 2종 수급권자는 근로능력이 있는 만성질환자 등이다(의료급여법 시행령 제3조). 의료급여수급권자는 2008년 말 기준 전체 인구의 3.8%인 184만 명으로, 이 중 1종 수급권자는 2.1%, 2종 수급권자는 1.7%이다.

(2) 급여

의료급여 내용은 진찰, 검사, 처치, 수술과 그 밖의 치료, 약제 또는 치료재료 지급, 예방, 재활, 입원, 간호, 이송과 그 밖의 의료목적달성을 위한 조치를 포함한다. 현행 「의료급여법」은 의료급여수급권자에 대한 건강검진을 기초단체장의 재량에 따라 실시하도록 규정하고 있어, 건강보험과 달리 건강검진을 의무로 규정하고 있지 않아 검진 결과에 따른 사후관리가 이루어지지 못하고 있다. 의료급여의 기간은 2000년에 기간제한을 폐지하여 이용접근이 쉬워졌으나, 급여기간 폐지에 따른 의료급여수급권자의 의료남용 등의 문제가 발생하여 2002년 1월부터 365일 급여기간을 제한하고 있다. 의료급여대상자가 365일을 초과하여 진료를 받고자 하는 경우에는 담당의사의 소견서를 받아 보장기간에 급여일수 연장승진을 신청하여 승인을 받도록 하고 있다(유원섭, 2006).

(3) 관리운영 및 재정

의료급여의 관리주체는 정부 및 지방자치단체와 이들로부터 각각 진료비 지급 업무와 심사 업무를 위탁받아 수행하고 있는 국민건강보험공단과 국민건강보험심사평가원이다. 정부는 의료급여사업의 기본방향, 대책수립, 급여기준 및 수가 등에 관한 결정을 하고, 수급권자 자격관리업무는 해당 기초단체에서 담당하고 있다. 재원은 국고 보조금과 지방비 출연금, 결산상 잉여금, 기금운영으로 생기는 수익 및 기타 수입으로 충당된다. 이 재원으로 각 시・도의 의료급여기금이 만들어지고, 이 기금에서 의료비와 진료비가 지불된다(조미경, 2007).

5. 노인의료보장제도의 문제점 및 개선방안

1) 노인의료보장제도의 문제점

(1) 국민건강보험의 문제점

우리나라의 전 국민건강보험 시스템은 외형상 모든 국민이 의료서비스를 받을 수 있는 것으로 보이지만 사실은 그렇지 못하다. 보험 제외 항목도 많고 환자가 부담하는 비중이 전체 의료비의 68%에 달하고 있어 경제적으로 어려운 노인의 경우에는 적절한 건강보호나 치료를 받기가 어렵다.

2000년 7월 1일부터 70세 이상 노인에 대한 의원급 외래진료비에 대한 본인부담을 경감하는 조치를 65세 이상의 노인으로 확대하였다. 이 조치는 노인을 위한 의료비 경감이라는 면에서 노인의료보장의 일부를 차지하고 있지만 반면에 병원급 이상 외래진료비 및 입원치료비 경감혜택은 주어지지 않고 있으며 오히려 마취료 및 일부 치료에 있어서는 고령자에 대한 진료비의 가산율이 적용되고 있어 노인의료비 부담을 가중시키고 있는 실정이다.

1989년 전 국민 의료보험 실시 이후 만성퇴행성질환 및 와상노인인구의 증가에 따라 노인의료 이용량 및 의료비가 급격히 상승하고 있으며, 노인인구의 의료비는 빠른 속도로 증가하고 있다.

노인의 의료요구 증가에 비해 이들이 경제적으로 취약한 상태에 있음을 고려할 때 상대적으로 고액의 의료비 부담은 노인의 의료이용률을 억제할 수 있으며, 이는 노인의 질병 미치료 사유가 될 수 있다. 안경, 보청기, 의치 등의 보조기구는 노인이 건강을 유지하고 일상생활을 영위하는 데 필수품임에도 불구하고 의료비 전액을 본인이 부담해야만 하는 어려움이 있다. 또한 의료보험에서는 노인의 신체적 특성과 건강상태 등이 고려되어야 함에도 피보험자에게 획일적 급여를 하는 문제점이 있다.

건강보험으로서의 의료보험은 진료비 보장과 질병치료를 포함함은 물론 건강검진, 재활 및 예방의 범위까지 포함하는 적극적이고 포괄적인 의미를 지니고 있지만 의료보험은 대부분 급성질환의 치료에 치중하고 있다. 노인성 질환의 관리에 어려움이 있으며, 특히 진료비의 급격한 상승에 따른 노인의 의료비에 대한 부담이 커지고 있다.

노인은 신체기능이 약하여 질병 자체가 만성적인 경우가 많다. 의료비용도 2~3배 정도 더 높다. 의료보험에서는 주로 급성질환의 치료에 치중하므로, 대부분의 노인성 질환인 만성퇴행성질환의 관리에 한계가 있다.

만성질환관리에 필요한 재활관리, 간호 관리 등의 서비스가 의료보장제도의 급여대상에서 제외되는 점과 의료기관에서 만성퇴행성질환의 치료를 기피하는 점 그리고 환자가 가족의 비용부담으로 인해 의료이용을 하지 않는 점 등이 문제요인으로 지적되고 있어 노인의 건강관리문제에 어려움이 있다.

(2) 의료급여의 문제점

우리나라의 의료급여기금은 중앙정부에서 지방정부로 이관하여 관리·운영하도록 하고 있으나 기금이 제한적이기 때문에 해당 지자체가 기금을 운용하는 데 어려움을 겪고 있다. 재정적 어려움은 의료급여수급자에 대한 의료서비스 수준의 질적 저하를 초래하며, 의료기관이 의료급여수급자를 기피하는 원인이 되기도 한다. 또한 의료급여수급자의 개인부담이 사실상 많은 실정이다.

MRI 촬영이나 일부의 초음파 등 의료급여혜택에서 제외되는 항목들로 인하여 1종 의료급여수급자인 경우 전체 진료비의 20~30%, 2종 의료급여수급자인 경우는 40~50%까지 부담해야 하는 실정이다. 노인건강진단제도는 「노인복지법」상 규정된 보건, 의료서비스에 속하며 65세 이상 노인에 대하여 건강진단과 보건교육을 실시할 수 있게 되어 있다.

이 제도는 1983년 1월부터 시행되고 있는데, 노인건강진단은 예산의 제한 및 운영상의 문제점이 많아 대상자 수가 확대되지 못하고 현재까지는 주로 일부 저소득층 노인을 대상으로 실시되고 있어 선진국과 비교도 안 될 정도로 미약하다.

2) 노인의료보장제도의 개선방안

의료보장제도의 하나인 국민건강보험과 의료급여는 수급권자와 급여대상의 범위를 지속적으로 확대해 오고 있으나, 사회·경제적 환경변화에 따라 증가하는 수급권자에 비하여 급여수준, 대상자 범위, 과다한 본인부담으로 인하여 사회적 약자의 위치에 놓여 있는 노인에게는 커다란 장벽으로 인식될 수밖에 없다. 이는 급속한 고령화에 따른 노인증가로 의료지원을 받는 수요자의 증가에 비해 보건의료체제의 공급이 적절하지 못하기 때문이다. 따라서 노인의료보장정책에 대한 개선방안을 제시하면

첫째, 만성질환 중심의 보건·의료체계를 수립해야 한다.

노인의 만성질환의 효율적 관리를 위해서 보건과 의료의 연계를 추진하고 일선 공공보건의료기관을 민간병원이 지원하도록 하는 의료자원의 활용제도가 계발되어야 한다(노혜영, 2007).

둘째, 국민건강보험과 의료급여수급권자 및 급여범위의 확대이다.

현재 비급여항목이 많고 본인부담이 높아 저소득층, 차상위계층의 만성질환을 가진 노인의 이용이 제한되어 질병으로 고통 받는 노인이 많다. 이를 위해 수급권자와 급여항목을 확대하여야 한다.

셋째, 건강진단사업의 확대이다.

노인건강진단사업은 질병의 조기발견 및 조기치료로 노인건강유지, 증진을 도모하고 노인건강수준 향상으로 활기찬 노후생활을 보장하기 위해 실시되고 있다. 노인성 질환의 예방 및 조기발견을 위해 건강진단을 강화하고, 노인의 건강을 위한 예방교육과 운동 프로그램을 보급해야 한다(고재욱, 2012).

참고문헌

고수현 · 윤선오(2009). 새로운 노인복지론. 양서원.

김남희 외(2014). 노인복지론. 동문사.

김인혁 외(2014). 노인복지론 증보판. 창지사.

김현진(2015). 대학생의 생활스트레스가 정신건강에 미치는 영향. 대한신학대학원대학교 박사학위논문.

안홍순(2015).노인복지론. 공동체.

양옥남 외(2012). 노인복지론. 공동체.

임정문 외(2020). 노인복지론 개정판. 동문사.

장인협 · 최성재(2003). 노인복지학. 서울대학교출판부.

최원석 (2012). 노인복지론. 양서원.

현외성(2012). 노인복지학 신론. 양서원.

Chapter 06

노인복지시설의 이해

제1절 노인복지시설의 개념 및 역할

1. 노인복지시설의 개념

노인복지시설을 노인복지학 사전에서는 노인 삶의 질적 수준을 도모하고자 노인의 포괄적 욕구해결에 필요한 관련 서비스 및 프로그램을 제공하는 시설을 의미하며, 「사회복지사업법」 제2조 제3항이 규정하고 있는 "사회복지사업을 행할 목적으로 설치된 시설"이라는 「사회복지사업법」의 취지에 맞고, 65세를 전후하여 신체·정신 또는 환경상의 이유 및 경제적 이유로 거택에서 보호를 받기가 곤란한 자에게 보호·치료·자립 등의 서비스를 제공하거나 통원, 수용, 기타의 방법으로 이들에게 편익을 제공하기 위해 마련된 장소, 설비, 건조물 등으로 정의하고 있다.

노인복지시설은 사회복지시설의 한 유형으로, 노인주거복지시설, 노인의료복지시설, 노인여가복지시설, 재가노인복지시설, 노인보호전문기관 등이 해당된다(「노인복지법」 제13조). 이용방법에 따라 요보호대상자를 24시간 일정한 장소에서 보호하는 생활시설과 재가 혹은 시설이용자가 통원하는 방법으로 서비스를 이용할 수 있는 이용시설로 구분된다. 생활시설에는 노인주거복지시설, 노인의료복지시설이 그리고 이용시설에는 노인여가복지시설, 재가노인복지시설, 노인보호전문기관이 해당된다.

2. 노인복지시설 서비스의 변천과정

우리나라의 사회복지사업은 1980년대 중반까지 주로 시설보호에 중점을 두어왔고, 1990년대 이후에야 재가보호에 대한 관심이 대두되기 시작하였다. 재가보호는 1950~1960년대 영국과 미국에서 지역사회보호라는 용어로 처음 나타난 것으로, 실시 초기에는 주부가 부재한 빈곤가정을 대상으로 가사원조와 아동보호를 제공하는 것에 역점을 두었기 때문에 주 대상자는 아동 특히 영유아였으며 그 외에 장애인, 노인, 환자, 임산부 등을 대상으로 하였다. 노인인구 비율이 증가하면서 최근에는 재가복지의 주요 대상자가 노인으로 집중되는 경향이다.

우리나라 노인복지시설 서비스의 변천과정을 시설보호와 재가보호로 나누어 주요 내용을 정리하면 다음과 같다. 우리나라 노인복지시설은 일제강점기부터 시작되었지만 대다수의 노인들이 가족에 의해 부양되었기 때문에 노인복지시설은 1961년 「생활보호법」에 기초하여 무의탁노인에 대한 시설보호 및 거택보호에서 시작된 것으로 본다. 노인복지시설은 1981년 「노인복지법」이 제정되면서 제도화되었다.

1981년 노인복지법에 규정된 노인복지시설은 양로시설, 노인요양시설, 유료 양로시설, 노인복지회관이었고, 1989년 「노인복지법」 개정 후 실비양로시설, 유료노인요양시설, 실비 및 유료노인복지주택이 새롭게 노인복지시설에 포함되었다. 1993년 2차 개정 시 유료노인복지시설을 개인이나 민간기업체가 설치·운영할 수 있도록 허용함으로써 다양한 공급기반을 확충하였으며, 1997년 「노인복지법」 3차 전면 개정 시 노인복지시설은 노인주거복지시설, 노인의료복지시설, 재가복지시설, 노인여가복지시설 등으로 1999년 노인요양시설을 무료, 실비, 유료 등으로 세분화되었다.

2000년 「노인복지법」 4차 개정 시 노인주거복지시설 및 가정봉사원 교육과 교육기관의 설치에 대한 조항이 신설되었으며, 2005년 노인일자리

전담기관의 설치·운영에 관한 사항을 신설하였고, 2007년 「노인복지법」 5차 개정 시에는 2008년 노인장기요양보험제도 시행과 관련하여 노인복지시설의 통합·개편 및 요양보호사 자격과 교육 등 대폭적인 개정이 이루어졌다. 재가복지와 관련하여 1989년 제1차 「노인복지법」 개정 시 공식적으로 '가정봉사원사업', 재가노인'이라는 용어를 사용하기 시작하였으며, 1993년 제2차 「노인복지법」 개정 시 '재가노인복지'란 용어를 명시하였다.

1991년 정부는 '재가복지봉사센터의 설치·운영계획'을 마련하여 노인·장애인 등 재가대상자에게 일상생활원조서비스를 제공하였고, 1993년 일반가정에서 생활하는 노인들에게 생활지원 및 각종 서비스를 제공하는 재가노인복지사업을 실시할 수 있는 근거를 마련하였으며, 1997년 8월 가정봉사원 교육훈련의무 및 교육훈련기관 명시, 시설평가제를 도입하여 평균 등급에 따라 지원비를 차등 지원하는 틀을 마련하였고, 2003년 1월에는 중산·서민층 노인보호를 위한 '실비주간보호사업'을 효율적으로 추진하기 위한 기반을 조성하고 사회복지서비스 제공절차를 구체적으로 정하는 한편 재가복지서비스를 활성화하기 위한 것이었다.

참고 | 재가복지에 대한 관심이 점차 증대하고 있는 배경

첫째, 급격한 고령화의 영향으로 재가복지의 주요 대상인 노인인구가 증가하고 있다는 것을 들 수 있다.

둘째, 시설보호의 한계로 이미 고령화를 거친 서구사회의 경험에 의하면 시설보호가 노인들의 개별적이고 특수한 서비스 요구를 충족시키는 데 한계가 있으며, 장기입소시설을 확대하거나 유지·운영하는 데 드는 비용부담이 크고, 서비스의 효율성이 낮은 것으로 나타나고 있다.

셋째, 가족기능의 약화를 들 수 있다. 핵가족화와 여성의 경제활동 참여 증대로 인해 가족의 부양기능이 약화되고 있다. 이를 보완·강화하여 노인이 지역사회 내에서 가족과 함께 생활할 수 있도록 함으로써 시설입소로 인한 문제들을 예방할 수 있다.

재가복지의 필요성과 함께 노인재가서비스는 노인들이 살고 있는 친숙한 환경 속에서 일상생활의 틀을 깨뜨리지 않고 계속적으로 서비스를 받을 수 있으며, 노인과 가족이 지역사회 안에서 이미 형성한 지지체계를 그대로 이용할 수 있고, 노인들이나 가족들의 요구에 대한 반응에 보다 많은 융통성을 발휘할 수 있으며, 노인의 자활성과 독립성에 유리하다는 등의 장점을 지니고 있는 것으로 평가받고 있다.

3. 노인복지시설 서비스의 필요성

첫째, 인구의 고령화가 급속하게 진행되면서 노인에게 필요한 복지서비스 요구가 다양화되고 늘어나고 있다.

2010년 총인구 중 65세 이상 노인인구는 5,354,000명에 이르러 전체 인구의 13.3%를 차지하고 있고, 이들 노인인구의 증가속도는 연령이 많아질수록 빨라져 80세 이상 초고령노인의 경우 2008년 969,000명에서 2050년에는 거의 7배에 달하는 5,859,000명으로 증가할 것으로 추정되고 있다.

표 6-1 연령계층별 노인인구 추이(~2060)

(단위: 천명)

구 분	2000년	2010년	2020년	2030년	2040년	2050년	2060년
65~69세	1,381	1,878	2,660	4,094	4,284	3,848	3,698
70~74세	922	1,540	1,991	3,566	4,074	3,744	3,278
75세 이상	1,091	1,948	3,475	5,319	8,866	11,415	11,838

자료: 통계청(http://www.kostat.go.kr). 고령자통계(2020).

고령노인의 증가는 무소득으로 인해 경제적 사회의존도가 높고 치매나 중풍 등의 만성퇴행성질환의 발생가능성이 높은 요보호노인들의 증가와 직결되어 노인장기요양보험제도 시행 4년 동안 장기요양보험 신청자 및 판정자 수는 계속 늘어나는 양상을 보이고 있다.

신청자 수는 노인인구 중에서 2008년 7.5%, 2009년 7.8%, 2010년 11.6%이며, 등급 판정률은 2008년 70.6%, 2009년 82.6%, 2010년 74.8% 등으로 나타나고 있다(국민건강보험공단 자료통계실). 노인인구의 경제적·신체적 의존도와 더불어 정서적 의존도의 증가는 다양한 복지서비스의 요구로 이어져 이를 충족시킬 수 있는 다양한 기능의 노인복지시설이 필요할 것으로 예상하고 있다.

둘째, 가족의 부양 부담 증가로 인한 문제 발생이다.

고령노인인구의 증가는 거동불능노인과 치매노인의 증가로 이어져 이들을 보호하는 가정에서는 경제적·심리적 부담이 가중되고 있으며, 이로 인해 야기되는 심각한 갈등으로 이혼이나 가정해체 등의 어려움을 겪을 가능성이 높다. 이러한 양상은 사회문제화되고 있으며, 이를 해결하기 위하여 가족과 가정의 대체기능으로서의 시설에 의존하기 때문에 복지시설의 필요성은 커질 수밖에 없다.

셋째, 노인 단독가구 증가에 따라 독거노인 수도 늘어나고 있다. 노인부부세대의 경우 배우자 사별 후 독거노인세대가 되기 쉽기 때문이다.

1990년은 독거노인세대가 8.9%, 노인부부세대가 16.9%였으며, 2000년은 독거노인세대가 16.2%, 노인부부세대가 28.7%로 나타나고 있다. 10년간 노인부부세대는 거의 1.7배, 독거노인은 거의 2배 증가하였다. 이러한 증가율은 더욱 커져서 2008년의 경우 노인부부세대 47.1%, 독거노인 19.7%를 차지하고 있다(통계청, 보건복지부, 2011년).

표 6-2 노인부부세대와 독거노인세대의 비율

구분	65세 이상 노인(명)	노인부부세대(%)	독거노인세대(%)
2000년	3,394,896	28.7	16.2
2005년	4,383,156	33.0	18.1
2008년	5,016,000	47.1	19.7

자료: 통계청(2011a). 고령자통계.

남성노인의 사망률이 높기 때문에 독거노인세대의 대부분은 여성노인일 가능성이 많다는 점, 그리고 독거노인들은 농촌으로 갈수록, 연령이 높아질수록 그 비율이 증가하고 있다는 점에 주목해야 할 것이다. 따라서 이들을 위한 사회복지서비스에 대한 요구가 높아질 것으로 예상할 수 있다.

넷째, 노부모 부양의식이 변하고 있다.

노인부양의 책임이 개인과 가족에게만 있지 않고 사회와 국가가 책임을 공유해야 한다는 의식이 자녀세대나 노인세대 모두에게 확산되고 있다. 이러한 가치관은 독거노인의 증가와 맞물려 가정과 가족 외에 타인의 도움을 필요로 하는 노인가구의 증가를 초래하고 있다.

결국 고령화와 더불어 노인의 절대적 인구의 증가, 노년기의 연장과 함께 장기간의 간병과 보호를 필요로 하는 초고령노인의 증가, 노인 단독가구의 증가, 핵가족화, 부양의식의 변화 등으로 인한 가족 부양기능 약화와 같은 요인들은 가정을 통한 적절한 보호를 감소시킬 뿐 아니라 시설보호의 필요성과 중요성을 증가시키고 있다. 특히 장기간의 간병과 집중적 돌봄을 필요로 하는 노인을 가정에서 부양할 경우 가족 해체로 이어질 가능성이 높기 때문에 이를 대체할 수 있는 노인복지시설의 필요성과 중요성은 증가하고 있다.

4. 노인복지시설의 기능과 역할

사회복지시설은 기본적으로 사회복지분야에서 직접적 서비스 기관, 즉 생활시설과 이용시설을 의미하지만 일반적으로 협의의 개념으로서 생활시설을 의미하며 시대의 요구에 따라 시설의 형태와 보호의 내용은 변천되어 왔다.

표 6-3 시설보호의 변천과정

구 분	보호수준	보호목표	보호형태	지역사회와의 관계
사회방위적 단계	열등처우	사회적 방위	격리	단절
사회보장적 단계	최저생활	발달 가능성	수용	수동적, 일방적
사회복지적 단계	최적생활	정상화	생활, 육성	능동적, 상호적

자료: 박태영(2008).

사회방위적 단계의 시설보호는 억압과 격리의 원칙을 기초로 하며 보호대상자들에게 수치심과 굴욕감을 주어 요보호자를 감소시키고자 하는 의도를 가지고 있었다.

사회복지의식이 발달하면서 시설보호의 수준과 목표, 보호의 내용이 시설 생활자들의 인권을 보다 더 존중하기 위해 노력하는 사회보장적 단계로 발전하였다. 그러나 이 단계의 시설보호는 일정한 수급권을 가진 자에 대한 사후조치적 수준에 머물러 있으며 시설 생활자들의 자발성이나 지역과의 연대감 등을 기대하기는 어렵다.

노인의 요구는 주로 질병과 건강관리, 생활 및 사회·문화·경제활동 요구 등 포괄적 내용으로 구성되어 있으며, 노인복지시설에서 제공되어야 할 가장 포괄적 요구 해결기능 중 가장 우선순위로 갖추어야 할 것은 노인의 질병과 건강관리 및 생활과 사회활동관리이다.

시설보호는 정상화의 이념을 기초로 하여 보호의 연속체로서의 시설생활노인들의 인격적 삶을 보장해주며 지역과의 상호 유기적 관계를 형성해 나갈 수 있는 방향으로 나아가야 할 것이다. 아직 시설의 형태와 기능이 획일화되어 있으며 제공되는 서비스 내지 프로그램도 제한되어 있어서 시설생활노인들의 다양한 욕구를 충족시키지 못하고 있다.

시설생활노인과 지역주민 간의 교류, 시설 및 프로그램의 연계・교류, 지역사회 지원과의 연계 등이 미비하여 노인복지시설과 지역사회와의 연속성이 부족하고 상호작용도 제한되어 있다.

■ 노인복지시설이 지향해야 할 사회적 역할

첫째, 노인시설 입소노인들의 생활을 유지하고 지원해야 하고,

둘째, 입소노인의 가족을 위한 지속적인 서비스를 계속해야 하며,

셋째, 지역사회 복지증진과 주민의 복지교육을 선도하는 역할을 해야 한다.

따라서 노인복지시설은 지역사회와 격리된 수용소가 아니라 시설에서 생활 혹은 시설을 이용하는 노인과 그 가족들이 정상적 삶의 패턴을 유지하고 향유할 수 있는 최적의 서비스를 제공해 줄 수 있어야 한다.

5. 노인복지시설 서비스의 실천이념 및 실천방향

첫째, 인간존중의 원리는 시설생활자의 기본적 인권에 대한 보장을 말한다.

기본적 인권은 생존권, 발달권, 가족권, 교육권, 근로건, 보건권, 주거권, 휴양권, 환경권 등 한 인간으로서 삶을 보장하는 권리를 말한다. 시설보호에서 인권존중은 시설의 주인공이 시설생활자임을 인식하고 시설보호의 방침과 운영을 이루어나가야 한다.

둘째, 가정보호 중심의 원리는 인간은 가정을 가질 권리가 있다는 전제하에 가정보호의 보완적 기능으로서 시설보호가 이루어져야 한다는 원리이다.

시설보호에서 가정보호 중심으로 실천하기 위하여 조기 가정복귀를 위한 다양한 노력과 시설에서 행할 수 있는 가정의 대체기능을 활용해야 하며 이는 정서의 안정과 발달을 꾀하는 것이다.

셋째, 전문적 보호 전개의 원리란 다음의 내용을 포함한다.

① 사회복지에 열의를 갖고 전문교육을 받고,

② 집단생활 속에서 상호역동성의 이점을 활용하여야 하며,

③ 의식주와 여가 등의 일상생활이 중시되고 이러한 평범한 일상생활 안에서 교육적·치료적 가치가 생성되어야 한다.

④ 시설 입소 이전부터 시설 입소 중 그리고 이후에 이르기까지 사후보호가 계속되어야 한다.

⑤ 시설 입소자만이 아니라 그들의 가족에 대한 전문적 서비스가 병행되어야 한다.

⑥ 시설이 위치한 지역에 잠재 또는 현존하는 시설보호의 대상자와 그 가족을 조기 발견, 조기대응하기 위하여 상담 혹은 일시 보호기능을 가져야 한다는 것이다.

참고 | 노인복지시설에서의 서비스 실천의 원칙

① 개별화의 원리
② 가족과의 관계조정의 원리
③ 집단 활용의 원리
④ 일관성의 원리
⑤ 지역복지 중시와 참여의 원리 등이 있다.

노인복지시설에서는 입소노인 개개인의 신체적·정서적·심리사회적 특성에 적합한 개별성을 고려한 프로그램과 관리를 적용함과 동시에 집단 구성원으로서의 역동성을 충분히 활용하여 서비스를 제공하고 보호와 발달을 시도하여야 한다. 시설은 지역사회와 가족과의 관계를 떠나서 존재할

수 없으므로 가족과의 긴밀한 협조와 관계유지, 또한 지역사회의 자원 활용 등을 통하여 서비스 환경을 개선하고 지지해야 한다(김욱, 2012).

제2절 노인복지시설의 유형과 현황

1. 노인복지시설의 유형

1) 노인주거복지시설

(1) 입소대상

구분	입소대상
양로시설 · 노인공동생활가정	• 기초수급권자로서 65세 이상의 자 • 부양 의무자로부터 적절한 부양을 받지 못하는 65세 이상의 자 • 실비보호대상자: 본인 및 본인과 생계를 같이하고 있는 부양 의무자의 월소득을 합산한 금액을 가구원 수로 나누어 얻은 1인당 월평균 소득액이 전년도 도시근로자가구 월평균 소득을 전년도 평균가구원 수로 나누어 얻은 1인당 월평균 소득액 이하인 자로서 65세 이상의 자 • 입소자로부터 입소비용의 전부를 수납하여 운영하는 경우는 60세 이상의 자
노인복지주택	단독취사 등 독립된 주거생활을 하는 데 지장이 없는 60세 이상의 자

(2) 입소절차

구분	입소절차
기초생활수급노인	읍 · 면 · 동에 입소 신청 → 방문조사 → 심사 → 입소 여부 및 입소시설 결정
실비입소대상자	시설장과 입소신청자 협의 → 시설장 방문조사 의뢰 → 관할 시 · 군 · 구 방문조사 → 심사결과 시설장에게 통보 → 시설입소 인정점수(75점) 이상인 경우 당사자 간 계약에 따라 입소
일반대상자	시설장과 입소자 협의 → 당사자 간의 계약 → 입소

2) 노인의료복지시설

(1) 입소대상

구분	입소대상
노인요양시설 · 노인요양 공동생활가정	• 「노인장기요양보험법」 제15조에 따른 장기요양급여수급자 • 기초수급권자로서 65세 이상의 자 • 부양 의무자로부터 적절한 부양을 받지 못하는 65세 이상의 자 • 입소자로부터 입소비용의 전부를 수납하여 운영하는 경우는 60세 이상의 자
노인전문병원	• 노인성 질환으로 치료 및 요양을 필요로 하는 자 • 임종을 앞둔 환자

(2) 입소절차

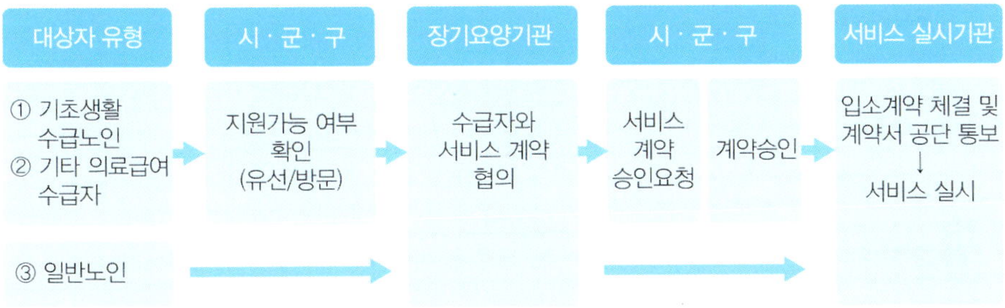

3) 노인여가복지시설

구 분	설치목적	이용대상
노인복지관	노인의 교양 · 취미생활 및 사회참여활동 등에 대한 각종 정보와 서비스를 제공하고, 건강증진 및 질병예방과 소득보장 · 재가복지, 그 밖에 노인의 복지증진에 필요한 서비스를 제공함을 목적으로 하는 시설	60세 이상의 자
경로당	지역노인들이 자율적으로 친목도모 · 취미활동 · 공동작업장 운영 및 각종 정보교환과 기타 여가활동을 할 수 있도록 하는 장소를 제공함을 목적으로 하는 시설	65세 이상의 자
노인교실	노인들에 대하여 사회활동 참여욕구를 충족시키기 위하여 건전한 취미생활 · 노인건강유지 · 소득보장 기타 일상생활과 관련한 학습프로그램을 제공함을 목적으로 하는 시설	60세 이상의 자

노인 휴양소	노인들에 대하여 심신의 휴양과 관련한 위생시설·여기시설 기타 편의시설을 단기간 제공함을 목적으로 하는 시설	60세 이상의 자 및 그와 동행하는 자, 다만, 이용인원이 정원에 미달하는 때에는 정원의 100분의 30의 범위 안에서 그 외의 자도 이용할 수 있다.

4) 재가노인복지시설

(1) 서비스 명칭

구 분	서비스 내용
방문요양서비스	가정에서 일상생활을 영위하고 있는 노인으로서, 신체적·정신적 장애로 어려움을 겪고 있는 노인에게 필요한 각종 서비스 제공
주·야간보호서비스	부득이한 사유로 가족의 보호를 받을 수 없는 심신이 허약한 노인과 장애노인을 주간 또는 야간 동안 시설에서 보호
단기보호서비스	부득이한 사유로 가족의 보호를 받을 수 없어 일시적으로 보호가 필요한 심신이 허약한 노인과 장애노인을 시설에 단기간 입소시켜 보호
방문목욕서비스	목욕 장비를 갖추고 재가노인을 방문하여 목욕을 제공하는 서비스

(2) 이용대상

장기요양급여수급자나 심신이 허약하거나 장애가 있는 65세 이상의 자(이용자로부터 이용비용의 전부를 수납 받아 운영하는 시설의 경우 60세 이상의 자)로서 다음 각 호에 해당하는 자

① 방문요양서비스: 가정에서 보호가 필요한 자

② 주·야간보호서비스: 주간 또는 야간 동안의 보호가 필요한 자

③ 단기보호서비스: 단기간의 보호가 필요한 자

④ 방문목욕서비스: 가정에서의 목욕이 필요한 자

(3) 입소절차

노인의료복지시설의 입소절차와 동일하다.

5) 노인보호전문기관

설치목적	서비스 대상자	서비스
• 시·도지사가 노인보호전문기관을 지정·운영, 노인학대 신고, 상담, 보호, 예방 및 홍보 • 24시간 신고·상담용 긴급전화(1389) 운영	• 노인학대행위자에 대한 상담 및 교육 • 학대받은 노인의 발견, 상담, 보호 등 노인학대 예방 및 방지를 위한 홍보	• 피학대 노인 및 가해자 상담 • 노인학대 예방 및 방지를 위한 홍보 • 일사쉼터 운영

2. 노인복지시설 현황

노인복지시설 수는 69,237개소로 시설 한 개소당 노인 77.4명이 이용할 수 있으며 생활시설인 경우는 한 개소당 1260.8명, 이용시설인 경우는 한 개소당 82.4명이 이용할 수 있다. 시설 한 개소당 이용가능 노인인구수와 함께 시설의 입소규모를 통해서도 노인복지시설의 절대적 부족현상은 확인할 수 있다.

① 생활시설 입소정원 148.344명으로 노인인구 중 2.8%만이 입소할 수 있다.

② 노인인구 대비 생활시설 이용가능 인구수 1260.8명은 생활시설 한 개소당 평균 입소 가능 인원수 34.9명인 것을 고려하면 거의 불가능하다고 할 수 있는 시설 입소 능력의 36배를 넘는 수준이다(김욱, 2012).

표 6-4 노인복지시설 현황(2016년 말 기준)

(단위: 개소, 명)

종류	시설	2016		2015	
		시설 수	입소정원	시설 수	입소 정원
노인주거 복지시설	양로시설	265	13,283	265	13,446
	노인공동생활가정	128	1,062	131	1,087
	노인복지주택	32	5,648	31	5,376

노인의료 복지시설	노인요양시설	3,136	150,025	2,933	141,479
	노인요양공동생활가정	2,027	17,874	2,130	18,636
노인여가 복지시설	노인복지관	350		347	
	경로당	65,044		64,568	
	노인교실	1,393		1,377	
재가노인 복지시설	방문요양서비스	1,009		1,021	
	주·야간보호서비스	1,086	23,767	1,007	20,467
	단기보호서비스	95	942	112	1,157
	방문목욕서비스	588		617	
노인보호전문기관	노인보호전문기관	29		29	

자료: 보건복지부(2016).

제3절 노인복지시설의 운영실태

1. 노인복지시설의 운영

1) 인력관리

노인복지시설의 효과적인 운영을 위해서는 인력, 재정, 시설 그리고 서비스 프로그램이라는 네 가지 요건이 직접 수준에서 확보되어야 하지만, 그중에서도 가장 중요한 요건은 적정 수준의 전문 인력의 확보라고 할 수 있다.

노인요양시설의 경우 사무국장과 영양사는 입소노인이 50명 이상일 경우에 한해서 배치해야 하며, 입소노인 30명 이상의 노인요양시설은 사회복지사와 물리치료사는 기본 1명을 배치하되 입소노인 100명 초과 시마다 1명을 추가 배치하여야 한다. 입소노인 30명 이상 노인요양시설의 간호(조무)사는 기본 1명을 배치하되, 입소노인 25명을 넘어설 경우 '입소노인÷25'로 계산한 값을 반올림한 인원수를 배치하여야 한다. 의사는 필요한 수를 배치하면 되는데, 협약의료기관 제도 도입에 따라 촉탁의를 두거나 협약 의료기관 의사에 의한 방문진료를 할 수도 있다.

생활노인과 대면하여 직접적 요양서비스를 제공하는 요양보호사 인력의 질은 시설서비스의 질을 결정하는 매우 중요한 요소가 된다. 노인장기요양보험제도 도입 이전에 생활지도원에 해당하는 요양보호사는 '치매·중풍 등 노인성 질환으로 독립적인 일상생활을 수행하기 어려운 노인을 위해 노인요양 및 재가시설에서 신체 및 가사 지원 서비스를 제공하는 인력'을 말하며, 1급과 2급으로 나누어진다. 1급 요양보호사는 장기요양급여수급자나 장기요양급여수급자가 아닌 복지대상자에게 신체활동 및 일상생활활동 서비스 제공을 할 수 있지만, 요양보호사 2급은 장기요양급여수급자를 대상으로 한 신체활동서비스를 제공하지 못하고 일상생활활동서비스만을 제공하고 장기요양급여수급자가 아닌 복지대상자에게 신체활동 및 일상생활활동서비스를 제공하는 인력이다.

요양보호사는 연령, 교육 수준에 관계없이 요양보호사의 교육기관에서 소정의 교육을 이수하고, 시·도지사가 시행하는 자격시험을 통과하여야만 자격취득이 가능하다(보건복지부, 2020). 신규로 요양보호사 자격을 취득하고자 하는 경우에는 이론 80시간, 실기 80시간 등 총 240시간의 교육을 받아야 한다.

노인장기요양보험제도 시행 이전에 생활지도원, 유급가정봉사원, 간병인 등 간병 및 요양 관련 종사자로서의 경력이 1년 이상, 유급가정봉사원, 간병인 등 간병 및 요양 관련 종사자로서의 경력이 1년 이상(1,200시간 이상)인 자에 대해서는 경력기관의 종류에 따라 실습 시간을 차등 감면하여 120~160시간의 교육을 받으면 요양보호사 자격을 취득할 수 있다.

사회복지사 또는 물리치료사 자격증 소지자로서 노인요양시설 또는 재가노인복지시설 근무경력이 1년 이상인 자에 대해서는 이론과 실기 42시간, 실습 8시간 등 총 50시간의 교육을, 동일 경력을 소유한 간호사는 이론과 실기 32시간, 실습 8시간 등 총 40시간의 교육을 이수하면 요양보호사 자격을 취득할 수 있다. 그리고 요양보호사 자격을 취득한 후에는 2년마다 1회 8시간의 보수교육을 이수하여야만 요양보호사 자격을 유지할 수 있다.

의무적 보수교육까지 규정하여 요양보호사의 질을 확보하고자 노력하고 있지만, 연령이나 교육 수준에 관계없이 단기간의 교육만으로 질 높은 전문요양서비스를 제공하는 요양인력을 양성하는 데는 많은 한계를 보일 것이 분명하다. 노인복지시설의 인건비 지급 기준은 시설의 종류에 따라 다르다. 양로시설의 경우에는 사회복지시설 관리안내 종사자 인건비 가이드라인에 근거하여 인건비가 지급된다. 노인요양시설과 노인요양공동생활가정의 경우에는 종사자의 인건비와 관련된 가이드라인이 없으며 시설 경영자가 자율적으로 종사자 인건비 수준을 결정하되 근로기준법 등 관련 기준을 준수하도록 권고하고 있다. 그리고 노인요양시설과 노인요양공동생활가정 등의 장기요양기관에서는 기관의 상황에 맞게 종사자를 채용할 수 있도록 규정하고 있어, '필요 수'라고 규정된 인력은 대부분 계약직으로 채용하는 경우가 많다.

그 이유는 시설입소 인원이 수시로 변동될 수 있고 이에 따라 시설의 재정상황이 가변적이라는 점 때문이다. 그러나 계약직 채용이 가능하고 정해진 인건비 가이드라인이 없어짐에 따라, 노인장기요양보험제도 이전에 비해 노인복지시설 봉사자의 급여 수준, 근무환경, 직업안정성은 더욱 저하되거나 또는 악화되고 있다.

단기교육으로 양성된 요양보호사 인력의 질 문제, 종사자의 급여와 직업안정성의 저하와 같은 문제는 결국 노인에 대한 서비스의 질 저하를 유발할 가능성이 매우 농후하다. 따라서 시설 경영자는 양질의 요양보호사를 확보하고, 시설 종사자에 대한 적정 급여를 지급하며 안정적 고용과 근무환경을 보장함으로써 시설 운영과 질 높은 서비스를 제공하는 데 필요한 전문인력을 충분히 확보하여야 할 것이다.

2) 재정관리

노인주거복지시실의 재정은 소세에 의해 조성된 국고와 지방비, 실비입소자가 납부하는 월 입소비용으로 구성되며, 법인 자부담의 의무는 없다. 노인주거복지시설에 입소한 노인에 대한 생계비 지원은 국민기초생활보장법의 기준에 따라 지원되며, 지출 또한 이 기준을 준수하여야 한다. 건물유지비, 수용비 및 수수료, 공공요금, 난방연료비, 일반약품비, 차량유지비, 위생재료비, 화재보험가입, 환경부담금, 교육여비, 제세공과금 등의 관리운영비는 시설 경영자가 자체 운영계획을 수립하여 사회복지법인 재무·회계규칙에 의거하여 합리적으로 집행하여야 한다. 2009년도에는 기초수급자인 입소노인 1인당 관리 운영비로 연간 713,000원이 지원되며 실비 입소자는 그 반액이 지원된다.

노인장기요양보험제도의 적용을 받는 노인요양시설과 노인요양공동생활가정의 재정은 노인장기요양보험의 시설급여액과 입소노인의 본인부담금에 의해 조성되며, 국가의 별도 재정지원은 없다. 노인요양시설의 시설급여는 인두제 방식을 선택하고 있다.

노인장기요양보험 시설급여의 총 급여비용은 1일당 수가에 사용일수를 곱하여 산출하며 이 중 20%는 본인이 부담하고 80%는 국민건강보험공단에서 시설로 지급한다. 그러나 식사재료비, 1~2인실의 상급 침실 이용 추가비용, 이·미용비 등은 전액 본인이 부담하여야 하는데, 비급여 항목별 비용은 상한선 이내에서 시설에서 자율 결정하게 되어 있다. 그리고 원거리 외출을 위해 택시나 버스 등의 다른 교통수단을 이용하는 데 드는 비용, 수급자의 요청에 의한 개별적인 물품 및 용역의 구입에 따른 비용, 개인적 희망에 의해 외부 서비스 제공자가 개인을 대상으로 제공하는 프로그램 및 서비스 이용의 비용에 대해서는 수급자가 실비를 부담하여야 한다.

노인요양시설 및 노인요양공동생활가정의 경영자는 이상의 시설운영 수입을 바탕으로 하여 생계비, 인건비, 운영비 등을 자율적으로 결정하여 투명하게 집행하여야 한다. 이와 같이 시설의 재정관리가 시설 경영자의 자율성을 보장하고 있지만, 시설이나 설비 등의 주거환경이 열악할 경우 입소희망 노인이나 가족의 선택을 받을 수 없기 때문에 시설 경영자는 시설개조나 환경개선을 위하여 총수입액의 10% 범위 내에서 감가상각비를 적립할 수밖에 없는 것이 현실이다. 그리고 노인복지시설의 특성상 난방연료비, 전기세 등의 공공요금에 대한 부담이 높을 수밖에 없고, 상해보험, 영업배상보험 등에 대한 부담이 높아지게 된다. 따라서 시설운영 수입액으로 지출을 감당하기 어려운 경우 여가 등의 서비스 프로그램 실행경비를 줄이거나, 인력 구조조정을 통하여 인건비를 경감해 나갈 수밖에 없게 된다. 그러나 이런 재정운영 방식을 선택할 경우 시설 서비스의 질적 저하를 초래하게 되고, 그 결과 노인과 가족 소비자의 선택을 받지 못하는 자가당착적 상황에 직면하게 될 가능성도 없지 않다. 그러므로 시설운영의 부족 재원을 확보하기 위한 방안으로 외부 후원금 개발 노력을 강화하고, 사회복지공동모금회나 민간기업의 복지재단에서 실시하는 프로그램 공모사업을 적극적으로 활용해 나가야 할 것이다.

3) 시설관리

사회복지시설이 장기요양기관으로 지정받기 위해서는 표 6-6의 시설기준에 적합한 시설을 갖추어야 한다. 먼저 양로시설은 입소노인 1인당 15.9m², 노인요양시설은 23.6m²에 해당하는 시설 면적을 확보하여야 한다. 그러나 장기요양기관으로 지정받기 위한 기본 시설요건을 갖추었다 하여 입소를 희망하는 노인이나 가족의 선택을 받기는 어려우므로, 공간별 설계지침에 따라 노인이 생활하기에 편리한 사업 환경을 지속적으로 갖추어 나가야 할 것이다.

입소노인이 생활하기에 적합한 환경을 조성하기 위하여 냉난방 관리는 겨울철의 시설 내부 온도를 평상시보다 2~3℃ 높게 하되, 전체 시설의 일정한 온도가 유지되도록 해야 한다. 그리고 시설 전체의 습기와 냄새 관리를 철저히 하기 위하여 자연통풍과 강제배기시스템을 적절히 갖추어야 한다. 그리고 침실과 화장실, 욕실의 청소는 매일 이루어져야 하며, 주 1회 전체 시설에 대한 집중적인 청소가 이루어져야 한다. 그리고 전기, 가스 및 냉난방시스템에 대한 1일 안전점검과 연 1~2회의 정기안전점검을 실시해야 한다. 조명, 생활 집기 등의 기본생활설비의 파손, 망실 등에 대해서는 1일 점검과 보수가 이루어져야 한다. 시설 경영자는 시설설비 개조에 필요한 비용을 마련하기 위하여 매년 감가상각비를 지속적으로 적립해 나가야 할 것이다.

표 6-5 노인복지시설의 시설 기준

<table>
<tr><th colspan="2">구분</th><th>침실</th><th>사무실</th><th>요양
보호
시설</th><th>자원
봉사
시설</th><th>의료
간호
시설</th><th>물리
(작업)
치료실</th><th>프로
그램실</th><th>식당
조리실</th><th>비상
재해
대피실</th><th>화장실</th><th>세면장,
목욕실</th><th>세탁장
세탁물
건조장</th></tr>
<tr><td rowspan="2">노인요양시설</td><td>입소자
30명 이상</td><td>○</td><td>○</td><td>○</td><td>○</td><td>○</td><td>○</td><td>○</td><td>○</td><td>○</td><td>○</td><td>○</td><td>○</td></tr>
<tr><td>입소자
10~30명
미만</td><td colspan="3">○</td><td>○</td><td>○</td><td>○</td><td>○</td><td>○</td><td>○</td><td>○</td><td colspan="2">○</td></tr>
<tr><td colspan="2">노인요양
공동생활가정</td><td colspan="4">○</td><td>○</td><td>○</td><td>○</td><td>○</td><td>○</td><td colspan="3">○</td></tr>
</table>

자료: 보건복지부(2010). 노인보건복지사업안내.

4) 프로그램관리

노인복지시설에서 입소노인에게 제공하는 서비스의 범주는 크게 기본생활케어(care), 보건의료서비스, 여가 및 사회활동 지원서비스로 구분할 수 있다. 노인복지시설에서는 입소노인에게 시설생활 일과표에 의하여 공통의 요양서비스를 제공한다. 그러나 이러한 공통 서비스와 함께 개개인의 일상생활 동작능력에 따라 개별화된 사례관리서비스를 제공해야 한다.

노인의 영양관리를 위해서는 영양사의 과학적 식단에 의거하여 균형 있는 영양섭취를 보장해야 하며 설사, 고혈압, 당뇨병 등을 앓고 있는 환자를 위해서는 식이요법이나 개별 식단 서비스가 이루어져야 한다. 개인위생관리를 위해서는 매일 세면, 양치, 면도 등을 정해진 시간에 할 수 있도록 보조해야 하며, 개인용 침구와 의복의 세탁, 손발톱 깎기 등의 위생관리 또한 철저히 이루어져야 한다. 자원봉사자에 의한 주 1회 정도의 이・미용서비스, 주 1회 이상의 목욕서비스 또는 수치료가 이루어져야 한다.

노인복지시설 입소절차를 보면, 국민건강보험공단의 방문조사원이 장기요양 등급판정을 신청한 노인의 가정을 방문하여 신체 기능 12개 문항, 인지 기능 7개 문항, 행동 변화 14문항, 간호처치욕구 9개 문항, 재활욕구 10개 문항 등 총 52개 문항으로 기능상태를 평가하여 2등급 이상의 판정을 받아야 가능하다.

노인의 건강상태와 기능상태에 대한 종합적 평가절차를 바탕으로 하여, 시설에서는 생활노인 개인별 사례관리계획을 수립한 후 그 계획에 따른 철저한 건강관리와 재활치료서비스가 이루어져야 한다. 생활노인 및 종사자에 대해서는 연 1회 이상의 종합건강진단, 월 1회의 기본적인 건강진단과 그 결과에 상응하는 치료적 조치를 취하고, 생활노인 개개인별로는 기상과 함께 기초건강점검을 해야 한다. 간호사에 의한 오전 회진을 통하여 1일 보호계획을 수립하고 이에 따라 필요한 서비스가 이루어져야 한다. 생활노인의 인지 기능 및 일상생활 동작능력을 유지하기 위하여 매일 오전과 오후에 각 1회씩 개인 또는 생활실단위로 물리치료, 작업치료 등의 재활치료활동이 이루어져야 한다. 개인단위로 수행하기 어려운 음악요법이나 미술요법 등의 재활치료활동은 오후 시간대에 소집단으로 참여하게 하는 것이 바람직하다. 물론 노인이 참여하는 프로그램의 전문성이 높을수록 치료 효과가 높지만, 그에 못지않게 중요한 것은 얼마나 흥미롭고 지속적으로 활동에 참여하는가 하는 것이므로, 노인이 아무것도 하지 않은 채 방임되는 상황이 발생하지 않도록 최선을 다해야 한다.

급성 질환이나 의학적 처치가 요구되는 경우에는 인근 종합병원과의 의료 협약을 통하여 원내치료가 불가능한 노인을 이송, 입원 치료하는 것이 바람직하다. 그리고 임종환자의 정서적 안정과 통증관리, 죽음에 대한 수용을 원조하기 위하여 호스피스 교육과 훈련을 마친 종사자를 1인 이상 확보하는 것이 바람직하며, 사망 노인에 대한 체계적인 장제서비스가 이루어져야 한다.

기본적인 생활 케어, 보건서비스와 함께 입소노인의 여가활동과 사회적 교류를 촉진할 수 있는 다양한 프로그램을 개발하여 실시하는 것이 바람직하다. 그러나 시설입소 노인의 경우 자발적이고 적극적인 여가활동이나 취미활동 참여를 기대한다는 것은 쉽지 않다. 따라서 시설에는 음악, 미술, 문예창작, 운동, 게임, 산책 등 여가와 재활치료활동이 두 가지 이상 조합된 재활치료 프로그램을 통하여 입소노인의 기능 유지와 회복은 물론 여가활동과 사회적 교류를 촉진해야 한다. 또한 외부 문화단체나 사회봉사단을 시설 내 다목적실로 초대하여 최소 월 1회 이상의 대규모 또는 소규모의 문화공연을 관람할 수 있는 기회를 제공하거나, 명절이나 특정 종교기념일에 시설 종사자의 공연을 마련하는 것도 좋은 방법이다. 또한 명절이나 기념일에 시설별로 특별행사를 기획하여 실시하고 봄이나 가을에는 관광이나 여행을 계획하는 것도 바람직하다.

생활노인의 사회적 교류를 촉진하기 위해서는 생활실단위의 소집단활동을 활성화하고 시설 곳곳에 노인이나 봉사자가 대화를 나눌 수 있는 담화실 공간을 많이 확보하는 것이 좋다.

그리고 자원봉사자나 시설 종사자의 보조를 받으면서 산책이나 외출, 시장 나들이 등을 하는 것도 사회적 소외를 예방할 수 있는 좋은 방법이다. 가족이나 친척과의 연계가 단절되지 않도록 시설에서는 정기적으로 가족이나 친척에게 노인의 생활에 대한 정보나 사진을 제공하는 것이 좋다.

2. 노인복지시설의 문제점과 개선방안

노인복지시설은 시설보호이념을 바탕으로 시설거주노인이 지역사회의 재가노인과 동일한 삶을 유지할 수 있도록 시설환경을 가정과 같이 유지하고 필요한 서비스를 제공하는 것을 목표로 한다. 당면한 우리나라의 노인복지시설이 문제점과 개선방안을 보면 다음과 같다(김기태 외, 2009).

첫째, 노인복지시설을 확충해야 한다. 현재 우리나라의 노인복지시설은 전체 노인인구의 0.5% 정도가 이용할 수 있는 수준으로 노인복지시설이 절대적으로 부족한 실정이다. 오늘날 복지국가들이 노인의 사회적 보호에 대부분 합의하고 있고, 시설보호율도 대부분 5%를 초과하고 있는 것을 보더라도 우리나라는 양로시설과 요양시설의 확대 보급이 필요함을 알 수 있다. 또한 노인복지시설은 수요에 적절한 수가 적절한 지역에 배치되어야 한다. 보건복지부(2008)에서 제시한 자료에 의하면, 전체 생활시설의 70% 이상이 도시에 입지하고 있으며, 재가시설을 포함하면 전체 시설 수의 90% 이상이 도시에 입지하고 있다. 시설유형에 따라 입지 분포에 차이가 있지만 농촌시설의 경우 실제 필요한 이용시설의 서비스가 매우 취약하거나 그나마도 시설 이용자의 요구와 부합하지 않아 이용률이 지역별 격차를 줄이며 시설 유형별, 규모별, 지역별 적정 기준을 정하여 확충해 나가야 한다.

둘째, 노인복지시설의 보호 내용을 현실성 있게 대폭 상향조정해야 한다. 특히 재활과 여가 프로그램의 실시, 지역사회와의 교류 등에 관한 항목 신설도 고려해야 하며, 시설 보호 수준은 국민최저생계비를 기준으로 하여 항목별 시설노인의 특성을 가미하여 선정해 나가야 한다(박하상 외, 2007). 또한 인간다운 삶을 영위하기 위한 다양한 프로그램의 개발과 실시가 필요하다. 이를 위해 시설의 성격(시설노인의 건강상태, 운영주체 등)과 시설의 입지조건, 시설설비의 여유, 직원의 전문성과 열의, 지역주민의 시설에 대한 태도, 지역사회 유관단체와의 관계 등을 고려하여 다양한 프로그램을 개발, 실시하여야 한다. 여기에는 종교의식, 교양강좌, 음악적 활동(합창, 합주, 악기연주, 농악행사 등), 민속놀이, 춤, 연극, 미술, 공예, 스포츠 활동, 야외활동, 원예, 사육활동, 자원봉사활동, 관광, 해수욕, 온천, 노인수익사업의 일환으로 공동작업장 설치 및 운영 등을 들 수 있다.

셋째, 직원을 늘리고 인건비를 현실화해야 한다. 대부분의 노인복지시설 운영이 적자 운영인 경우가 많고 이는 결국 시설과 서비스 측면에서 질적 저하로 나타나고 있다. 이러한 질적 저하는 전문인력의 부족과 이로 인한 시설의 전문성 저하를 불러오고 있다.

생활시설의 경우 입소노인의 욕구는 주로 질병과 생활관 이용욕구가 복합적으로 작용하고 있어 보건의료인력과 사회복지인력의 공동 참여가 불가피하며, 노인들의 심리적·정신적 치료 개입과 상담 프로그램 등을 담당할 전문인력이 필요하다. 그러나 전문인력의 부족으로 업무 과중에 따른 전문성 저하와 직업에 대한 만족도 하락 등의 문제를 가지고 있다. 따라서 전문종사자에 대한 처우개선과 적정한 전문인력의 증원, 정기적 인 재교육 등이 이루어져야 한다.

넷째, 노인복지시설을 사회화해야 한다. 현재 우리나라의 노인복지시설은 지역사회와 상당히 거리감이 있는 것으로 나타나고 있으며, 더욱 밀접한 관계를 갖기 위해서는 시설의 사회화가 이루어져야 한다.

시설의 사회화란 정상화, 사회통합, 탈시설화, 지역사회보호와 함께 시설의 한계를 극복 내지는 감소시키는 것으로서, 이를 위해서는 시설운영의 효율성, 합리성, 투명성, 개방성이 확보되어야 하며, 무엇보다 원활한 의사소통과 민주적 의사결정과정이 실행·정착되어야 한다. 이러한 시설의 사회화는 시설 간의 연계, 대학과 지역기관의 연계, 사회복지시설 평가의 효율적 활용과 지역주민들이 참여 유도 등을 통하여 활성화될 수 있다. 즉, 시설의 활성화와 효과적 서비스 제공을 위해서는 지역사회의 다양한 자원을 활용하는 것이 필요하다. 시설적인 서비스 제공을 가능하게 하여 노인복지 향상에 기여할 수 있다. 또한 사회복지시설 평가를 활용하여 시설운영의 폐쇄성, 비효율성, 비전문성 등을 개선하는 수단으로 활용하고, 지역주민의 참여를 장려하여 지역복지 향상과 지역노인의 삶의 질 향상에 기여할 수 있도록 지역주민을 중심으로 하는 복지시설협의기구나 위원회를 조직·운영할 필요가 있다.

다섯째, 정부의 예산을 확충하고 의식을 전환해야 한다. 노인복지시설의 효과적 운영을 위해서는 무엇보다도 지방자치단체와 정부의 적극적인 지원이 요구된다. 지방분권 이후 지방자치단체의 재정 자립도에 따라 지역 간 서비스 내용이 불균형한 상황이므로 중앙 정부의 적극적인 지원과 지원 수준의 현실화가 필요하다. 시설의 재정 부족과 설비 미비의 책임은 시설이 아닌 전적으로 정부와 국가가 져야 하기 때문에 사회복지의 시행주체로서 정부는 복지정책에 대한 책임을 가지고 노인시설복지사업 지원에 대한 적극적 의지를 보여야 할 것이다.

여섯째, 시설은 합리적으로 평가해야 한다. 우리나라 노인복지시설은 오랫동안 구호시설로서의 중요한 역할을 수행하였고, 지금도 비현실적인 정부지원금과 사회복지사 직급조차 없는 직원 배치 기준에서 수용시설로서 중요한 역할을 수행해 오고 있다. 최근 정기적으로 실시되어 오고 있는 시설에 대한 평가제가 성공하기 위해서는 먼저, 법인에 대한 기본평가를 통해 시설운영의 합리성, 개방성을 확보하고, 정부도 복지시설실현을 위한 적극적인 실천의지를 보여야 한다. 다음으로 시설에 대한 프로그램 위주의 시설평가를 통해 시설운영의 효율성을 극대화해 이를 시설입소자에 대한 서비스 질의 향상으로 연결해야 한다.

참고문헌

김치영 외(2014). 노인복지론. 동문사.

김치영・고명수・김영대(2014). 노인복지론. 동문사.

박석돈 외(2013). 노인복지론. 양서원.

보건복지부(2019). 요양보호사양성과정 표준교재. The 고시뱅크.

서강훈 외(2018). 노인복지론. 창지사.

안홍순(2015). 노인복지론. 공동체.

양옥남 외(2012). 노인복지론. 공동체.

원석조(2010). 노인복지론. 공동체

윤남숙(1994). 노인의 성격유형과 죽음불안도에 대한 태도연구. 서울대학교 보건대학원 석사학위논문.

윤선오・김현진(2016). 사회복지실천기술론. 양성원.

윤진(1985). 성인・노인심리학. 중앙적성출판사.

최원석(2012). 노인복지론. 양서원.

PART 03

노인복지서비스와 실천

Chapter 07

재가노인복지서비스

제1절 재가노인복지서비스의 개념 및 모델

1. 재가노인복지서비스의 개념

시설서비스가 여러 가지 문제에 부딪히자 정상화와 사회통합의 이념에 입각해서 재가복지사업이 활성화되기 시작했다. 이런 재가복지가 증가하게 된 것은 가족 부양에 대한 한계성의 대안과 정부의 재정비용을 줄일 수 있으며 많은 사람에게 혜택을 줄 수 있기 때문이다. 또한 직원의 모집이 어렵게 되고 대상자들을 시설에 수용하지 않아도 된다는 등의 여러 가지 이유로 재가복지가 등장하게 되었다(김범수, 1992).

재가복지라는 용어는 1980년 중반 학계에서 먼저 사용되기 시작하였고 공식적으로 정부에서는 1989년 12월에 개정된 노인복지법 제11조에 '가정봉사사업'과 '재가노인'이라는 용어를 사용하였으나 정확히 '재가노인복지'라는 용어는 아니었다. 1993년부터 정부에서는 공식적으로 '재가노인복지'사업이라는 말을 사용하였으며 1993년 12월에 개정된 사회복지사업법 제2조에 '재가복지'를 처음으로 사회복지사업의 하나로 포함시켰고, 같은 시기에 개정된 노인복지법 제11조에 '재가노인복지사업'을 처음으로 규정하였다. 이로부터 정부에서는 '재가노인봉사사업'으로 규정하던 것을 재가노인복지사업'으로 재분류하였다. 1993년 개정된 노인복지법 제11조에는 재가노인복지사업을 "신체적 · 정신적 장애가 있는 노인이 가정에서 계속 생활하는 데 필요한 각종 보호와 지원을 받을 수 있도록 재가노인 복지증진을 목적으로 하는 사업으로 정의하고 있다.

용어상의 변화와 마찬가지로 정부의 사업도 발전되어 왔음을 알 수 있다. 정부는 가정에서 보호를 요하는 장애인, 노인, 아동가장가족, 한부모가정 등 지역사회에서 재가복지서비스가 필요한 요보호대상에게 가사 원조, 간병, 정서적 지원, 결연 등의 제반 사회복지서비스를 제공하기 위해 1992년에 시 이상의 도시에 총 144개소의 재가복지봉사센터를 설치, 운영하도록 했다. 또한 보건복지부는 각 시설별로 재가복지사업의 내용을 달리해서 대상에 따라 서비스의 강조점을 다르게 했다. 그 내용을 살펴보면 먼저 사회복지관은 저소득층 가정을 대상으로 종합적인 재가복지서비스를, 장애인복지관은 장애인에 대한 순회재활서비스를, 노인복지관은 단독 세대노인과 거동불편노인에게 재가복지서비스를, 마지막으로 사회복지협의회 시·도지부는 수용시설에 자원봉사자를 양성, 모집하는 등의 내용이다. 이런 행정적 명시는 우리나라의 사회복지서비스를 보다 구체적이고 현실적으로 제공하는 계기가 되었다.

2. 재가복지서비스의 등장배경 및 필요성

재가복지서비스의 사회적 배경은 나라마다 다르지만, 재가복지라는 것이 시설보호의 문제점에 대한 반성으로, 시설보호를 지양하여, 시대적 변화와 사람들의 사회복지 욕구의 변화에 따라 등장한 것이다. 재가복지가 시설복지보다 우수한 제도라고 볼 수 없다. 다만 사회·경제상황, 시대 상황에 따라 정책적으로 강조되는 것이다(최서원, 2010).

첫째, 시설복지에 대한 부정적인 면의 부각에 있다. 생활시설에서 오랜 기간 생활하면서 생기게 되는 시설습벽, 시설병, 부정적인 시설 문화 등을 개선해 보려는 움직임에서 재가복지서비스가 시작되었다. 탈시설화 이론이 이를 뒷받침해 준다.

둘째, 정상화와 사회통합 도모이다. 사회복지 요보호자를 생활의 장에서 격리하지 않는 사회통합의 서비스 그리고 정상적인 환경에서 사회의 일원으로 살 수 있는 정상화의 이념에 입각하여 사회보호서비스의 요구가 생겼다.

셋째, 가족 부양에 대한 사회적 변화 요인이다. 지금까지는 아동이나 장애인, 노인들의 부양을 가족 중심으로 해왔는데, 이제는 다양한 복지시설들이 등장하여 다양한 서비스를 제공하게 된 것이다.

넷째, 증가하는 사회복지 대상자들을 시설에 입소시켜 서비스를 제공하기에는 정부 예산에 한계가 있다는 점이다. 즉, 같은 예산으로 보다 많은 사람들에게 서비스를 제공할 수 있는 형태의 제도 등장이 필요한 것이다.

3. 재가복지서비스의 종류

1) 방문요양서비스

방문요양서비스의 목적은 가정에서 일상생활을 영위하고 있는 노인으로서 신체적, 정신적 장애로 어려움을 겪고 있는 노인에게 지역사회 안에서 건전하고 안정된 노후를 영위하도록 장기요양요원(요양보호사)이 가정을 방문하여 신체활동 및 가사활동 등 필요한 각종 서비스를 제공하는 것이다.

이용대상자는 재가복지시설 이용대상자이며, 단 노인돌보미, 가사간병도우미, 독거노인생활지도사 등 타 서비스를 제공받고 있는 자는 대상에서 제외한다. 서비스 내용으로는 신체활동지원서비스, 가사활동지원서비스, 개인활동지원서비스, 정서지원서비스 등 방문요양에 관한 사항이 있으며, 이전에 방문요양기관에서 수행하던 상담 및 교육에 관한 사항과 노인결연에 관한 사항은 재가노인지원서비스로 이관되었다.

2) 주 · 야간보호서비스

주·야간보호서비스의 목적은 부득이한 사유로 가족의 보호를 받을 수 없는, 심신이 허약한 노인과 장애노인을 주간 또는 야간 동안 보호시설에 입소시켜 필요한 각종 편의를 제공하여 이들의 생활안정과 심신 기능의 유지·향상을 도모하고, 그 가족의 신체적·정신적 부담을 경감시키는 것이다.

(1) 주간보호사업의 장점

첫째, 심신 기능이 약화된 노인에게 기능을 향상시킬 수 있는 안전하고 의료적인 환경을 제공하는 것이다.

둘째, 낮 동안 노인을 돌봄으로써 노인부양자에게 휴식을 제공하고 직업이 있는 부양자는 일할 수 있도록 하고, 가족의 긴장을 줄이고, 노인과 관련된 문제를 상담하고, 가족들을 심리적으로 지원하는 것이다.

이용대상은 재가복지시설 이용대상자이며, 주간보호시설에는 1일 동안 보호를 원칙으로 하며, 8시부터 22시까지로 하되, 시설의 운영여건 및 이용노인과 그 가정의 형편에 따라 2시간 이내에서 신축성 있게 운영한다.

(2) 서비스 내용

① 생활지도 및 일상동작훈련 등 심신의 기능 회복을 위한 서비스로서 일상생활지원서비스, 일상동작서비스 등이다.

② 급식 및 목욕서비스 등으로 몸 청결, 머리 감기, 얼굴 씻기, 손 씻기, 구강관리, 몸단장, 옷 갈아입히기, 배설, 식사도움 서비스 등이다.

③ 송영서비스

④ 노인가족에 대한 교육 및 상담 등이 있다.

3) 단기보호서비스

단기보호서비스는 부득이한 사유로 가족의 보호를 받을 수 없는 심신이 허약한 노인과 장애노인을 단기간 시설에 입소시켜 필요한 각종 편의를 제공함으로써 노인의 생활안정과 심신기능의 유지·향상을 도모하고, 부양가족이 신체적·정신적 부담을 덜어주기 위한 사업이다.

이용대상은 재가노인복지시설 이용대상자이며, 보호기간은 1회 9일, 연간 이용일수는 180일을 초과할 수 없다. 단, 단기보호서비스 계약 시 1회 90일 이내로 하여야 하며, 계약 시 이용자가 퇴소할 필요가 없으며, 180일까지 이용할 수 있다.

참고 | 서비스 내용

① 급식, 치료, 그 밖에 일상생활에 필요한 편의를 제공하는 서비스
② 노인요양시설 또는 노인공동생활가정의 사업에 준하는 서비스가 있다.

4) 방문목욕서비스

방문목욕서비스의 목적은 목욕장비를 갖추고 재가노인을 방문하여 목욕서비스를 제공하는 것이다.

이용대상은 ① 장기요양급여수급자(1~5등급), ② 심신이 허약하거나 장애가 있는 65세 이상의 자(이용자로부터 이용비용의 전부를 수납 받아 운영하는 시설의 경우에는 60세 이상인 자)로서 가정에서의 보호가 필요한 자이다.

참고 | 서비스 내용

목욕준비, 입욕 시 이동보조, 몸 씻기, 머리 말리기, 옷 갈아입히기 등이며, 목욕 후 주변 정리까지를 포함한다.

4. 재가노인복지서비스의 이론적 모형

선진국에서 발전된 가족보호와 재가보호에 관한 이론들을 살펴보면 이 둘의 관계를 대체형으로 보는 견해와 보완형으로 보는 견해로 나누어진다. 이 이론들은 가족보호를 포함한 비공식적 보호서비스와 재가복지서비스를 중심으로 한 공식적 보호서비스의 관계를 설명하고 있다(차흥봉, 1998: 4-7). 우리나라의 재가복지서비스 모델은 이 중 보완형에 보다 가까운 것으로 파악되고 있다.

1) 대체모형

그린(Greene, 1983)의 대체모형(substitution model)은 공식적 보호가 비공식적 보호를 대체하는 기능을 수행한다고 보는 모형이다. 그린은 공식적 보호가 비공식적 보호의 불충분성을 보충하기 위해 동원되는 것이지만, 부담이 많은 비공식적 부양자에게 휴식을 제공하는 등으로 비공식적 보호를 대체(substitute)는 효과를 나타낸다고 본다. 그린은 그의 연구 결과에서 공식적 보호서비스의 증가에 따라 비공식적 보호서비스가 감소한다는 사실을 증명하고 있다. 이 모형은 공식적 보호가 없다면 비공식적 보호가 제공될 수 있다는 점을 전제하는 것으로 그 대체적 관계의 성격을 분명히 하고 있다. 그린의 연구 결과는 공식적 보호서비스가 발달하면 비공식적 보호서비스가 그만큼 줄어들면서 한편으로는 공식적 보호서비스의 이용도 늘어나게 되어 공급이 수요를 만들어내는 효과가 있다는 것도 암시하고 있다.

로건과 스피츠(Logan & Spitz, 1994)도 장애노인에 대한 장기요양보호서비스의 이용 요인에 관한 연구 과정에서 공식적 보호와 비공식적 보호를 대체적 관계로 파악하고 있다. 이들은 비공식적 보호가 오히려 공식적 보호를 대체한다고 하면서 배우자와 동거하고 있는 노인과 자녀의 도움을 받는 노인이 재가복지서비스를 덜 이용하고 있는 사실을 그 근거로 제시하고 있다.

2) 위계적 보상 모형

켄터(Cantor, 1979)의 위계적 보상 모형(hierarchical compensatory model)은 기본적으로 비공식적 보호체계가 제구실을 하지 못할 때 공식적 보호가 비공식적 보호를 대신한다는 것을 전제로 하고 있다. 따라서 공식적 보호 서비스의 이용은 가족이나 친구와 같은 비공식적 보호의 자원이 있으면 그만큼 감소하게 된다는 것이다. 즉, 공식적 보호는 비공식적 보호의 존재 여부와 그 양에 따라 결정된다는 시각이다. 그런데 켄터는 비공식적 보호와 공식적 보호 간의 관계가 위계적 선택 관계를 형성하는 것으로 보았다.

노인이 서비스를 필요로 할 때 제일 먼저 친족의 도움을 받고, 그 다음에 관련이 깊은 친지, 그리고 마지막으로 공식적 조직에 의존하게 된다는 것이다. 여기서 친족은 주로 배우자, 자녀, 기타 친척 등의 가족을 말하며, 이들 가족 간에도 위계적 선택 관계를 이룬다고 본다. 여기에서 관련이 깊은 친지는 주로 친구와 이웃을 의미하는 것이다.

켄터는 요보호대상자가 서비스의 도움을 필요로 할 때 배우자를 먼저 선택하고 그 다음 자녀의 도움을 받고자 하며, 자녀들을 이용하기 어려울 때 기타 친척, 친구, 이웃 그리고 공식적 조직을 위계적으로 선호한다고 말하고 있다. 비공식적 보호체계 중에서 배우자와 자녀가 중요하다는 것은 일반적으로 다른 연구 결과에서도 비슷하며, 이웃과 친구와 같은 비공식적 보호망은 그리 비중이 크지 않다는 것도 비슷하다(Stoller & Earl, 1983).

3) 분업 모형

리트왁(Litwak, 1985)의 분업 모형(task specificity model)은 공식적 보호와 비공식적 보호를 서로 보완적 관계로 보면서 그 보완의 내용은 서비스의 과제에 따라 서로 다르다고 보는 것이다. 서비스 이용의 위계적 선택 관계도 과제의 종류나 성격에 따라 다르다고 본다. 리트왁은 공식적 보호와 비공식적 보호는 서로 각기 적합한 과제를 담당하게 된다고 주장한다. 비공식적 보호는 비획일적 과제, 비전문적 과제, 예측할 수 없는 과제를 담당하고, 공식적 보호는 전문적 과제, 특별한 훈련과 시설이 필요한 과제, 예측성 있는 과제를 담당하는 것으로 파악하였다. 서비스 이용의 보완 관계와 위계적 선택 관계는 과제의 종류에 달려 있는 것이다.

노엘커와 바스(Noelker & Bass 1989)는 이중적 전문화(dual specialization)라는 개념을 사용하여 공식적 서비스 담당자와 비공식적 서비스 담당자 사이에 담당하는 과제가 서로 다르다는 점을 언급하고 있다. 이들은 이 연구에서 비공식적 서비스 담당자인 가족 부양자의 성(gender), 활동 제한 정도 및 건강 부담 등의 요인이 공식적 서비스를 이용하는 데 영향을 미친다는 점을 밝히고 있다.

4) 보충 모형과 보완 모형

스톨러(Stoller, 1989)의 보충 모형(supplementation model)은 대체 모형과 대칭되는 이론이다. 보충 모형에서도 공식적 보호는 비공식적 보호가 욕구를 해결할 수 없을 때 이용하는 것으로 파악하였지만, 대체 모형과 달리 비공식적 보호의 1차 성(primacy)을 중시하고 공식적 보호의 보충성을 강조한다는 점에서 차이가 있다. 그리고 공식적 보호를 이용하더라도 비공식적 보호는 감소하지 않는 것으로 봄으로써 비대체적 성격을 지니게 되는 것이다. 이 모형은 재가복지서비스에 있어서 공식적 보호는 가족의 노력을 보충하는 것이기 때문에 그 서비스가 많을수록 바람직하다고 보는 입장이다.

샤펠(Chappell, 1985 ; 1991)은 보충 모형과 비슷한 개념으로 보완 모형(complementarity model)을 제시하고 있다. 그는 1980년과 1985년, 캐나다 마니토바주에서 재가복지서비스에서의 공식적 보호와 비공식적 보호의 관계를 연속적으로 연구한 후에 이 두 체계는 서로 상호 보완적이라는 사실을 밝혀냈다. 보충 모형과 보완 모형의 개념상 차이를 살펴보면, 전자는 비공식적 보호에 대한 공식적 보호의 보충성을 강조하는 것이고 후자는 어느 하나에 중점을 두지 않고 양자가 상호 보완적 관계에 있다는 것을 강조한다.

그는 1985년에 공식적 보호의 이용자와 비이용자를 비교 연구하고, 또 1989년에 공식적 보호의 이용자, 비이용자, 혼합 이용자를 비교 연구한 후, 공식적 보호와 비공식적 보호는 전반적 과제를 공동으로 분담하며 상호 보완하는 관계를 이룬다는 결론에 도달하였다. 그리고 이제까지의 연구에서 공식적 보호가 비공식적 보호를 대체한다는 것은 실제 현실이 아니며, 대체한다고 해도 그 대체 효과가 크지 않다고 밝히고 있다. 또 리트왁의 모형에 의한 과제의 분담도 완전한 분업의 형태를 이루어지는 것은 아니라고 하고 있다.

텐스텟트 등(Tennstedt et al., 1989)도 재가복지서비스에서의 대체 효과를 측정하기 위해 미국 매사추세츠 주에서 1984~1991년 사이의 종단적 연구를 실시한 결과 비공식적 보호에 대한 공식적 보호의 대체 효과가 그리 크지 않으며 오히려 보완적 성격이 강하다는 사실을 밝히고 있다.

이 연구에 의하면 대부분의 가족은 공식적 보호를 이용한다고 해서 가족의 보호를 중단하지 않으며 공식적 보호는 오히려 가족의 보호 관계를 지원하고 유지시켜 주는 기능을 수행하는 것으로 나타났다. 이 연구는 서비스의 대체가 일부 이루어지지만 그것은 광범위한 현상이 아니라 특정 환경에서만 나타나며, 전반적으로 양이 크지 않고, 지속적이지 못하며 임시적이라고 밝히고 있다. 아울러 서비스의 대체가 있을 때 거기에 영향을 미치는 가장 중요한 요인은 주 가족 부양자가 없는 경우라는 점도 밝히고 있다.

제2절 재가노인복지서비스의 대상과 종류

1. 재가노인복지서비스의 대상

1) 대상 노인의 선정 기준 및 대상 노인의 수

법적 기준에 따르면 현행 재가노인복지의 대상 노인은 신체적·정신적 이유로 혼자서 일상생활을 영위하기 어려운 노인으로 소득수준에 따라 기초생활보장수급권자 노인(10.4%)과 저소득층 노인(45.9%) 그리고 60세 이상의 중산층 이상 노인(44.1%)이 된다. 이때 주간보호와 단기보호의 경우 심신이 허약한 노인과 장애노인으로 구분된다.

이와 같은 기준을 따를 경우 신체적·정신적 장애의 기준이 기능적 장애를 의미하는 것인지 또는 전문적 질환을 의미하는 것인지 모호해진다. 또한 경제적 상태 역시 무료, 실비, 유료의 형태로 서비스를 이용하도록 하기 위해 구분한 기준이 도시 근로자 월평균소득을 기준으로 하고 있어 수입이 불분명한 노인에게 적용하는 데는 한계가 있다.

이러한 한계를 해결하기 위해 여기에서는 우리나라 보건사회연구원에서 2001년 실시한 조사(선우덕 외, 2001)에 따라 우리나라 재가노인복지 대상자의 수를 추정해 보면 다음과 같다. 일반적으로 장기요양보호 대상 노인을 판단하기 위해서는 신체적인 기준과 정신적인 기준이 사용된다. 신체적 기능에 대해서는 일상생활수행능력(ADL)과 도구적 일상생활수행능력(IADL)이 일반적으로 사용되고 있으며, 이 도구는 2001년 대한노인병학회에서 개발한 것이다. 정신적 기준으로는 인지 능력이 고려되는데 ADL과 IADL처럼 보편적으로 사용되는 도구는 아니지만 간이인지기능검사표(MMSE)와 같은 도구들이 사용된다. 우리나라에서는 MMSE를 번역하여 MMSE-K로 사용하기도 한다.

이러한 도구를 사용하여 장기요양보호 대상 노인을 선정하는 기준은 다음과 같다. 일상생활수행능력 항목(7개)과 도구적 일상생활수행능력 항목(10개) 각각에 대해 부분적으로 또는 다른 사람의 도움이 없이 전혀 수행할 수 없는 노인과 노인 지능 평가 점수가 23점 이하인 경우이다(선우덕 외, 2001 :1590). 이 기준에 따르면 우리나라 노인 중 장기요양보호 대상이 되는 노인은 전체 노인의 45.3%인 것으로 나타났다. 그러나 이들 장기요양보호 대상 노인 전체가 장기요양보호서비스의 대상이 되는 것은 아니며, 가족의 보호가 가능한 경우, 공적 서비스 대상에서 제외된다. 장기요양보호서비스를 받기 위해서는 장애 정도와 함께 가족 부양의 정도가 고려되어야 한다.

장기요양보호서비스 대상 선정 두 가지 기준을 적용할 수 있다.

첫째, 장애 상태로 ADL과 IADL, MMSE-K를 기준으로 하여 최중증, 중증, 경증, 허약, 치매로 구분한 것이다.

- 최중증

  ADL 항목, 즉 이동하기, 식사하기, 화장실 이용하기의 3개 항목 중 전혀 불가능한 경우가 1개 이상이 해당되는 것으로 완전 와상 상태의 노인에 해당된다.

- 중증

  ADL 항목 중 '대소변 조절하기'를 제외한 6개 항목에서 다른 사람의 도움으로 가능한 경우가 1개 이상 해당되는 것으로 대부분 와상 상태의 노인이다.

- 경증

  ADL 항목 중 옷 입기, 세수하기, 목욕하기 등에서 다른 사람의 도움이 부분적으로 필요한 경우가 1개 이상 해당되는 것으로 대체로 앉아 있으나 누워 있는 상태의 노인이다. 허약은 IADL 중 집안일하기, 식사준비하기, 빨래하기, 물건 사기, 약 챙겨 먹기 등 5개 항목에서 최소 1개 이상의 제한이 있는 노인이다. 치매는 MMSE-K 점수가 19점 이하인 경우로 치매가 의심되는 노인이다.

둘째, 부양 정도로 가족의 부양 정도에 따라 심한 가족 부양장애, 중간적 가족 부양장애, 경미한 가족 부양장애 등 세 가지로 분류한다.

- 심한 가족 부양장애
  부양자가 없는 경우, 또는 가족 부양자가 있으나 건강이 좋지 않아 부양에 지장이 있는 경우이다.
- 중간적 가족 부양장애
  가족 부양자가 있으나 노인과 비동거하는 경우, 또는 가족 부양자가 상근적 취업 상태인 경우, 또는 가족 부양자가 노인 이외의 아동, 환자, 장애인 등 가족을 부양해 주어야 하는 경우이다.
- 경미한 가족 부양장애
  가족 부양자가 노인과 동거하는 경우, 또는 가족 부양자가 건강 상태가 양호하여 부양하는 데 지장이 없는 경우, 가족 부양자가 비상근적 취업 상태인 경우 또는 가족 부양자가 노인 이외에 부양해 주어야 할 가족이 없는 경우이다.

예를 들어 장애 정도가 최중증이고, 가족 부양 정도가 심한 부양장애이면 100% 시설 보호되는 것으로 하며, 장애정도가 최중증이면서 경미한 부양장애는 50% 시설 보호되는 것으로 한다. 이런 방식으로 우리나라 노인 중 장기요양보호서비스 대상 노인을 추계해 보면 전체 노인의 20.7%가 장기요양보호서비스 대상 노인에 해당된다. 장애 정도와 부양 정도 중에서 장애만을 기준으로 하였을 때 허약노인은 전체 노인의 5.85%, 치매 노인은 4.92%, 경증 노인은 4.98%, 중증 노인은 3.24%, 최중증 노인은 1.68%인 것으로 나타났다.

부양장애를 기준으로 보면 심한 부양장애 노인은 전체 노인의 2.41% 중간적 부양장애 노인은 2.33%, 경미한 부양장애는 15.86%인 것으로 나타났다.

시설보호 대상 인구는 65세 이상 전체 노인의 2.0%에 해당되며, 재가복지 대상 인구는 18.9%에 이르는 것으로 나타났다. 이 비율에 따르면 재가노인복지서비스 대상 인구는 67만 1천 명이며, 재가노인복지서비스 대상과 시설보호서비스 대상의 비율은 9 : 1 정도가 된다.

2) 노인의 특성

(1) 일반적 특성

재가노인복지서비스 대상 노인의 일반적 특성을 우리나라 보건사회연구원의 조사 결과에서 성별로는 남성노인(22.1%)에 비해 여성노인(77.9%)의 비율이 무려 55.8%가량 높은 것으로 나타나 여성노인에 대한 절대적 서비스가 요구되는 것으로 나타났다. 특히 배우자가 없는 여성노인의 경우 특별한 배려가 요구되는데 이는 여성노인의 경우 배우자가 없이 혼자서 여생을 보내는 시간이 길어졌기 때문이다. 연령별로 보면 평균 75.3세가 재가노인복지서비스 대상 노인의 연령인 것으로 나타났으며, 각 연령대별로 고른 분포를 보이고 있는 것으로 나타났다.

(2) 대상자 노인의 욕구의 특성

신체적 건강에 관한 문제는 주로 ADL과 IADL 수준으로 표시될 수 있는데 ADL 제한 비율은 전체 노인의 11.8%가 ADL 중 한 개 이상의 제한을 경험하고 있으며, 이 중 1.3%는 7개의 ADL에 있어 모두 제한을 경험하고 있다. 이러한 ADL 제한 비율은 남자에 비해 여자에게서 보다 높은 비율로 나타났다.

① 신체적 · 정신적 건강에 대한 욕구

신체적 건강에 관한 문제는 주로 ADL과 IADL 수준으로 표시될 수 있는데ADL 제한 비율은 전체 노인의 11.8%가 ADL 중 한 개 이상의 제한을 경험하고 있으며, 이 중 1.3%는 7개의 ADL에 있어 모두 제한을 경험하고 있다. 이러한 ADL 제한 비율은 남자에 비해 여자에게서 보다 높은 비율로 나타났다.

연령이 높을수록 제한 비율이 높아 65~69세 연령의 경우는 6.3%, 70~74세 연령군은 8.8%, 75세 이상은 21.0%에 달하고 있다. IADL 제한 비율은 42.5%이며 이 중 30.8%는 ADL 제한 없이 IADL 제한만 있는 경우이다. 이 또한 동보다는 읍・면에서 높고, 남자보다는 여자에게서 높게 나타나며, 연령이 높을수록 높아진다. 반드시 신체적 기능의 저하를 야기하는 것은 아니지만 만성질환을 갖고 있는 노인도 86.7%에 달하고 있어 대부분의 노인이 만성질환을 갖고 있는 것으로 볼 수 있다(선우덕 외, 2001).

정신건강에 있어 노인의 14.7%는 치매로 의심되고 7.6%는 치매로 판정되는 것으로 나타나고 있다. 또한 노년기에 나타나는 가장 흔한 정신질환의 하나로 알려져 있는 우울증의 경우 우리나라 노인 5명 중 1명은 우울증을 겪고 있는 것으로 파악되었다(이형영, 1988).

② 경제적 욕구

노인의 경제적 욕구를 노인 가구의 월평균 가계소득, 소득원, 기초생활보장수급권자 등의 몇 가지 범주로 나누어 살펴보았다. 정경희 외(2005)에 의하면, 노인 가구의 월평균 가계소득은 48.6만 원이었으며, 100만 원 이상이 12.3%, 100만 원 미만이 87.7%인 데 반해 20만 원 미만의 소득을 가진 경우도 33.3%에 이르는 것으로 조사되었다. 노인 가구의 소득원을 살펴보면, 27.8%가 근로소득이 있고, 임대소득, 금융소득 등 자산소득은 12.5%인 것으로 나타났다. 공적 연금은 13.9%, 경로 연금 12.8% 등으로 공・사적연금의 소유율은 매우 낮은 반면 친인척 보조가 매우 높아 76.9%가 보조를 받고 있다.

비동거 자녀로부터의 보조는 66.3%, 동거 자녀로부터의 보조는 23.3%(정경희 외, 1998)인 것으로 나타나 자녀에게 의존하는 비율이 89.6%에 달하는 것으로 나타났다. 국민기초생활보장 수급자 현황 역시 총 노인인구의 10.1%가 수급권자로 매우 높은 비율을 차지하고 있다. 따라서 노인의 경제적 자립이 현실적으로 가장 큰 문제임을 알 수 있다.

③ 가족 및 사회적 지원망에 대한 욕구

노인의 유배우자율을 살펴보면 전체 노인 중 54.8%가 배우자가 있는 것으로 나타났으며, 이 중 남성노인의 비율은 60.6%, 여성노인은 39.4%인 것으로 조사되었다. 이를 연령별로 보면 65~69세 연령군은 46.8%, 70~74세 30.4%, 75세 이상은 22.8%로 연령이 증가할수록 유배우자율은 낮아지며, 특히 여성노인의 유배우자 율이 낮다.

여성노인의 경우 노후에 가장 중요한 사회적 자원이 될 수 있는 배우자가 없는 상태에서 노후를 보내야 하는 반면, 남성노인은 그들의 노후를 주 부양자 역할을 할 수 있는 아내와 함께 생활하기 때문에 여성노인에 비하여 상대적으로 부양의 문제가 쉽게 해결되는 것으로 파악된다.

노인의 가족 중 자녀와 형제자매 수, 기타 친척 수는 노인의 사회적 연계 정도를 알아볼 수 있는 중요한 지표이다. 전체 노인의 97.6%가 생존 자녀가 있고, 평균 자녀수는 4.2명이다. 형제자매는 평균 2.2명이 있는 것으로 나타났지만, 형제자매가 없는 노인도 22.7%나 되어, 전체 노인 중 1/5의 비율을 차지하는 것으로 나타났다. 노인의 자녀 및 형제자매 수를 지역별로 살펴보면 지역별 차이가 거의 없음을 알 수 있다. 이는 1998년 조사에서 읍・면에 거주하고 있는 노인의 생존 자녀수가 더 많았음에 비해 다른 결과이다. 친구와 이웃은 가족과 함께 노인에게 중요한 비공식적 지지체계이다. 마음을 털어놓고 이야기할 수 있는 친구나 이웃의 수를 조사한 결과, 전체 응답 노인 중 평균 2.3명이 친구나 이웃을 가지고 있는 것으로 나타났다. 성별로는 남성이 2.8명으로 여성의 2.0명에 비해 다소 높았으며, 연령별로는 연령이 젊을수록 숫자가 많은 것으로 나타났다(공동체 2012, 양옥남).

2. 재가노인복지서비스의 종류

1) 법적 서비스의 종류

재가복지서비스에는 노인복지법에 의한 주간보호, 단기보호, 방문요양 서비스가 있으며, 지역보건법에 의한 방문간호사업, 사회복지사업법에 위한 말벗서비스, 식사배달서비스 등이 있다. 여기서는 노인복지법에 의한 재가노인복지서비스의 현황을 중심으로 살펴보고자 한다.

주간보호는 보호를 제공할 수 있는 자녀나 배우자 등이 직업으로 낮 시간 동안 돌보아 줄 수 없는 경우 이루어지게 되는 보호로써, 대상 노인은 낮 동안 주간보호소에서 자신의 건강 수준에 따른 서비스를 제공받게 된다. 단기보호는 집에서 보호를 받고 있는 장애 노인을 단기간 수용 보호하는 프로그램으로서 보호자가 병으로 또는 여행 등으로 보호를 할 수 없는 경우 서비스를 제공받게 된다. 보통 1.5개월 정도의 단기보호가 이루어진다. 방문요양서비스는 요양보호사를 노인의 집에 파견하여 집안일을 지원하고, 노인을 보호하는 서비스를 제공하거나 또는 간단하게 노인의 상태를 체크하여 보고하는 업무를 수행하기도 한다.

말벗서비스가 제공되기도 하는데 노인의 집에 방문하여 노인과 사회정서적 욕구를 충족시키기 위해 대화 상대가 되어 주는 서비스이다. 식사배달서비스는 거동이 불편해 식사를 제대로 챙겨 먹을 수 없는 지역사회의 노인을 대상으로 도시락을 배달하는 서비스이며, 가정간호서비스는 간호사가 노인의 집으로 파견되어 간단한 의료서비스를 제공하는 것이다.

우리나라에서 제공되고 있는 노인복지서비스는 주로 정부 지원에 의한 서비스일 경우 국민기초생활수급 대상 및 저소득층 노인을 대상으로 하는 사업으로 보편적 서비스가 제공되지 못하고 있는 실정이다. 이로 인해 서비스에 대한 인지율 또한 매우 낮은 편이다.

2) 대상별, 욕구별 서비스의 종류

재가노인복지서비스 대상 노인들의 서비스에 대한 욕구를 해결하기 위해 어떤 종류의 서비스를 제공하느냐는 매우 중요한 문제이다. 여기서는 우리나라의 재가노인복지서비스가 보충 혹은 보완적 모델에 입각해 제공된다는 전제하에 재가노인복지서비스 대상 노인에 대한 서비스의 종류를 대상별, 노인의 욕구별로 구분해 살펴보고자 한다.

(1) 대상별 서비스의 종류

재가노인복지서비스의 종류는 그 대상별로 보았을 때 노인과 가족에 대한 서비스로 구분될 수 있다.

① 노인

재가노인복지서비스 대상 노인에게 필요한 서비스로는 앞서 살펴본 욕구와 관련하여 건강보호서비스, 대인서비스 그리고 사회보호서비스로 분류될 수 있다. 건강보호서비스는 노인의 신체적 건강과 기능 유지를 위해 제공되는 제반서비스로, 의료적 진단과 치료, 임종서비스, 영양, 건강관리, 간호, 투약관리, 기능 회복 훈련, 재활 훈련 등이 이에 포함된다.

대인서비스는 일상생활을 유지하기 위해 필요한 기능을 할 수 없는 노인에게 식사, 배설, 목욕 등의 활동을 할 수 있도록 일상생활을 보살피는 것을 말한다. 그리고 사회보호서비스는 노인이 정상적 생활을 할 수 있도록 도와주는 것으로 가족 관계, 상담 등과 관련된 서비스 등이 포함된다. IADL 관련된 서비스에는 세탁, 청소, 요리, 집안일, 사회관계, 심리사회적 문제해결 등의 서비스가 포함된다.

② 가족

한편 노인가족에 대한 서비스는 노인가족이 직면하고 있는 여러 가지 어려운 문제, 즉 경제문제 또는 소진 등과 같은 심리적 문제를 해결해 주기 위해 이루어진다. 우리나라 재가보호 대상 노인의 대다수는 가족에 의해 보호를 받고 있으며, 가족 성원 중 주 부양자는 장남과 며느리, 배우자, 그 외의 아들과 며느리, 손자녀 및 배우자 등의 순으로 나타났다(정경희 외, 2005). 노인을 부양하기 위해서는 상당한 인내심을 필요로 하며, 부양 기간이 길어질수록 소진되는 경우가 늘어나, 때로는 노인부양 문제로 인한 가족갈등이 야기되기도 한다. 따라서 장기요양보호노인에 대한 가족 부양의 부담은 심리적·정서적·경제적·사회적 측면에서 다양하게 발생하는 것으로 이러한 문제에 대한 대책이 필요하며, 가족 부양자에게 적절한 서비스가 제공되어야 하는 것으로 볼 수 있다. 가족 부양자에 대한 지지서비스 및 훈련서비스, 정보 제공 및 안내서비스 등이 여기에 포함된다.

(2) 노인의 욕구에 따른 서비스의 종류

노인의 욕구에 따른 서비스의 종류에는 신체적 욕구에 대한 신체적 자립 지원을 위한 서비스, 경제적 욕구에 대한 경제적 지원서비스, 가족 및 심리정서적 욕구에 대한 가족 지원 및 심리정서적 지원서비스, 욕구를 중심으로 한 서비스가 있다.

① 신체적 자립 지원을 위한 서비스

첫째, 가정봉사원파견사업의 경우 가사지원서비스, 개인 활동 지원서비스, 목욕서비스, 용변부양서비스 등이 주요 서비스에 속한다.

가사지원서비스에는 취사, 장보기, 청소, 주변 정돈, 생활필수품 구매, 의류 세탁, 관계 기관 연락 등 가사에 관한 서비스가 포함된다. 개인 활동 지원서비스에는 식사 부양, 신체 청결, 목욕, 용변 부양, 외출 동행, 의복 갈아입히기 등 개인 신상에 관한 서비스가 포함된다.

둘째, 주간보호사업과 단기보호사업을 통해 제공되는 서비스로는 재활서비스, 지역사회 자원연계서비스, 그리고 특별서비스를 들 수 있다.

지역사회 자원연계서비스는 기초 건강 체크, 이·미용, 한방 치료, 수

지침 등과 같은 의료서비스를 포함하며, 특별서비스에는 목욕, 용변 부양과 같은 서비스가 제공되기도 한다.

이와 같은 서비스 외에도 지역보건법에 의한 방문간호사업을 통해 노인의 신체적 자립을 위한 서비스를 지원하게 된다. 여기에는 보건소 중심의 방문간호사업, 간호협회와 병원 중심의 가정간호사업, 복지관에서 실시되는 방문의료서비스가 포함된다.

② 경제적 지원을 위한 서비스

가정봉사원파견사업에서 시행하는 노인결연서비스가 있는데, 이는 정부지원사업에 한해 무의탁노인 후원을 위한 결연사업이다. 주간보호와 단기보호사업에서는 경제적 지원을 위한 서비스가 별도로 존재하지 않으며, 다만 시설 이용료 산정 시 노인의 경제적 사정에 따라 무료, 실비, 유료로 나누어 적용한다.

③ 가족 및 심리 정서적 지원을 위한 서비스

첫째, 가정봉사원파견사업의 경우 노인상담서비스, 우애서비스 등을 들 수 있다. 노인상담서비스에는 지역사회 내에서 노인의 자립생활을 위한 상담서비스가 포함된다.

둘째, 주간보호사업과 단기보호사업을 통해 제공되는 서비스로는 심리정서적 안정을 위한 여가서비스의 제공, 가족, 즉 노인부양자에게 휴식 제공, 부양문제에 관한 상담 제공, 노인부양자에 대한 휴식 제공, 부양 문제 관련 상담 제공 및 가족 성원에 대한 심리적 지지 제공 등이 포함된다.

④ 욕구를 중심으로 한 서비스

신체적 자립, 정신적 자립으로서 자기결정권 행사, 사회관계의 유지와 확대 등은 시설에서 생활하는 노인이 가지고 있는 기본적 욕구에 부응하기 위한 것이라 할 수 있다. 구체적으로 욕구에 따른 서비스를 분류할 때 매슬로우의 욕구 분류 체계에 따라 분류하기도 하며, 폰시엔의 분류에 따르기도 한다.

사회복지서비스를 제공하는 측면에서는 사람들의 욕구를 사회적 문제의 측면에서 이해하는 경향이 있다. 빈곤문제, 건강보호문제, 역할상실에 대한 문제, 소외문제 등으로 나타낼 수 있다. 노인의 신체적 문제, 경제적 문제, 심리적 문제, 사회적 문제로 파악될 수 있으며 대체로 이러한 분류에 따라 일반 노인에 대한 욕구 조사가 시행되고 있다.

참고 | 김미혜(1998)는 매슬로우의 욕구 단계에 따라 재가노인복지서비스를 분류

첫 번째 욕구 단계인 생리적 욕구를 충족시키기 위해 식사, 세탁, 청소, 일생생활 활동지원서비스를 들고 있다.

두 번째 욕구 단계인 안전의 욕구를 충족시키기 위해 건강과 관련된 서비스를 나타내고 있는데, 구체적으로 건강검진, 적절한 의료 처치, 간호, 재활치료서비스, 신체적 부양서비스를 제시하고 있다.

세 번째 욕구 단계인 소속과 애정의 욕구 충족을 위해 시설 내에서의 원만한 인간관계와 정서적 나눔을 지원해야 하는데 여기에는 각종 집단활동, 취미활동, 여가활동 등이 속한다.

네 번째 욕구 단계인 자존의 욕구 충족을 위해서 시설 내에서 노인의 자신의 위치와 역할을 확인할 수 있도록 하는 서비스가 필요하다고 하였다. 이를 위해 사회적 재활 서비스를 제공하여 시설에서의 역할 인식과 감당 능력을 배양하여야 하는 것으로 보았다.

다섯 번째 욕구 단계인 자아실현의 욕구를 충족시키기 위해서는 앞 단계의 욕구 충족을 통해 노인이 하고 싶은 일을 하도록 보장하는 서비스가 필요한 것으로 파악하였다. (양옥남 외, 2012)

제3절 재가노인복지서비스의 현황

1. 재가노인복지사업

1) 재가노인복지사업의 발달과정

재가노인복지사업의 주요 발달과정과 내용을 구체적으로 정리하면 다음과 같다(임병우 외, 2008).

첫째, 1980년대 이전까지 무의탁노인을 위한 시설보호 사업이 노인복지정책의 중심을 이뤄왔기 때문에 노인복지법이 제정된 이후에도 몇 년 동안의 시간은 재가노인복지 용어 자체가 낯선 상황이었다. 특히 1981년 노인복지법이 제정될 때 재가노인 서비스에 관한 규정이 전무했고, 다만 1980년대 중반에 접어들면서 일반가정에서도 장기적인 보호를 필요로 하는 고령자의 증가, 가족보호기능의 저하 등 재가노인복지의 필요성이 제기되면서 정부에서도 재가노인을 위한 서비스 필요성을 인식한 정도라 할 수 있다.

둘째, 전체 인구에서 65세 이상 노인인구 비율이 4.5%를 차지하던 1987년 재가노인을 위한 가정봉사원 파견서비스가 도입되었고, 5.0% 수준이었던 1993년에는 본격적으로 제도화되기에 이르렀다. 그 후 5.4% 수준이었던 1996년 최초로 유급 가정봉사원 형태의 서울시 가정도우미제도가 도입됨으로써 비용부담의 이원화가 시작되었다. 1987년 한국노인복지회가 영국 Help Age International의 재정적·기술적 후원으로 가정봉사원서비스제도를 도입하여, 서울시 거주의 생활보호대상자 중 거택보호노인을 대상으로 중앙정부의 예산지원을 받아 시범 사업을 전개하기에 이르렀다. 이 당시 2개의 구세군교회(서울의 영천 영문 및 영등포 영문)의 요원도 참여하여 훈련을 받고 가정봉사원 파견서비스를 시작하였으며, 시범적으로 운영했던 서비스사업이 긍정적으로 평가되자, 1987년 11월부터 실시하여 오던 은천노인상담소(현재의 은천노인복지재단)의 가정봉사원 파견서비스도 중앙정부에 의해 그 다음 해부터 지원을 받게 되었다.

셋째, 1989년 가정봉사원파견사업이 노인복지사업으로 법정화되었던 시기이다. 1989년 6월 보건사회부 훈령 제 458호로 제정된 사회복지관시설운영규정에 의하여 가정봉사원 파견을 통한 목욕서비스, 식사서비스 등 재가노인복지사업이 법정사업으로 규정되기에 이르렀다. 또한 그해 12월에는 노인복지법의 개정을 통하여 '가정봉사사업', '재가노인'이라는 용어를 공식적으로 사용하기 시작하였고, 가정봉사원파견사업을 노인복지사업으로 규정하게 되었다. 이로써 정부가 가정봉사원파견사업을 지원할 수 있는 법적 근거가 마련되었던 셈이다.

넷째, 1991년 가정간호사업이 시작되었으며, 1992년에는 재가노인복지사업으로서 가정봉사원파견사업 외에 주간보호사업(3개소)과 단기보호사업(4개소)이 시범적으로 도입되기도 하였다.

다섯째, 1993년 재가노인복지사업의 개념 및 세부사업이 법정화되었는데, 노인복지법의 개정을 통하여 재가노인복지사업의 개념이 정의되면서 노인복지사업이 제도화되기에 이르렀다. 또한 재가노인복지사업의 세부사업으로 가정봉사원파견사업, 주간보호사업, 그리고 단기보호사업이 명시되기도 하였다. 특히 무급가정봉사원이 요보호노인 등 장애정도가 심한 노인을 대상으로 서비스를 제공하기에는 한계가 있다는 평가가 나옴에 따라 한국노인복지회는 1993년부터 1995년까지 2년 동안 삼성복지재단의 지원을 받아 유급가정봉사원 프로젝트를 시행하게 되었다.

여섯째, 1996년 최초의 유급가정봉사원 제도가 도입되어 파견사업이 진행된 시기이다. 이에 따라 1996년 최초의 유급가정봉사원인 서울시 가정도우미 526명이 서울시로부터 급여(시간급)를 받고 서울시 거주 거택보호노인을 대상으로 서비스를 제공하게 되었다. 같은 해 전국의 가정봉사원 파견시설 33개소에서 시설당 1~2명의 유급가정봉사원 인건비가 정부예산으로 책정되기에 이르렀으며, 이에 힘입어 1996년 유료가정봉사원 활동이 본격적으로 시작되었다.

일곱째, 1997년 가정봉사원양성교육사업이 추가되었고 재가노인복지시설이 법정화된 시기이다. 특히 노인복지법이 개정되어 가정봉사원파견사업, 주간보호사업, 단기보호사업 외에 가정봉사원양성교육사업을 재가노인복지사업에 추가하게 되었다.

여덟째, 1999년 재가노인복지 시설의 인력 및 운영에 관한 기준과 설치신고는 보건복지부령으로 정한다는 규정이 개정되었다.

아홉째, 2007년 8월에는 노인장기요양보험법 제정에 의한 재가노인복지서비스의 명칭을 가정봉사원파견시설, 주간보호시설, 단기보호시설에서 방문요양서비스, 주 · 야간보호서비스, 단기보호서비스, 방문목욕서비스로 개편하였으며, 요양보호사의 자격을 법제화하였다.

열 번째, 2010년 4월 기존의 가정봉사원파견사업에 준하는 재가노인지원서비스가 신설되어 그나마 공공서비스로서의 재가노인복지사업이 존속되는 계기를 마련하였다.

2) 재가노인복지사업의 개념

재가노인복지라는 용어는 관점에 따라 다양하게 재가노인복지, 재가노인복지사업, 재가노인복지서비스 등으로 혼용되어 사용되고 있다.

재가노인(在家老人)의 개념은 다양한 관점에서 논의될 수 있지만, 일반적으로 1950~1960년대 영국과 미국에서 처음 사용되면서 시설거주 노인에 대비되는 개념으로서 이해되고 있다. 즉, 자녀와 떨어져 시설에서 수용되어 있는 서구 노인들의 경우 탈시설화(deinstitutionalization)와 더불어 지역사회보호(community care)를 받는 노인이란 의미로 사용되고 있다.

재가노인복지는 재가노인을 집(home)이나 지역사회(community) 차원에서 보호하고 서비스하는 것을 의미한다. 그러므로 단순히 'Home Care'나

'Community Care'만으로 표현하기에는 부적당한 개념이다. 물론 어느 영역에 더 비중을 두는가에 따라서는 어느 한쪽이 다른 한쪽의 의미에 포괄될 수 있으나 'Home and Community Care'로 표현하는 것이 재가노인복지의 이념적 용어에 더 적합하다. 왜냐하면 재가노인복지는 시설복지와는 상대적인 개념으로 가족이나 지역사회주민 그리고 전문적 서비스 인력에 의해서 재가 혹은 지역사회 중심의 서비스를 전개하는 것을 의미하기 때문이다.

현재 노인을 위한 재가노인복지사업은 1993년 12월 노인복지법의 개정을 통하여 가정봉사원파견사업, 주간보호사업, 단기보호사업 중의 어느 하나 이상의 사업을 제공함을 목적으로 하는 사업으로 개념이 정의되면서, 제도화되었으며, 일상생활 수행에 불편이 있는 심신이 노쇠한 고령자들의 가정에 필요한 각종 서비스를 제공하여 가정이나 지역사회 안에서 정상적이고 안정된 생활을 영위할 수 있도록 하는 것이 목적이다.

3) 재가노인복지시설의 종류

(1) 방문요양서비스

가정에서 일상생활을 영위하고 있는 노인으로서 신체적·정신적 장애로 어려움을 겪고 있는 노인에게 지역사회 안에서 건전하고 안정된 노후를 영위하도록 장기요양요원(요양보호사)이 가정을 방문하여 신체활동 및 가사활동 등 필요한 각종 서비스를 제공한다.

(2) 주·야간보호서비스

부득이한 사유로 가족의 보호를 받을 수 없는 심신이 허약한 노인과 장애노인을 주간 또는 야간 동안 보호시설에 입소시켜 필요한 각종 편의를 제공하여 이들의 생활안정과 심신기능의 유지·향상을 도모하고, 그 가족의 신체적·정신적 부담을 경감한다.

(3) 단기보호서비스

부득이한 사유로 가족의 보호를 받을 수 없어 일시적으로 보호가 필요한 심신이 허약한 노인이나 장애노인을 보호시설에 단기간 입소시켜 보호함으로써 노인 및 노인가정의 복지증진을 도모하기 위한 서비스를 제공한다.

(4) 방문목욕서비스

목욕장비를 갖추고 재가노인을 방문하여 목욕서비스를 제공한다.

(5) 재가노인지원서비스

노인복지법의 방문요양서비스와 장기요양보험법의 방문요양서비스의 내용이 부분적으로 달라 발생하는 혼동을 방지하기 위해, 노인복지법의 방문요양서비스와 노인장기요양법의 방문요양서비스의 내용을 동일하게 하고 지역의 재가노인복지에 사각지대가 발생하지 않도록 2010년 4월 재가노인지원서비스를 신설하였다.

서비스의 내용으로는 일상생활 지원, 노인생활 및 신상에 관한 상담, 재가노인 및 보호자의 교육, 무의탁노인 후원을 위한 결연 및 연계지원, 여가활동 지원, 주거환경개선 지원, 긴급지원, 시·군·구의 위탁을 받은 사업, 그 밖에 지역의 재가노인복지사업으로 방문요양서비스 이외의 서비스를 제공한다.

2. 재가복지봉사센터

재가복지봉사센터는 지역사회에서 시설과 전문인력 및 자원봉사자를 갖추고 필요한 재가복지서비스를 제공하는 사회복지시설을 말한다. 재가복지봉사센터는 가정에서 보호를 요하는 장애인, 노인, 소년소녀가정, 한 부모 가정 등 가족기능이 취약한 저소득층, 소외 계층과 국가유공자, 지역사회 내에서 재가복지서비스를 원하는 사람에게 가사, 간병, 정서, 의료, 결연 등의 사회복지서비스를 제공하는 것을 사업의 목적으로 한다(보건복지부, 1992: 288).

첫째, 적극성의 원칙으로 서비스 대상자의 요청을 기다리지 않고 적극적으로 서비스 요구를 발굴하여 필요한 서비스를 제공하여야 한다.

둘째, 능률성의 원칙으로 최소의 비용으로 최대의 효과를 거두기 위해 인적·물적 자원을 효율적으로 운영하여야 한다.

셋째, 연계성의 원칙으로, 다양한 서비스 욕구를 적절히 충족시키기 위해 행정기관, 자원봉사단체 등 관련 기관과 수시 연계체계를 갖추고 알선, 의뢰, 자원봉사 등을 수행해야 한다.

넷째, 자립성의 원칙으로 요보호대상자에 대한 서비스는 본인의 신체적·정신적·사회적 자립 및 자활을 조성하는 데 주안점을 두어야 한다.

참고 | 재가복지봉사센터의 역할과 기능

첫째, 조사, 진단의 역할이다. 재가복지서비스 대상자 및 가정의 욕구 조사와 문제의 진단 등을 통해 필요한 서비스의 종류를 선정한다.

둘째, 서비스 제공의 역할이다. 재가복지서비스 대상별 측정된 욕구와 문제의 진단내용에 따라 직·간접적 서비스를 제공한다.

셋째, 지역사회 자원 동원 및 활용의 역할이다. 재가복지서비스의 내실화와 대상자 및 가정의 욕구와 문제해결을 위해 지역사회의 인적·물적 자원을 동원, 활용한다.

넷째, 사업 평가의 역할이다. 재가복지서비스 사업을 평가하기 위해 서비스 기능, 분야별 효과, 자원 동원 및 활용 효과 등에 관해 자체 평가하고 그 결과가 사업에 활용되도록 한다.

다섯째, 교육기관의 역할이다. 자원봉사자 및 지역사회 주민에게 재가복지사업, 사회복지 사업 및 취미, 교양 등에 관한 교육을 제공한다.

여섯째, 지역사회 연대의식 고취의 역할이다. 지역사회 내 인적·물적 자원 연계를 통한 계층 간의 연대감을 고취시킨다. 재가복지서비스의 대상자가 저소득층으로 제한되어 있고, 재가복지를 위해 필수적으로 요구되는 이용시설은 마련되지 않고 있으며, 인력도 주로 자원봉사자에 의존해 있는 점이 현재 문제점으로 지적되고 있다. 이러한 상황에서 대인복지서비스에서는 실천가의 방법에 따라 프로그램의 성패가 좌우되기 때문에 재가복지사업을 성공적으로 달성하기 위해서는 이 업무를 담당할 전문가가 누구이고, 이들의 핵심적 과업은 무엇이며, 어떻게 전개해 나갈 것인지가 중요하다고 강조하고 있다.

재가노인, 재가장애인의 경우 어떠한 욕구를 갖고 있는지를 상세히 사정하고, 서비스 계획, 이행, 모니터링, 재사정하는 일련의 전문적 사례관리의 과정이 필요하다고 볼 수 있다(김만두, 1993: 38-41).

3. 재가복지서비스의 현황(2010년 말 기준)

(단위: 개소, 명)

종류	시설	2010		2009		2006	
		시설 수	입소정원	시설 수	입소 정원	시설 수	입소정원
재가노인 복지시설	방문요양서비스	1,118		1,228		523	42,832
	주・야간보호서비스	786	14,086	714	12,768	409	6,557
	단기보호서비스	67	706	288	3,950	113	1,407
	방문목욕서비스	525		466			

자료: 보건복지부(2011).

4. 재가복지서비스의 문제점과 개선방안

현행 재가복지서비스의 개선방안은 적용대상 노인의 제한, 서비스 내용의 질적・양적 제한, 전달체계 및 전문인력의 부족, 홍보부족으로 인한 지역주민의 참여 미흡 등으로 요약할 수 있다.

첫째, 재가 노인복지서비스를 확대해야 한다.

둘째, 제공되는 서비스는 수혜자의 욕구를 파악하여 좀 더 실질적으로 효과적으로 변해야 한다.

셋째, 재가복지 전달 체계의 개선을 통해 전문인력의 확보가 시급하다.

넷째, 재정확보를 위해 국가 및 주민들이 노력해야 한다.

1) 역할 재정립을 위한 실천적 제안

(1) 사회복지가치를 실천하는 재가노인복지현장

재가노인복지시설의 역할 재정립을 위한 가장 중요한 선결 조건은 사회복지의 고유 가치와 철학을 회복하는 것에서 시작되어야 할 것이다. 이것이야 말로 민간 재가장기요양기관과 가장 확실히 차별을 두는 것으로 우리 본연의 모습을 찾는 것이다.

재가노인복지시설의 가치를 사회복지사의 윤리강령에 준하여 소개하면 다음과 같다.

어르신의 권익옹호를 최우선의 가치로 삼고 행동한다.

어르신에 대하여 인간으로서의 존엄성을 존중해야 하며, 전문적 기술과 능력을 최대한 발휘한다.

어르신이 자기결정권을 최대한 행사할 수 있도록 도와야 하며, 어르신의 이익을 최대한 대변해야 한다.

어르신의 사생활을 존중하고 보호하며, 직무 수행과정에서 얻은 정보에 대해 철저하게 비밀을 유지해야 한다.

어르신이 받는 서비스의 범위와 내용에 대해, 정확하고 충분한 정보를 제공함으로써 알 권리를 인정하고 존중해야 한다.

문서・사진・컴퓨터 파일 등의 형태로 된 어르신의 정보에 대해 비밀보장의 한계와 정보를 얻어야 하는 목적 및 활용에 대해 구체적으로 알려야 하며, 정보 공개 시에는 동의를 얻어야 한다.

재가노인복지시설의 이익을 위해 클라이언트와의 전문적 관계를 이용하여서는 안 된다.

재가노인복지시설은 노인복지 증진을 위한 환경조성에 어르신을 동반자로 인정하고 함께 일해야 한다.

(2) 서비스 질 확보를 위한 사례관리(Care Management) 강화

사례관리는 전통적인 사회복지실천 방법의 모든 측면을 통합한 것으로서, 다양하고 복합적인 욕구를 가진 클라이언트를 대상으로 그들의 욕구를 충족시키고 사회적 기능을 향상시키기 위하여 고안된 사회복지실천의 접근방법이다. 특히 이 방법은 사례관리자와 어르신의 협력을 통하여 개발한 보호계획을 바탕으로 어르신의 장기보호의 욕구를 충족시키고, 어르신 지원망의 기능적 능력을 향상시키거나 극대화시키며, 연속적이고 포괄적인 서비스의 제공과 서비스의 조정을 통하여 효과적이고 효율적인 서비스의 전달을 촉진하고 보장하는, 사례관리자와 어르신 사이의 전문적 관계에 기초한 대인서비스의 과정이다(이근홍, 2006).

민간 재가장기요양기관이 영리를 목적으로 장기요양서비스 전달체계를 혼탁케 함으로써 재가노인복지시설도 생존의 차원에서 어르신의 사례관리보다는 운영적인 측면과 대상자 개발과 홍보적인 측면에 더 주력한 것도 사실이다. 물론 노인복지현장도 예전과 달리 경영마인드와 마케팅의 기술이 있어야 함을 인정하지만 우리 본연의 사회복지마인드를 망각하면서까지는 아닐 것이다.

우리나라 장기요양보험제도에서는 사례관리를 주도하는 케어매니저가 없다. 그럼 사례관리를 공단직원에게 맡겨야 하는가? 현재 장기요양을 맡고 있는 공단직원의 업무와 전문적 능력의 부재 속에서는 어르신의 통합적 관리 모델인 사례관리를 실시할 수 없음을 자타가 인정하고 있다. 공단에서 발급하는 표준장기요양이용계획서의 내용이 부실하여 그것만으로는 어르신에게 적합한 서비스를 제공할 수가 없다.

서비스 질을 확보하고 민간 재가장기요양기관과의 차별화를 통한 소비자의 선택을 위해서는 우리 고유의 장점인 사례관리를 실시해야 할 것이다.

(3) 다기능 복합시설 지향

장기요양대상자들의 욕구는 다양하다. 즉, 현재의 장기요양 1~3등급 어르신은 방문요양도 필요하며, 보호자들의 부양 부담을 줄어주기 위한 주야간보호와 단기보호도 필요하며, 방문목욕과 방문간호, 복지욕구 모두가 필요한 상태이다.

시설운영적인 측면에서도, 보조금 없이 장기요양수입만으로 시설을 운영하기 위해서는 단독시설과 규모의 경제원리가 적용되지 않는 소규모의 시설로는 운영에 매우 어려움이 많을 것이다.

이에 여건이 허락하는 범위 내에서 최대의 정원을 확보하고, 다양한 재가장기요양서비스를 구비하여 서비스의 포괄성을 통해 대상자의 욕구 충족과 누수를 막아야 할 것이다.

(4) 지역사회 자원 연계망의 복원 및 활용

어르신들의 다양한 욕구에 대응하여 다양한 지역사회 자원을 연계하는 것은 사례관리의 핵심이며, 장기요양서비스의 고비용을 억제하며, 등급 내 진입에 대한 예방적 차원에서 무엇보다 중요하다.

이를 위해서 일차적으로 먼저 재가노인복지협회 회원 시설들 간의 연계를 위해 어르신의 삶의 질 향상과 어르신의 자기결정권을 존중하는 가운데 시설 간의 상생정신이 필요하다. 그리고 지역사회 민관 사회복지관련 기관과의 연찬회 및 정보교류를 통한 공식적 자원망도 회복해야 할 것이다.

비공식 자원의 자원봉사자 및 후원자 개발은 장기요양 등급외자이면서, 저소득층, 소외계층이 주 대상자인 재가노인지원사업을 중심으로 한다면 충분한 동기부여가 되어 어려움이 없을 것으로 생각된다.

(5) 전문성 확보를 위한 사회복지사 고용 유지와 상근요양보호사의 확대

대인서비스의 질은 결국 누가 서비스를 제공하는가에 달려 있다. 현재 장기요양보험제도의 인력기준을 살펴보면 사회복지사가 없어도 되거나 아니면 필요 수, 그나마 있어도 1명으로 되어 있다. 하지만 어르신들을 위한 사회복지 가치와 철학을 가진 인력, 사례관리를 수행할 수 있을 만큼의 전문성을 확보한 인력, 지역사회 자원 연계망을 구축할 수 있는 인력은 사회복지사가 가장 적격일 것이다.

재가노인복지시설들이 사회복지사의 인건비가 부담스러워 법적인 기준 정도의 인력기준만을 가져간다면 재가노인복지시설의 전문성과 역할은 민간 재가장기요양기관과 별반 차이가 없을 것이다.

서비스 질을 확보하는 또 다른 방법은 상근요양보호사의 확대이다. 보건복지부의 상근인력 기준은 월급제가 아닌 1일 8시간, 월 20일 이상 근무하는 것을 의미한다. 사례관리를 함에 있어 어르신과 접점에 있는 요양보호사는 시급형태의 운영으로서는 어르신들의 욕구변화에 민감하게 대응하는데 한계가 있을 수밖에 없다. 요양보호사가 월급제로 상근하면서 사례관리자와 함께 출퇴근이 이루어진다면 어르신에 대한 서비스 책임성도 향상될 것이고, 전문적 교육훈련 또한 가능해져 서비스의 질적인 향상에 많은 도움이 될 것이다.

최근 사회복지사 자격을 동시에 갖고 있는 요양보호사들이 많이 있다. 가능하다면 이런 분들이 상근요양보호사로 활동한다면, 어르신을 위한 가치 실천과 사례관리 등의 전문성이 더욱 증대될 것이다.

(6) 경영 및 마케팅 전략 개발 및 소비자 만족을 위한 친절 향상

장기요양보험제도 안에서 재가노인복지시설은 어쩔 수 없이 민간 재가장기요양기관과 무한 경쟁을 할 수밖에 없다. 따라서 우리의 서비스를 적극적으로 알리고 더 많은 고객이 우리의 서비스를 이용하도록 하는 경영과 마케팅 전략이 있어야 한다.

개별 시설 차원에서는 경영과 마케팅 전략을 개발하고 도입하기가 쉽지는 않을 것이다. 하지만 우리에게는 사회복지사협회와 사회복지협의회, 재가노인복지협회라는 비빌 훌륭한 언덕이 있다. 협회에서는 사회복지와 노인복지의 최근 동향에 맞추어 관련 교육을 준비하고 제공한다.

참고문헌

김준환(2001). 고령사회에 있어서의 재가노인복지체계에 관한 연구. 고려대학교 대학원 석사학위논문.

보건복지부(2010). 보건복지백서.

양옥남 외(2012). 노인복지론 제2판. 공동체.

Stoller, E. P.(1989). Formal Services and Informal Helping : The Myth of Service Substitution. *Journal of Gerontology 8*, 37-52.

Chapter 08

노인복지실천의 이해

제1절 노인복지실천현장의 이해

1. 노인복지실천

1) 노인복지실천의 개념

사회복지실천은 사회복지의 가치, 원칙, 기술로 이루어져 있으며, 다음과 같은 목적을 갖는다. 즉, 클라이언트가 실제적 서비스를 제공받을 수 있도록 돕고, 개인, 가족, 집단과 상담하거나 심리치료를 제공하며, 지역사회가 보건복지서비스를 개선할 수 있도록 돕는 것에 있다(NASW, 2004).

사회복지실천의 구성과 목적에서처럼 노인복지실천도 이루어지는데 그 실천 대상이 노인 클라이언트로 국한된다는 점에서 차이가 있다. 따라서 노인복지실천이란 노인을 대상으로 사회복지실천의 가치, 원칙, 기술을 적용하여 노인이 인간다운 삶을 영위할 수 있도록 사회복지서비스를 제공하는 방법을 의미한다. 그러므로 노인이 자신의 노년기와 사회에 잘 적응할 수 있도록 도움을 제공함은 물론 노인 스스로가 필요한 자원에 접근할 수 있도록 하고, 문제해결을 위해 잠재적으로 가지고 있는 역량을 발휘할 수 있도록 강화시켜 주는 것까지를 포함한다고 볼 수 있다.

최근 사회복지실천에서 노인을 대상으로 한 사회복지실천에 관심이 커지고 있다. 사회복지교육협의회에서는 노인복지실천에 관한 과목 구성을 어떻게 할 것인지에 관심을 가지고 있으며, 실제로 사회복지실천의 중요한 영역으로 교과과정을 개발하고 있다.

미국의 사회복지사협회에서도 전문영역으로서 노인복지실천에 대해 강조하고 있으며, 과거에 아동과 청소년 및 가족에 대한 강조에서 노인복지실천에 대한 관심으로 초점이 이동하고 있음을 알 수 있다. 이는 노인인구의 급격한 증가와 함께 급증하는 노인의 욕구와 복지에 대처하기 위한 필요성에서 비롯되었다고 볼 수 있다.

2) 노인복지실천의 대상 및 목적

(1) 노인복지실천의 대상

모든 노인

(2) 노인복지실천의 대상 구분(신체적 기능)

우선적으로 그 대상을 노인의 신체적 기능 상태에 따라 구분

① 전기노인

- 65세부터 74세 이전의 전기노인
- 활동에 전혀 지장이 없는 노인

② 후기노인

- 75세 이상의 후기노인
- 활동에 지장이 있는 노인

(3) 노인복지실천의 목적

1994년 미국사회복지교육협의회(CSWE)에서는 사회복지실천의 목적을 다음과 같이 제시하였다. 첫째, 개인, 가족, 집단, 조직 그리고 지역사회가 목적을 달성하고 고통을 완화시키며 자원을 활용할 수 있도록 도움으로써 이들의 사회기능을 촉진, 회복, 유지, 향상시키는 것이다.

둘째, 인간의 기본욕구를 충족시키고 인간이 갖고 있는 잠재력 및 가능성 개발을 돕기 위해 필요한 사회정책, 서비스, 자원 그리고 프로그램을 계획, 공식화, 시행하는 것이다. 셋째, 곤궁에 처한 집단에게 힘을 실어주고(권한부여), 사회적, 경제적 정의를 실현하기 위해 조직, 행정적 옹호와 사회정치적 운동을 통해 정책, 서비스, 자원 그리고 프로그램을 추구하는 것이다. 넷째, 이러한 목적과 관련된 모든 전문적인 지식과 기술을 개발하고 시험하는 것이다.

① 전기노인

- 74세 이전의 활동이 왕성한 노인에 대한 노인복지실천의 목적은 이들이 건강하게 노후를 보내기 위해 필요한 서비스와 자원이 무엇인지를 파악하여 이들이 가지고 있는 욕구를 충족시켜 주고, 이들이 가지고 있는 자원을 사회에 제공할 수 있도록 하는 것이다.
- 예를 들어, 신체활동이 가능한 노인이 보람된 노후를 보내려는 욕구 충족을 위해 자신이 그동안 쌓아 왔던 삶의 지식과 기술을 젊은 사람들이나 같은 또래의 노인들을 위해 활용하면서 활동적 노후를 보내도록 할 수 있다.
- 최근 노인복지관을 이용하는 젊은 노인들이 급격히 증가하고 있지만, 이들의 욕구를 모두 충족시키기에는 노인복지관의 수가 부족한 형편이다. 따라서 이들에 대한 욕구 충족과 함께 이들의 에너지를 사회에 대한 시너지로 전환하기 위해 다방면의 사회복지 실천적 노력이 이루어지고 있다.

② 후기노인

- 다음으로 75세 이상의 후기노인들로 활동에 지장이 있는 경우, 노인복지실천의 목적은 점점 쇠퇴해 가는 신체적 기능을 가능한 한 유지하도록 하는 한편 기능이 쇠퇴한 노인을 지역사회에서 어떻게 보호하는지에 관심을 가지고 이루어진다.

여기서 노인복지실천은 노인이 인간으로서의 존엄성과 독립성을 유지하면서 노년 후기의 삶에 적응하고, 자신의 삶을 주도적으로 영위할 수 있도록 돕는 것에 그 목적이 있다.

이러한 노인의 경우 '장기요양보호'의 관점에서 지역사회보호와 시설보호의 연결선상에서 사회복지서비스 제공의 선택과 가능성이 논의되고 있다.

(4) 노인복지실천의 대상 구분(경제적 능력)

- 다음으로 노인복지실천의 대상을 경제적 능력에 따라 구분해 볼 수 있는데, 일반적으로 그 대상을 경제적 능력이 전혀 없는 기초생활보장 대상 노인으로 독거하고 있는 노인이나 부부가 함께 지역사회에서 생활하고 있는 노인으로 본다.
- 이러한 노인의 경우, 국가적 지원이나 도움이 없이는 생활하기 어렵기 때문에 이들이 가지고 있는 경제적·신체적·심리적 문제에 적극적으로 개입하여 문제를 해결하기 위한 노력을 기울이게 된다.

3) 노인복지서비스 제공자

노인복지서비스 제공자는 사회복지사 자격증 1급과 2급을 가지고 있는 전문가로 구성되어 있다. 아직까지 노인복지에 대한 전문적 자격제도는 정립되지 않은 실정이다.

최근 노인복지서비스가 분야가 분화되어 케어복지사나 노인복지사 자격증에 대한 논의가 진행되고 있는 것은 사실이지만, 아직 제도화되고 공인된 자격증은 없다. 따라서 사회복지사로서 노인 분야에서 서비스를 제공한 경험이 있는 전문가들이 노인복지서비스의 주된 제공자가 될 수 있다.

미국의 경우도 노인복지 분야의 전문가 양성에 관심을 가지고 다양한 방법을 모색하고 있는 상황으로, 고령사회에 걸맞은 사회복지실천의 방법을 모색함은 물론 그에 맞는 전문가 육성을 위해 고심하고 있다는 맥락에서 우리나라와 비슷한 실정이라 할 수 있다.

4) 노인복지실천을 위한 지침

노인복지서비스 제공자인 사회복지사는 노인의 특별한 욕구에 사회복지 기법과 접근을 적용하여야 한다.

쉐퍼와 동료들(Sheafor et al., 1998)은 노인을 돕는 사회복지사가 가져야 할 지침으로 다음과 같은 사항을 강조하였다.

① 노인 클라이언트를 존중하여야 한다.

- 사회복지사가 가져야 할 가장 중요한 시각이다. 노인에 대한 노령차별의 시각에서 탈피하여야 하며, 일반적으로 노인은 낮은 자아존중감을 가지고 있을 것이라는 잘못된 고정관념에서도 벗어나야 한다.
- 노인의 자율성을 높이 평가해야 한다. 노인 스스로 개입방법을 찾을 수 있도록 도와야 한다.
- 노인도 프라이버시에 대한 욕구가 있음을 살펴야 한다.
- 노인의 개인적 역사를 이해해야 한다. 당시의 역사적 사건에 대한 이해를 바탕으로 노인의 경험을 존중하여야 한다. 예를 들어 노인 시대의 음악, 영화 등을 이해하는 것이 좋다.

② 노인의 강점을 파악한다.

- 노인을 병리적으로 보기보다 능력의 관점에서, 부정적보다는 긍정적으로 파악하는 것이 중요하다. 사회복지사는 문제를 해결해 주는 사람이 아니라 노인 스스로가 자신의 문제를 해결해 가도록 도와주는 사람이지 정답을 제시하는 사람이 아니다. 노인에게 있어 강점은 다음과 같은 것이 될 수 있다.

- **인생을 오래 산 지혜**
  인간에 대한 깊은 이해, 사회적 관계에 대한 지식, 삶의 불확실성에 대한 이해 등이다. 에릭슨(1963)의 통합의 시기가 여기에 해당된다.
- **탄성력과 적응력**
  어려운 상황에 대한 대처능력과 극복 능력이다.
- **통제감**
  노년기는 모든 인생의 경험이 결합된 중요한 시기로서 이에 대한 통제 능력이다.

③ 대부분의 노인은 자신의 독립성을 유지하고자 한다.

- 노인이 되면서 주위의 중요한 많은 사람들을 잃게 된다. 이때 노인들은 대처 기제로 완전하게 독립적이 되고자 함으로써 서비스 제공에 대한 저항을 느낄 수 있다.
- 사회복지사는 이러한 상황을 이해하고 노인 클라이언트가 최대한 통제력을 가지고, 독립성을 유지할 수 있도록 도와야 한다. 치료적 관계 형성 이전에 노인의 친구로서 비공식적 관계를 통해 대화하는 것이 중요하다.

④ 시력과 청각 손실로 인한 어려움을 고려하여 가능하면 메시지를 명확하게 반복적으로 말하는 것이 중요하다.

- 비언어적 의사소통은 특히 청각을 손실한 클라이언트에게 보충적 방법으로 매우 중요하다. 면접의 보조는 점차 늦어지는 것을 감안해야 한다.
- 또한 노인의 에너지 한계로 면접 시간에 제한을 받을 수 있으므로 시간 조절에 주의해야 한다.

⑤ 노인학대와 방임, 특히 자기방임의 지표에 주의를 기울인다.

- 학대와 방임의 지표에는 모호하거나 방어적인 태도로 설명하는 화제, 절단, 치료받지 않은 상처, 타박상 등이 속한다.

- 날씨에 맞지 않는 옷차림을 하거나, 적절하지 않은 시간이나 위험한 장소에서 방황하고, 우유, 신문, 그 밖의 배달물을 수거하지 않고, 비정상적 행동 혹은 이동의 흔적이 전혀 없으며, 주거환경에서 불쾌한 냄새가 나는 것 등이다. 정신질환을 가진 보호자와 함께 있고, 기본적 욕구가 충족되지 않는 것에 대해 주의를 기울여야 한다(양옥남, 2012).

제2절 노인복지실천의 과정

1. 노인복지실천의 과정

1) 접수면접과 관여

(1) 사회복지실천의 질

사회복지사와 노인 클라이언트의 첫 대면에서 무엇보다 중요한 것은 신뢰관계의 형성이다. 사회복지실천의 질은 사회복지사와 클라이언트의 접촉의 강도에 의해 좌우되므로, 일반 사회복지실천에서와 마찬가지로 관계는 매우 중요한 역할을 하게 된다.

(2) 관계 형성

클라이언트와 사회복지사 간의 관계 형성과 관계의 질이 긍정적 변화를 가져오는 요소임을 재확인하였으며, 관계에는 주로 연령, 성별 등의 개인적 특성이 영향을 미치는 것으로 보았다.

단기 면접의 경우 이러한 특성이 영향을 미치지만 장기적 개입을 해야 하는 클라이언트의 경우 사회복지사와 클라이언트의 특성의 차이가 크게 영향을 미치지 않는다.

(3) 장기적 개입이 필요한 클라이언트

무엇보다 신뢰감을 형성하는 것이 가장 중요한 요소로, 긍정적 라포가 형성될 수 있도록 사회복지사는 클라이언트가 마음을 편하게 갖고 이야기할 수 있는 환경을 마련해 주어야 한다.

클라이언트의 기대와 관심을 확인하고, 면접과정 동안의 상호 역할과 책임성, 상담과 원조의 방법, 한계 등에 대해 논의해야 한다.

2) 접수수집과 과정

(1) 노인 클라이언트에 대한 사정

노인 클라이언트에 대한 사정은 객관적 정보를 수집하고, 노인 클라이언트의 욕구를 파악하여 문제를 사정하는 단계이다.

사정은 노인 클라이언트의 건강, 사회심리적 기능, 인지 능력, 재정, 환경, 사회적 지지, 욕구 등을 사정 도구를 통해 구체화하는 과정이다(Holt, 2000).

(2) 사정을 위한 자료수집

사정을 위한 자료수집은 과학적 방법에 의해 이루어져야 하며, 객관적 자료가 수집되어야 한다.

문제 체크리스트나 다양한 척도, 검사 도구 등을 활용하거나, 직접 혹은 간접 관찰 방법을 활용할 수 있다.

노인의 경우 관련된 그림이나 가계도 등의 간편한 도구, 비디오 등을 활용하거나, 회상적 대화를 통해 많은 정보를 수집할 수 있다.

클라이언트와 언어적·비언어적 의사소통 과정을 통해 사회복지사는 클라이언트의 표면적 문제와 정서적 문제를 인지해야 한다.

이때 사회복지사는 경청과 공감 등의 기술을 사용할 수 있다. 중요한 점은 사정이 사회복지실천에서 첫 단계로 끝나는 것이 아니라 사회복지사가 클라이언트를 다루는 동안 지속적으로 진행되는 과정이라는 점이다.

(3) 사정

사정은 어떤 서비스를 제공할 것인지를 결정하는 단계이다. 임상적 사정은 클라이언트에게 제공될 서비스의 유형과 양을 결정한다. 주기적 사정을 통해 치료의 계속, 중단, 전환을 결정해야 한다.

(4) 노인 클라이언트에 대한 사정의 영역

① 클라이언트의 능력과 대인서비스 욕구에 대한 사정

- 교육 정도와 취업 경험, 사회 활동 정도, 문제해결 능력과 의사 결정 능력, 개인적 자질과 성격, 물리적·재정적 자원소유, 문제해결에 대한 동기와 의지 등에 대한 영역이다.
- 이에 더해 클라이언트의 영양상태, 신체적 활동능력 등의 건강상태에 대해서도 파악해야 한다.
- 이때 노인의 과거의 경험을 통해 형성해 온 지혜 등 강점을 파악하기 위한 노력도 필요하다.

② 클라이언트의 사회적 망과 이러한 망 구성원들이 클라이언트의 욕구에 부응하는 능력에 대한 사정

- 여기에서는 비공식적 원조자들을 발굴하는 노력과 더불어 클라이언트들이 관계하고 있는 사회적 지지체계에 대한 사정이 이루어져야 한다.
- 특히 사회적 망에 대한 사정은 환경 속의 인간을 강조하는 사회복지실천에서 매우 중요한 영역으로 간주된다.
- 이 시기 노인 클라이언트의 배우자, 형제, 다른 동료 등의 상실에 대해서도 주의를 기울일 필요가 있다.

③ 대인서비스 제공자에 대한 사정과 이러한 제공자들이 노인 클라이언트의 욕구에 부응하는 능력에 대한 사정

- 노인 클라이언트의 욕구와 자원 제공자의 욕구가 일치하는지를 파

악하여야 하며, 만일 일치하지 않는다면 이러한 욕구들을 일치시킬 수 있는 방법들을 사정하는 것이 중요하다.

④ 1차적 보호의 제공자에 대한 사정

- 1차적 보호의 제공자에 대한 사정이 동시에 이루어져야 한다. 특히 1차적 보호의 제공자가 직장을 갖고 있거나 아동을 양육해야 할 환경에 있다면 이들의 부담에 대해 파악하여야 한다.
- 주의해야 할 점은 노인의 가족과 노인이 함께 생활하고 있는 사람들에 대한 사정으로, 노인 자신에 대해서만이 아니라, 배우자와 부부의 기능을 수행하고 유지하며, 심리사회적으로는 쇠약하지 않은지에 대해 주의를 기울여야 한다.

3) 서비스 계획 및 실행

(1) 서비스 계획

클라이언트의 욕구 충족을 위한 목적을 발전시키는 과정이며, 이러한 목적을 성취하기 위한 서비스를 구체화하는 과정이다. 즉, 드러난 문제들 가운데 해결할 수 있는 표적 문제를 정하고, 이에 대한 대안을 클라이언트와 함께 모색하는 단계이다.

이때 문제를 풀어가기 위해서는 사회복지사와 노인 클라이언트가 함께 일하는 과정이 강조된다. '지금, 여기에서' 다룰 수 있는 문제인지에 대해 합의해야 하며, 노인의 역할이 충분이 반영되도록 해야 한다.

서비스 계획은 사회복지사의 전문적 판단과 실천적 경험에서 수립되며, 욕구 사정이 이루어진 후 특정한 서비스의 목표를 정립하게 되면서 이루어진다.

(2) 서비스 목표의 종류

대개의 경우 목표는 장기와 단기로 나누어 수립하고, 장기 목표는 단기 목표의 달성 하에 궁극적으로 희망하는 상태를 나타내게 된다.

따라서 단기 목표는 클라이언트의 현재 욕구 충족이나 위기 상황을 해결하기 위한 직접적 목표가 된다. 클라이언트와 사회복지사는 장기 목표 또는 단기 목표 중 어디에 초점을 둘 것인지를 결정해야 한다.

대개의 경우 클라이언트는 빨리 문제 상황에서 벗어나기를 원하기 때문에 단기 문제의 해결로 끝나지 않는 경우도 많다.

(3) 서비스 계획 과정에서 목표를 설정하기 위해 주의해야 할 점

① 목표설정의 의의(가치)와 중요성

㉠ 사회복지사와 클라이언트가 달성하고자 하는 목표에 대하여 서로 합의하고 확인하게 해준다.

㉡ 원조과정이 방향성과 지속성을 잃지 않도록 불필요한 혼란을 방지해 준다.

㉢ 적절한 개입전략과 개입방법의 개발과 선택을 용이하게 해준다.

㉣ 사회복지사와 클라이언트가 변화의 진전 수준을 점검할 수 있게 해준다.

㉤ 구체적 개입방법과 원조과정의 효과성을 평가하는 데 기준이 된다.

② 목표설정을 위한 지침

㉠ **목표는 클라이언트에게 중요한 것으로서 클라이언트가 바라는 결과와 관련된 것이어야 한다**: 사회복지사에 의해 일방적으로 설정된 목표는 협조를 얻기 힘들고 저항이나 조기종결문제가 따르게 된다.

㉡ **목표는 명시적이며 측정 가능한 용어로 진술되어야 한다**: 구체적인 행동 중심적 목표는 개입이 성공적인지에 대하여 쉽게 평가할 수

있고 클라이언트는 진행 과정을 평가하는 데 도움이 되어 성공을 즉각적으로 인정할 수 있게 해준다.

㉢ 목표는 내담자의 생활에서 현실적이고 성취 가능한 것이어야 한다: 클라이언트의 능력과 환경적 제약조건을 고려하여 성취 가능한 목표를 설정할 필요가 있다. 이를 위해 목표는 작은 것이 좋으며, 변화의 시작에 목표를 두게 되면 성취할 수 있는 가능성이 높아진다.

㉣ 목표설정은 사회복지사의 지식과 기술에 적절한 것이어야 한다: 사회복지사 자신의 능력에 넘치는 문제에 대하여는 다른 전문가에게 의뢰해야 하며, 만약 관련 전문가의 수퍼비전을 받을 수 있다면 목표를 세우고 개입하는 것은 가능하다. 그러나 이때에는 자신의 능력을 클라이언트에게 알리고 동의를 얻도록 해야 한다.

㉤ 목표는 가능하다면 성장 지향적인 긍정적 용어로 진술되어야 한다: 부정적인 행동을 하지 않기보다는 대신에 클라이언트가 할 수 있는 긍정적인 행동을 더 할 수 있도록 도움으로써 성취감을 높일 수 있다.

㉥ 사회복지사는 클라이언트의 목표가 자신의 가치철학과 대치되는 경우에는 목표에 동의하지 않아도 된다.

㉦ 목적은 기관의 기능과 일치해야 한다.

이 외에도 목표설정에 있어 계획단계에서 고려할 점으로 지역사회의 기대와 규범, 서비스 전달체계 그리고 자원 등이 고려된다.

4) 서비스 계획에 따른 개입 고려사항

① 노인의 신체적 기능정도에 따라 서비스를 제공한다. 대개 신체적 기능정도는 ADL과 IADL에 따라 손상 정도를 판단하게 된다.

- 손상 없음: ADL과 IADL에 전혀 불편이 없는 경우

- 미미한 손상: IADL 중 2개 정도에 불편이 있는 경우
- 중간 정도 손상: ADL 중 일부 기능이 어려울 때
- 심한 손상: ADL 기능이 전혀 되지 않을 때

② 퇴직에 적응하는 인성 유형에 따라 서비스를 제공한다.

- 퇴직에 잘 적응함
  - 성숙: 갈등이 없고, 과거 후회 안 함
  - 흔들의자 유형: 퇴직 이후의 상황을 즐김, 만족
- 책임에서 벗어난 것을 즐김
  - 무장: 자원 감소에 불안하지만, 공격적 행위로 이를 상쇄
- 퇴직에 적응하지 못함
  - 분노: 절망
  - 자아혐오: 실패감, 자기비하, 우울, 소외, 무가치

5) 종결

사회복지실천의 마지막 과정은 공식적 종결 과정이다. 클라이언트의 정서가 안정되었다고 느낄 때, 표적 문제의 객관적 해결이 성취되었을 때, 혹은 클라이언트의 문제가 상담자의 능력을 벗어난다고 판단될 때 사회복지사와 노인 클라이언트는 관계를 종결하게 된다.

종결은 사회복지사와 클라이언트의 관계가 끝나게 됨을 의미한다. 이 용어는 최근에는 상황에 대한 자유 상태라는 용어로 대체되고 있는데, 이는 종결이라는 마지막에 대한 이미지를 탈피하기 위한 노력에서 비롯되었다고 할 수 있다.

사례 종결은 클라이언트에게 더 이상 서비스가 필요 없게 되었을 때 이루어지게 되는 것으로 클라이언트의 상태가 개선되었음을 의미한다.

종결은 자원의 한계로 클라이언트의 조건을 더 이상 개선시키기 어려울 경우에도 발생한다. 즉, 현재의 프로그램이나 사회복지기관으로서는 클라

이언트를 보호하기 위해 더 이상 충분한 서비스를 제공할 수 없을 때에도 종결이 이루어진다.

또한 종결은 사회복지사가 클라이언트와 관계 형성이 원만하게 이루어지지 않아 상호 간에 신뢰할 수 없는 경우 나타나기도 한다. 이러한 경우 사례관리자는 클라이언트에게 다른 사회복지사를 연결해 주기도 한다.

종결에 대한 결정은 사회복지사와 클라이언트 양자 간에 이루어지는데, 사회복지사가 종결을 위해 가장 먼저 할 일은 사례에 대한 재사정을 실시하는 것이다.

클라이언트의 상황은 시간이 지남에 따라 바뀌기 때문에 서비스 종결을 위한 재사정은 필수적인 것이다. 종결이 일어난 후에도 사회복지사는 다시 클라이언트를 도울 수 있다는 것을 알려야 하며, 클라이언트는 다시 서비스 수혜에 대한 허가를 받을 권리가 있다. 사회복지사는 종결을 위한 클라이언트의 진전 정도와 종결 후에 발생할 수 있는 위험 요소에 대한 평가를 해야 한다. 많은 경우 사회복지사는 종결 후에도 3달, 6달, 1년 정도의 간격으로 서비스가 다시 필요한지에 대한 사후조사를 한다.

따라서 사후조사를 할 것인지를 결정하는 것도 종결 단계에서 해야 할 중요한 과업이다. 특히 사회복지서비스를 제공받고 있는 클라이언트들은 장기간에 걸쳐 서비스를 제공 받는 경우가 많아 서비스에 의존적이 되기도 하기 때문에 사회복지사는 종결이 발생했을 때 클라이언트의 상황에 미칠 영향에 대해 충분히 고려해야 한다.

또한 사람과의 관계를 종료하는 데 대해 클라이언트가 받을 정신적 분리불안과 우울에 대해서도 고려해야 한다. 이러한 심리적 원인으로 인해 때로는 클라이언트들이 자신이 사회복지사로부터 전혀 도움을 받지 않았다고 불만을 제기하기도 하며, 또는 자신들이 가지고 있는 다른 문제를 제기하여 아직도 종결이 일어나서는 안 된다는 점을 강조하기도 한다.

사회복지사의 종결로 인해 많은 심리적 문제를 경험하게 된다. 어떤 클라이언트는 좀처럼 종결을 원하지 않고, 사회복지사의 지속적 보살핌을 요구하기도 한다. 따라서 종결을 위한 전문가적 목표는 클라이언트가 다른 사람의 도움 없이도 살아갈 수 있도록 클라이언트 역량강화라는 것을 깨닫도록 요청한다.

종결의 최종 과정은 클라이언트에 대한 모든 서류 정리를 완료하는 것이며, 다른 서비스 제공자들에게도 이를 알리는 것이다(양옥남, 2012).

제3절 개별적 개입과 집단적 개입

1. 개별적 개입

1) 면접 기술

(1) 여러 가지 형태의 질문기법

인터뷰에서도 가장 중요한 기술은 '질문하기'라고 할 수 있을 것이다. 특별한 훈련을 받지 않아도 많은 사람들은 질문하는 기술을 가지고 있다.

질문의 종류에는 크게 개방형과 폐쇄형이 있다.

개방형의 질문과 폐쇄형의 질문은 같은 내용에 모두 사용될 수 있으며, 어떤 형태의 질문을 사용해도 무방하다.

폐쇄형 질문을 했을 경우 클라이언트는 매우 간단한 대답만을 할 것이지만 사회복지사가 얻고자 하는 정보를 정확하게 얻을 수 있다는 장점이 있다. 반면에 개방형으로 질문했을 경우 사회복지사가 원하는 것보다 많은 정보를 얻을 수 있다는 장점이 있지만, 클라이언트가 여러 가지 설명을 할 경우 주어진 상담 시간에 보다 정확한 정보를 얻어내는 데에는 한계가 있다는 것을 기억해야 한다. 인터뷰에서 개방형, 폐쇄형 질문을 적절히 사용하고 진술문 형태의 질문도 적절히 사용하면 틀에 박히지 않은 면접을 이끌어 갈 수 있다.

(2) 초점과 좀 더 나가기

인터뷰에서 여러 가지 형태의 질문기법을 사용할 때에 사회복지사가 주의해야 할 점은 개방형의 질문을 사용할 경우 '초점'기술을 사용하고, 폐쇄형의 질문과 진술형의 질문을 사용할 때 '좀 더 나아가기'의 기술을 사용해야 한다는 것이다.

'초점'의 경우 클라이언트가 본질에서 벗어나 다른 길로 가려고 할 때 사용할 수 있는 기술이다. 간단히 말하자면 클라이언트가 벗어난 길에서 돌아오도록 하는 것인데 여기에는 직접적 방법과 간접적 방법이 있다. '좀 더 나아가기'는 초점과 함께 사용되는 관계에 있는 기술이다. 이 기술은 클라이언트가 충분한 정보를 제공하지 않고 약간의 정보만 제공했을 때 사용되는 기술이다.

(3) 듣기

① 클라이언트를 정면으로 쳐다보라.

사회복지사가 클라이언트의 문제에 대해 관심을 가지고 있고, 관계하고 있음을 말해주는 것이다.

② 열린 자세를 취하라.

③ 인터뷰 시간은 다른 사람을 통해 배울 수 있는 시간이라는 점을 기억하라.

배운다는 말은 신체적으로 또는 책임감에 대한 것을 의미하는 것으로써 이것이 클라이언트와의 대화를 촉진시킨다.

④ 눈 맞춤을 지속하라.

⑤ 긴장을 풀도록 하라.

참고 | 적극적 경청방법

① 재기술

클라이언트가 말하는 것을 끊고 사회복지사가 들은 내용을 재기술해 주는 것은 사회복지사가 클라이언트가 말하는 것을 잘 알고 있음을 표현해 주는 것이다. 또한 말하는 사람은 자기의 이야기를 상대방이 잘 듣고 있다는 것을 알게 될 때 만족감이 커지는 경향이 있다. 재기술한다는 것은 사회복지사가 클라이언트의 이야기를 잘 이해하려고 노력하고 있음을 보여주는 것이라 할 수 있다. 재기술은 클라이언트가 무엇인가 화가 나 있을 때 사용하면 효과적이다. 재기술은 적당한 시간에 사용해야 하는데 너무 오랫동안 듣기만 하고 재기술해 주지 않으면 나중에 재기술해 주어야 할 내용이 지나치게 많아지게 되고, 사람의 기억력에 한계가 있기 때문에 힘들어질 수 있다.

② 재구조화

재구조화는 사회복지사가 들은 내용과 이미 알고 있는 내용을 가지고 재구성하여 노인 클라이언트에게 이야기하는 것이다. 즉, 클라이언트가 실패한 경험을 했지만 그것을 극복하기 위해 노력한 부분에 대한 칭찬이 들어 있기 때문에 클라이언트는 자신이 부분적으로는 해냈다는 사실에 주목하게 된다.

㉠ 특정 문제에 대해 클라이언트가 부여하는 의미를 수정해 줌으로써 클라이언트의 시각을 긍정적인 방향으로 변화시키는 기술

㉡ 인지 및 사고과정과 행동의 변화에 목표

㉢ 장점은 문제 상황이나 행동을 보다 긍정적이면서 다른 각도에서 조명해 볼 수 있는 기회를 제공 ⇒ 이전에 내렸던 결정이나 의견을 다른 시각이나 상황으로 재조명해 봄으로써 개인이나 가족이 특정 사건이나 행동에 붙였던 의미를 변화시킨다.

㉣ 특정사건이나 행동에 붙여졌던 낙이나 죄책감, 수치심 등을 정상화, 일반화시킨다.

㉤ 클라이언트의 자아존중감이 낮거나 자신감이 결여되어 있을 때, 자기 비판적이면서 자책할 때 매우 유용하다.

(4) 요약

긴 시간 동안 재기술하지 않았을 경우 '요약'의 기술을 사용해야 한다. 요약은 사회복지사가 경청한 내용을 정리하여 이해하기 쉬운 언어로 요약해 말해 주는 것을 의미한다. 사회복지사는 인터뷰 도중 경청한 내용과 관련하여 몇 차례 요약을 해 주게 된다.

(5) 심리학적 해석

심리학적 해석은 임상개별사회사업이나 심리치료에서 많이 활용되는 방법이다. 재구조화와 심리학적 해석의 차이점은 사회복지사의 반응이 보다 이론적 개념에 의해 뒷받침되느냐, 노인 클라이언트의 과거사에 집중하느냐, 사회복지사의 현재 관찰에 의존하느냐, 또는 사회복지사의 경험에 의존하느냐에 따라 달라질 수 있다는 점이다.

예 심리적 해석은 파괴적인 아이의 치료를 위해 온 어머니와 대화한 후 아이의 이러한 행동이 가족의 문제와 관계가 있음을 알려 주는 것과 같다. 이러한 해석은 전문가가 어떤 전문적 임상훈련을 받았느냐에 따라 해석이 다르게 나타날 수 있다.

즉, 가족치료의 훈련을 받은 사회복지사라면 가족치료의 전통에서 볼 때 이 아이의 치료를 위해서는 가족 전체가 치료를 받도록 제안할 것이다. 반면에 또 심리학적 훈련을 받은 전문가의 경우 아이에게 있는 문제로, 즉 주의력 결핍 과잉행동장애로 인해 아이의 행동에 문제가 나타난 것으로 생각하고 정신과적 약물치료와 행동치료를 받도록 권유할 것이다.

(6) 저항에 대한 통제

저항의 유형에는 침묵, 핵심에서 벗어난 주제, 무력감의 표현, 문제 축소, 지각 등 다섯 가지로 분류해 볼 수 있다. 저항의 근원은 새로움을 바라면서도 변화에 대한 두려움, 사회복지사와 서비스에 대한 잘못된 이해 등이 될 수 있다.

참고 | 저항을 다루기 위해서 다음과 같은 방법

① 사회복지사는 저항의 저변에 있는 클라이언트의 현재 감정에 초점을 두고 클라이언트와 대화하여 부정적 감정을 효과적으로 다룰 수 있어야 한다.
② 변화를 두려워하는 클라이언트에게 긍정적 관점을 제공해 주어야 한다.
③ 비현실적 클라이언트의 반응을 찾아내 현실적 관점을 가지도록 한다.

2. 집단적 개입방법

집단은 적어도 두 사람 이상이 공통된 목표나 비슷한 인지적, 정서적, 사회적 흥미나 관심을 갖고 반복적으로 모여 서로에게 영향을 주고 함께 기능할 수 있는 규범을 만들고 집단적 활동을 하기 위한 목표와 응집력을 발달시키는 모임이라 볼 수 있다.

1940년대 중반 집단적 접근이 노인을 위한 접근법으로 인기를 얻기 시작하였으며, 1960년대 후반에 와서 집단 활동에 활동적・구조적・시간제한적・문제 지향적・인지 행동적 요소가 도입되면서 우울한 노인에 대한 접근으로도 적합한 것으로 알려졌다.

문제의 예방적 역할이 강조되는데 특히 노인에게 적합한 집단 개입은 노인의 소외감, 상실, 발달 과정상 경험하는 공통적 문제 등에 대한 개입이다.

1) 노인집단 개입을 통해 얻을 수 있는 가장 중요한 요소

(1) 사회화와 집단 응집력이다.

많은 노인들은 은퇴, 친근한 사람들의 상실 등으로 인해 강한 고독을 느끼게 되는데 집단 활동을 통해 고독감을 해소할 수 있다는 장점이 있다. 집단을 통해 새로운 연결망을 생성할 수 있고, 새로운 관계를 가질 수 있다.

(2) 보편성과 희망에 대한 주입이다.

사회적 · 재정적 · 신체적 어려움을 노인 자신만이 겪는 것이 아니라는 것을 집단 구성원들과의 경험을 통해 알게 되며, 중요한 타자의 죽음과 자신의 육체가 쇠퇴해 가는 과정을 다른 노인의 문제해결 과정을 통해 배울 수 있게 된다.

(3) 이타주의이다.

집단에서 다른 사람의 경험을 배울 수도 있지만, 자신의 경험을 다른 사람에게 가르쳐 줄 수도 있기 때문이다.

2) 노인에게 사용될 수 있는 집단 접근법

(1) 활동과 흥미집단

① 활동집단

댄스, 창조적 움직임, 체중 조절, 스포츠 집단

② 흥미집단

시사문제 토론, 독서, 서예, 대화, 교육 세미나, 창작, 음악집단

(2) 문제 지향적 집단

① 노인기에 일어날 수 있는 공통된 문제를 가지고 모이는 집단(예 조기퇴직자 집단, 건강문제 예방 및 치료를 위한 집단, 외기러기 모임)

② 기능 유지나 재생을 위한 집단: 쇠퇴를 예방하거나 지연시키려는 목적을 가진 집단(예 뇌 조직 장애를 가진 노인에게 게임, 신호, 감각 행동을 통해 말하기와 상호작용을 증진시킬 수 있으며, 사회기술훈련을 시킬 수 있다.)

(3) 치료와 성장 집단

전자의 집단과 중복되며, 노인도 성장한다는 전제하에 문제해결 워크숍, 성적 매력 향상 프로그램, 선언적 훈련집단, 행동치료집단, 지지집단, 여기에 행복집단, 개인적 탐험과 창조집단 등이 있다.

3) 집단과정

(1) 집단 발달의 단계

① 시작 단계

새로운 구성원들과의 만남으로 인한 설렘과 기대 등이 나타나는 시기이다. 또한 집단에 대한 저항도 있을 수 있다. 따라서 클라이언트가 왜 집단에 참여해야 하는가의 당위성을 가질 수 있도록 돕는 것이 필요하다. 노인집단을 구성하는 데 있어 가장 중요한 이슈는 '믿음'이다.

② 변화 또는 전이의 단계

집단이 진행되면서 역동성이 생겨나기 시작하는 단계이다. 노인 스스로가 고립될 것인지, 집단에서 어떠한 역할을 할 것인지를 결정하는 시기이다.

③ 작업 단계

본격적인 치료나 개입으로 변화가 나타나기 시작한 단계라고 할 수 있다. 따라서 집단에 참여하는 구성원 간의 역동성이 가장 활발하게 나타나는 시기이다.

④ 집단의 목적을 달성하고 종결하는 단계

지도자는 헤어짐에 대한 준비를 해야 한다. 종결 후에도 집단 성원들은 서로 만날 수 있도록 준비시키는 것이 필요하다.

(2) 집단과정에서의 이슈

① 성원에 대한 비밀 보장이 가장 중요하다.

② **직면과 조사**: 노인들의 가장 깊숙하고 고통스런 감정과 관심에 대해 직면하고 이에 대한 조사를 하는 것이다. 이러한 감정에 대한 관대함이 필요하며 주의가 요구된다. 때로는 직면보다 지지, 격려가 더 필요할 수도 있다.

③ 집단 응집력을 파악해야 한다.

④ 집단 내의 불만, 집단 내에서 하는 이야기, 집단 내의 일반적 사회적 상호작용에 관심을 두어야 한다.

⑤ 치료적 클라이언트 관계에서 개인적 세부사항에 대한 공유, 따뜻함과 관심을 가지고 반응하기, 서로 친밀해지기, 감정과 관심에 대해 표현하도록 격려해야 한다.

(3) 집단과정에서 고려해야 할 점

① **출석**: 신체 기능, 기후 등의 영향을 받을 수 있으므로 집단 모임 날짜를 정할 때 주의를 요한다. 또한 집단 구성원들이 결석 없이 회기 동안 잘 참여할 수 있도록 격려해 주어야 한다.

② **장소**: 이동이 편한 곳으로 한다.

③ **시간**: 활동하기 좋은 시간으로 정한다.

④ 상담자는 내담자의 참여의식을 높이고, 구체적 기대를 갖게 하며, 집단의 소속감과 책임감을 갖도록 하고, 자신을 잘 표현하도록 한다.

⑤ 집단의 구성에 주의해야 한다. 가능하면 비슷한 성향의 노인들로 구성한다.

⑥ 집단에 참여하는 노인은 대부분 능동적인 경우가 많으므로 초기 정신질환을 가지고 있는 노인에게 적합하다.

(4) 집단과정의 예: 인지상담의 과정

① 목표

노인이 되면서 가지게 된 태도와 행동을 변화시킨다.

② 원리

치료자와 노인의 협력적 관계가 중요하다. 즉, 노인은 치료의 방향, 기법의 선택, 과제 결정 등에 참여하여, 노인 스스로가 의존적이거나 그들의 삶을 통제할 수 없다는 신념에서 벗어나게 한다.

참고문헌

안홍순(2015). 노인복지론. 공동체.

양옥남 외(2012). 노인복지론. 공동체.

이병록(2017). 노인복지론. 공동체.

임정문 외(2020). 노인복지론 개정판. 동문사.

최원석(2012). 노인복지론. 양서원.

현외성(2012). 노인복지학 신론. 양서원.

PART 04

노인에 관한 주요 문제

Chapter 09

노인 퇴직, 여가, 자원봉사, 노인교육

제1절 노년기의 퇴직

1. 은퇴준비의 의미

1) 은퇴의 의미

은퇴라는 말의 사전적 의미는 “직임에서 물러나거나 사회활동에서 손을 떼고 한가히 지냄”으로 되어 있다. 이와 유사한 용어로 퇴직은 현재의 직임에서 물러나는 것을 의미하므로 경우에 따라서는 전직, 사직, 파면이나 해고, 일시해고, 정년퇴직 등을 포함하는 개념이다.

퇴직이나 은퇴는 특정 사회에 규정한 정년연령에 도달하여 직임에서 물러나는 것을 말한다. 은퇴제도는 산업사회 도래와 함께 보편화되었는데, 이는 노동시장에서 인력을 조정하기 위한 인위적 조절장치가 필요한 데서부터 생겼다.

우리나라 역시 급속한 경제성장과 산업화가 이루어지면서 정년제도가 정착되고 은퇴제도가 보편화되었다. 1997년 외환위기 이후로 세계화와 후기산업사회의 도래로 말미암아 기업체에서 구조조정이 상시화되고 평생직장의 개념이 사라지면서 은퇴제도에도 상당한 변화가 일어나기 시작했다.

직장이나 일을 통해서 사람들은 삶의 기반을 획득하는 동시에 자신의 존재를 실현하고 성장하고 발전하는 근거이며 신체적 · 정신적 건강을 유지시키는 기능도 하고 의미 있는 경험을 제공하는 곳이기도 하다.

은퇴는 경제적 소득의 단절에서부터 사회적 역할상실과 소외, 정체성의 혼란을 경험하는 중대한 삶의 변화, 사건이다.

은퇴문제를 노인복지에서 취급하는 것은 당연하고, 필요한 문제이다. 은퇴 이후의 소득 단절에 대하여 초기 단계에 있는 우리나라에서 노후의 경제보장에 대한 준비는 물론 이후에 맞이할 새로운 생활에 대해서 미리 계획하고 준비하는 일이 요청되기 때문이다.

은퇴로 인해 발생할 수 있는 각종 노인문제를 예견하고 방지함으로써 노인복지 증진과 노후생활에 안정적 기반을 제공할 수 있는 근거가 된다.

2) 은퇴준비의 의미

(1) 은퇴로 인해 발생 가능한 문제

① 경제적 문제

퇴직으로 인한 변화 중 가장 두드러지게 나타나는 것은 수입 감소에 따른 경제적 문제이다. 특히 연금제도가 아직 정착되지 않았고, 노인의 재취업 기회마저 매우 제한적인 우리의 상황에서 그 문제의 심각성은 더욱 크다.

우리나라 기업의 일반적 퇴직연령인 55세를 기준으로 보면 대부분 자녀의 결혼 시기나 고등교육기간 혹은 자녀의 독립 등 목돈을 필요로 하는 시기와 퇴직의 시기가 중복될 가능성이 매우 높아 경제적 고통이 가중될 수밖에 없고 노인이 재취업을 원하는 이유 중에서 경제적 문제가 가장 높게 나타난다.

② 건강문제

일반적으로 사람은 퇴직 후 건강이 급격히 악화될 것이라고 믿지만, 실제로는 퇴직 자체가 건강에 직접적으로 영향을 미치기보다는, 오히려 건강상의 이유가 퇴직에 영향을 미치는 것으로 알려져 있다. 퇴직을 해서 건강이 악화되기보다는 건강이 나빠서 퇴직을 선택하는 경우가 대부분이라는 것이다.

특히 자발적 퇴직의 경우에는 건강상의 문제로 퇴직을 결정하게 되는 경우가 많으며, 반대로 대개의 강제적 퇴직의 경우에는 오히려 일반적으로 퇴직 후 건강이 더욱 호전되는 것으로 보고되고 있다.

③ 사회적 문제

사회적 관계의 축소 또는 소외 문제이다. 노동에서 탈퇴한다고 해서 친구나 이웃들과의 사회적 접촉이 자동적으로 감소되지는 않는 것으로 알려져 있다.

심슨 등에 따르면, 퇴직 후의 사회적 참여정도는 퇴직 전의 사회적 참여정도나 지위와 깊은 관련을 갖고 있다. 즉, 퇴직 이전에 사회적으로 활발하게 활동하여 대인관계가 두터웠던 사람일수록 퇴직 후에도 활발한 대인관계를 유지하는 경향이 높다는 것이다.

④ 가족관계의 문제

가족관계, 부부관계의 변화이다. 퇴직은 퇴직 전에 비하여 외부인과의 상호작용을 감소시키는 반면, 오히려 부부 상호 간의 의존성은 증가시킨다. 이때 부부간의 관계의 질은 더 긍정적으로 혹은 부정적으로 변화될 수 있다.

남편의 퇴직 후, 배우자에게 중요한 과제 중 하나는 그녀의 일상 속에 항상 남편이 집에 있다는 사실을 받아들여야 한다는 것이다.

연령이 증가할수록 남성은 더욱 배우자에 의존적이 되고 여성적이며 여성은 더욱 독립적이고 남성적이 되는 경향이 있고 퇴직 후에 가사의 분담과 부부간의 역할 조정이 새롭게 이루어질 필요가 있다.

⑤ 역할상실

퇴직에 따른 역할과 업무상실로 인한 무위고의 문제이다. 이는 단순히 경제적 보수의 문제와는 또 다른 별개의 것이다. 따라서 할 일을 준다는 것은 경제적 이유로 노인이 재취업을 원하는 이유가 되기도 한다.

⑥ 기타문제

빈곤, 건강, 주거, 여가, 소외 등의 모든 문제가 퇴직의 시기적 특성과 맞물려 퇴직의 문제와 중복되어 나타나므로 무엇이 퇴직의 직접적 결과인가를 결정하는 것은 매우 어려운 일이다.

(2) 은퇴준비의 내용

개인적, 사회적, 혹은 기업 등에서 이루어지며 그동안 정년제도의 도입과 함께 국가 사회적으로 연금제도, 건강보험제도 및 노인장기요양보험제도 등을 통하여 소득, 보건의료 등을 지원하는 사회보장제도를 구축하여 은퇴에 대비하여 왔다. 최근에 와서는 주거 보장과 사회복지서비스 제도 등에 이르기까지 일종의 노인복지 차원에서 이를 대처해 왔다.

2. 은퇴준비영역과 은퇴준비교육

은퇴문제는 직업과 일의 특성 그리고 개인적 특성에 따라 매우 다양한 형태와 내용을 가진다. 은퇴준비 역시 개별적·기업적 접근은 물론 은퇴준비를 위한 지원 역시 개별적이고 세부적인 검토가 요청된다.

이제 은퇴 후 노인이 필요로 하는 다양한 욕구를 충족시킬 수 있는 경제적 영역에서부터 각종 서비스 및 급여 등 은퇴영역은 무엇인지를 알아보고, 또 은퇴 이후의 삶을 성공적으로 행복하게 보낼 수 있는 역량을 갖추게 하는 은퇴준비교육도 살펴보고자 한다.

1) 은퇴준비의 영역

(1) 은퇴준비영역의 의미

은퇴준비영역은 대체로 '노인의 4고'라고 하는 문제영역이 주요한 분야로 손꼽힐 수 있다. 경제적 문제로서 소득 상실과 빈곤, 노쇠로 인한 건강 악화와 질병, 장애의 문제 그리고 사회적·가정적 역할상실문제, 심리적 고립과 소외문제이다.

이러한 문제를 어떻게 은퇴 후에 대비할 수 있도록 준비시킬 것인가도 문제와 이들 문제를 구체적으로 풀어서 대응할 수 있는 역량을 갖추게 해야 한다.

현재 국민연금공단에서 노후설계서비스를 제공하고 있는데, 이는 은퇴준비 영역의 좋은 사례가 된다. 국민연금공단에서 가입자를 대상으로 노후설계서비스를 상담하면서 지원하고 있다.

구 분	60대	70대	80대
경제 지원	• 퇴직, 재취직에 의한 수입 변동 • 퇴직금 운용 • 축소가정의 가계운영	• 연금생활에의 적응 • 자녀가족에의 의존 • 안정된 가계운영	• 사망에 의한 연금수입 감소에의 적응
건강	• 건강저하에 따른 건강의 배려 • 식생활 관리 • 건강관리를 위한 생활리듬	• 질병에의 적응, 지병에 대한 의식 • 가족의 위로 • 건강유지를 위한 생활습관	• 누워서 지내는 생활에의 적응 • 공적·사적 서비스의 활용
상호 작용	• 새로운 부부관계, 자녀, 가족과의 관계 구축	• 배우자, 친구, 지인 등의 사별에 의한 정신적 고독에의 대응	• 정신적 고독의 대응 • 가족·이웃과의 상호작용 강화
활동 역할	• 직업, 가족에서의 해방에 의한 새로운 활동, 역할의 취득(자원봉사, 취미, 여가참가)	• 활동·역할의 충실(자원봉사활동, 지역사회활동 참가, 취미, 여가활동)	• 신체의 건강상태에 맞추어 역할, 활동으로부터 은퇴

(2) 은퇴준비 사례

① 8만 시간이라는 재산

스무 살부터 일해 예순에 정년을 맞는다고 하면 그때까지의 근로시간은 얼마나 될까? 연간노동시간을 2천 시간이라고 했을 때, 40년을 곱하면 무려 8만 시간이 된다. 8만 시간이나 일한다는 것을 알면 사람들은 모두 깜짝 놀라고 만다.

다만 8만 시간 동안 일한 것에 대한 보수로 집을 사고 아이를 키우고 회사에서 승진도 한다. 그리고 정년 이후에는 한가하게 지낸다.

② 일점 돌파

'정년준비'라는 제목의 세미나를 보면 자산관리, 라이프워크, 취미활동, 건강, 부부의 자세, 삶의 보람 등의 다채로운 주제를 보고 있으면 압도되기 마련이다.

예를 들어 '건강'에만 집중해도 엄청난 지평이 열린다. 재직 중에 고혈압 등의 성인병으로 고생하던 전 유통업 관리직 종사자는 병을 알기 전에 건강상에 문제가 생기면 그와 관련된 일을 업으로 삼겠다고 마음먹었다.

그 후 그는 전문과정으로 동양의학을 배워 지압사로 일했다. 이외에도 건강에 집중하여 워킹에서 러닝, 마라톤까지 도전하는 전 농협 관리직원도 있다.

하나에 집중하는 '일점 돌파'가 중요하다.

2) 은퇴준비교육

(1) 은퇴준비교육의 의미

은퇴준비교육은 교육을 통하여 은퇴준비를 적절하게 할 수 있도록 하는 활동을 총칭한다. 노후생활을 이해하고, 노년기의 삶의 질을 향상시키며 삶의 보람을 재발견하고 급속한 사회 변동에 성공적으로 적응하도록 하며, 연령에 따른 생애 단계별 가치 및 은퇴 후의 생활에서 오는 문화적 갈등을 좁히는 데 도움을 준다.

또한, 은퇴준비교육을 통해 노년기의 삶에 대해 계획하고 준비할 수 있는 기회를 줌으로써 노년기의 삶을 여유롭고 보람되게 보낼 수 있도록 도와주는 역할을 하기도 한다.

은퇴는 중요한 삶의 변화이기에 적절한 준비와 계획을 요구한다. 성공적

은퇴는 계획과 준비를 통하여 새로운 역할에 대한 기대가 제공되는 것이다.

은퇴준비는 은퇴생활의 성공적 적응을 위한 핵심요소로 연구를 통하여 밝혀졌다. 은퇴준비와 계획을 가지고 있는 은퇴자는 은퇴에 대하여 좀 더 호의적이고, 은퇴 이후의 삶에 대하여 자신감을 가지고 편안하게 수용하는 경향이 있다.

참고 | 집단적 · 포괄적 은퇴준비교육 프로그램

① **프로그램의 내용이 전반적이다.** 프로그램에는 은퇴자의 역할뿐만 아니라 재정적·심리적·사회적 적응이 중요한 내용으로 포함된다.
② **프로그램의 내용이 상호작용적이어서 지적 이해뿐만 아니라, 은퇴자로서의 감정적 이해를 증가시키기 위해 강의를 최소화하고 토의를 극대화한다.**
③ **프로그램의 내용이 발달적이다.** 즉, 프로그램은 은퇴와 관련된 특별한 문제에 대해 당장의 해답을 주는 것이 아니고 현재 혹은 미래의 문제에 대처할 수 있는 방법을 알려주는 것에 초점을 맞춘다.

(2) 은퇴준비교육 목표

① 노화와 퇴직으로 인해 정상적으로 일어나는 상황에 대한 이해를 증진시킴으로써 건강, 경제상황, 가족관계, 역할변화, 사회적 변화, 주택 등에 대한 정확한 인식을 돕는다.
② 상황판단능력, 대안고려능력, 문제해결 능력 등을 강화시켜 미래 생활에 대한 관리능력을 향상시킨다.
③ 수입, 건강, 주택, 여가활동, 사회적 관계 등 은퇴 후 생활전반에 대한 계획을 수립하도록 한다.
④ 은퇴에 대한 성공적 적응으로 은퇴 후 사기, 생활만족도, 자아실현을 가능케 한다.

(3) 은퇴준비교육의 모형

은퇴준비교육모형은 은퇴준비교육 프로그램을 개발하는 데 영향을 미친다.

참고 | 은퇴모형에서 나타난 특징

- 현실의 변화를 슬기롭게 수용하고 어떻게 대처할 것인가에 관한 것이다.
  직장 이외의 세계에 대한 현실적 적응과 새로운 자아의 정체성 확립에 초점을 두고 있다.
  오랜 직장생활에서 퇴직한 후 일상적으로 해왔던 직무와는 다른 변화된 일상에 적응할 수 있게 심리적 안정을 줄 수 있는 모형(저축식 은퇴모형, 성공적 은퇴모형, 발달단계 전환 은퇴모형, 평생자아관리 은퇴모형, 생애추세 은퇴모형, 상담모형) 등이다.
- 생애경력개발능력과 관련된 모형이다.

은퇴준비교육의 초기 단계에는 새로운 변화에는 새로운 변화에 대한 적응교육이 중요하다. 이 단계를 지나면 앞으로 어떠한 생애경력개발을 통해 여생을 풍요롭게 할 것인지에 관한 과제가 있다. 이러한 교육모형은 지속적으로 퇴직자 자신이 생애 설계와 성취 지향적 삶을 유지하기 위한 생애경력개발과 관련된 교육의 필요성과 실천방안을 역설하고 있다.

퇴직시점을 기준으로 해서 퇴직 전후 교육으로 구분해 본다면 퇴직 전 교육은 퇴직을 앞둔 시점, 퇴직 이전에 이루어지는 교육이다. 퇴직을 앞둔 개인이 변화에 쉽게 적응하고 퇴직으로 인해 야기되는 문제를 최소화할 수 있도록 준비를 도와주는 교육이다.

퇴직 전 교육은 넓은 의미에서 퇴직 이전에 직장에서 실시하는 교육뿐만 아니라 한 개인이 입사를 하고 퇴직할 때까지의 경력개발을 위해 모든 교육이 포함될 수 있다. 퇴직 전 교육은 직업인이 자신의 생활설계를 잘하도록 도와주는 교육이며 여생을 준비할 수 있는 마음가짐을 갖도록 하는 교육이다(양서원 2012, 현외성).

제2절 노후의 여가

1. 노인 여가 개념 및 의미

1) 노인 여가

현대의 노년기는 평균수명의 연장과 조기은퇴 등으로 점점 길어지고 있는 추세이다. 특히 평균수명이 80세를 넘어서면서 노후의 여가시간을 어떻게 활용하는가 하는 문제가 새로운 노인문제로 등장하고 있으며, 이에 따라 노년기 여가활동에 대한 욕구가 지속적으로 증가하고 있다.

노인의 여가활동은 단순히 개인적인 활동을 넘어서서 취미, 경제력, 경험, 건강을 바탕으로 사회에 기여하는 활동의 성격을 갖는다. 또한 급변하는 사회에 적응하기 위하여, 그리고 노인의 여가문화 활성화와 보람 있는 사회활동을 위한 여가 교육도 필요하다.

2) 여가의 의미

여가에 대해서는 많은 학자들이 다양한 정의를 내리고 있으며, 이는 여가에 대한 명확하고 보편 타당한 개념이 존재하기 어려움을 의미한다. 이러한 다양한 정의들 가운데서 여가는 일반적으로 '구속으로부터의 자유', '노동에서 벗어난 시간', '선택의 기회', '사회적 임무수행 후의 자유로운 시간', '자신만의 시간', '자신이 하고 싶은 것을 할 수 있는 시간' 등으로 표현된다.

여가란 직업 활동으로부터 벗어나 자유, 휴식, 즐거움 등을 누릴 수 있는 여유 있는 시간을 의미한다. 그러나 노년기의 여가는 은퇴, 자녀 결혼 등으로 사회적, 가정적 책임으로부터 벗어난 상태이므로 다른 연령층의 여가와는 의미가 다르다.

즉, 심신의 피로회복과 지속적인 직업 활동을 위한 재충전의 의미를 갖는 여가는 짧은 기간의 즐겁고 기대되는 시간이지만, 노년기의 여가시간은 일상생활의 대부분을 차지하며 언제나 주어지는 시간이므로 기대감이나 즐거움보다는 무료함을 의미하고, 동시에 정서적·심리적 어려움으로 다가올 수 있다.

노년기의 여가활동은 일상생활의 무료함을 달래고 삶의 의욕을 높여 노년기 삶을 적극적이고 긍정적이며 보람 있는 것으로 변화시킬 수 있는 중요한 활동이라고 할 수 있다.

- 듀마제디(J. Dumazedier)는 "여가는 사회나 가정, 혹은 노동에 대한 책임에서 벗어난 활동이며, 참가자의 의사에 따라 휴식, 기분전환, 지식의 확대, 자발적인 사회활동의 참가 또는 개인의 창조에 대한 가능성을 자유롭게 구사할 수 있는 활동"이라고 하였다. 즉, 여가를 사회의 통제에서 벗어나 개인의 주관적 가치에 의해서 행해지는 비의무적 자유시간이라 정의하였다.
- 카플란(Kaplan, 1961)은 즐거운 여가의 내용을 경제적 활동과 반대되는 것, 즐거운 것, 자발적이면서 의무감이 적은 것, 심리적으로 자유를 느낄 수 있는 것, 놀이의 요소를 어느 정도 포함하고 있는 것으로 구체화하고 있다.

  카플란(Kaplan)은 노년기의 길어진 여가시간을 유용하게 보내려는 노인의 욕구를 다음과 같이 구분하고 있다.

  ① 친구들과 함께 지내려는 욕구
  ② 오래도록 건강을 유지하고 싶은 욕구
  ③ 사회적으로 공헌하면서 봉사활동을 하고자 하는 욕구
  ④ 자신의 존재를 타인에게 인정받으려는 욕구
  ⑤ 가족관계를 원만히 유지하려는 욕구
  ⑥ 종교적 신앙을 포함한 정신적 안정을 얻으려는 욕구

⑦ 자기표현과 성취감의 기회를 가지려는 욕구

- 해비거스트(Havighurst, 1973)는 여가의 개념에 창조적 여가의 내용으로 직업 활동, 가정유지활동, 가사활동, 교회활동, 시민정치활동, 취미생활 등을 제시하여 생활과 여가를 구별하지 않고 있다.
  노후의 다양한 활동이 의무감으로 작용할 때는 노동이 될 수 있으나 즐거운 활동이라면 여가생활이 될 수 있다는 것이다. 따라서 노인 자신이 원하고 즐겁게 할 수 있는 활동은 여가활동으로 볼 수 있다.

3) 노인여가활동의 중요성

노인은 다른 연령층에 비하여 상대적으로 여가시간이 상당히 많기 때문에 여가시간을 어떻게, 어떠한 활동으로 보내느냐가 노후의 삶의 질 결정에 중요하다.

경제성장에 따라 생활수준이 높아지면서 여가활동에 대한 욕구가 점차 증가하고 있다. 노인도 사회구성원으로서 노년기에도 가치 있는 삶을 추구할 권리를 가지며, 노년기 여가활동을 즐기면서 지적, 정서적 욕구를 추구할 권리를 보장할 필요가 있다.

노인의 경제 수준과 건강한 노인인구의 비율이 증가하면서 노인의 여가활동에 대한 욕구는 증가하고 있으나 이에 대한 정책적인 배려와 그 중요성에 대한 사회적 인식은 매우 낮은 수준이다. 왜냐하면 노인의 빈곤문제 해결을 위한 의료보장은 노인의 인간으로서의 기본적인 생활을 유지하기 위해 절대적으로 필요한 당면과제라고 인식하고 있는 반면, 여가활동은 노인의 생존에 직접적인 영향을 덜 미치는 것으로 인식하고 있기 때문이다. 그리고 노인의 여가활동도 의료나 소득보장 못지않게 중요한 기능을 가지고 있다고 이인수 씨는 그의 저서에서 설명하고 있다. 노인도 젊은 사람처럼 국가와 사회의 구성원으로 평등하고 당당하게 가치 있는 삶과 무한한 성장을 추구할 수 있다는 원리, 즉 노인복지 정책에 있어 '사회적 통합의 원리'와 '성장 및 발달욕구 충족의 원리' 측면에서 볼 때 노인에게도 젊은 사람처럼 여가활동을 즐기며 성장 및 발달욕구를 추구할 권리가 있다. 따라서 노인에게 여가활동을 보장받는 것은 곧 노인의 사회적 통합성 원리를 실천함으로써 노인복지의 기본이념을 국민에게 인식시키는 가장 기초적인 단계가 되는 것이다. 노인의 여가활동은 사회의 연장자로 대우받고 싶은 욕구, 인격의 완성을 추구하려는 욕구, 다른 사람의 문제를 해결해 주고 싶은 욕구 등 노인의 인간다운 삶을 영위하기 위한 다양한 욕구를 충족시켜 줄 수 있는 중요한 수단이다(박차상 외, 2003: 117).

우리나라의 경우, 지금까지 노인의 소득보장이나 건강보장은 노인의 기본적인 생활보장을 위한 필요한 정책과제로 인식한 반면, 여가활동지원은 상대적으로 덜 중요한 사회적 과제로 인식하고 있다.

노인의 여가활동은 실제로 노년기의 삶의 질 향상과 노인들의 복지 욕구 충족을 위하여 다음과 같은 중요한 기능을 가지고 있다.

① 여가활동은 노년기의 고독 및 소외감에 따른 우울증 등 심리적, 정서적 어려움에 대하여 노년기 삶의 활력과 의욕을 제공할 수 있는 중요한 수단이 될 수 있으며, 이것은 노년기 생활에 긍정적인 영향을 준다.

② 많은 노인들이 겪고 있는 만성퇴행성질환, 치매, 중풍 등 정신질환에 대한 예방 및 치료가 대부분 음악활동, 여가활동 형태로 이루어지고 있다.

노인의 여가활동은 건강유지 및 질환예방, 치료에도 중요한 역할을 한다고 볼 수 있으며 적극적인 여가활동은 신체적, 정신적 건강증진과 사회, 심리적으로 자기통합을 이루는 데 중요한 역할을 한다.

③ 여가활동은 노인의 다양한 욕구 충족에 도움을 주는 활동으로 역할 상실과 소외감으로 인한 정서적인 문제를 극복하고, 새로운 역할을 제공하며 자기의 능력을 개발, 발휘할 수 있는 기회를 제공하여 개인적으로는 신체 및 정신건강, 삶의 질을 향상시키고, 사회적으로는 노

인에 대한 긍정적인 이미지를 형성하여 사회통합 등의 긍정적인 결과를 기대할 수 있다.

노인여가활동이 삶의 질과 관련된 요인들을 중심으로 노인여가활동의 중요성을 알아보면 다음과 같다(임병우, 2017).

첫째, 노인여가활동은 노인의 건강을 증진시키기 때문에 중요하다. 노인여가활동은 사회심리적인 건강뿐만 아니라 신체적 건강을 유지 및 증진되게 하여 삶의 질을 높일 수 있다. 특히 여가활동과정을 수행하기 위하여 신체적인 활동은 필수 불가결하며 결과적으로 이러한 활동은 신체적인 건강을 유지 및 증진시킬 뿐만 아니라 만성질환을 막거나 감소시킨다.

둘째, 노인여가활동은 삶의 목표를 재설정하게 하기 때문에 중요하다. 직업에서 은퇴한 노인은 은퇴 이후 삶의 목표의 재설정에 어려움을 겪곤 한다. 노인여가활동은 노인의 잠재적 역할을 발견하게 하고 삶의 목표의 재설정을 위한 도구의 역할을 한다. 예를 들어 노인여가활동 중의 하나인 자원봉사활동을 통하여 사회적인 역할 수행을 함으로써 사회적인 공헌에 대한 사회적 차원의 삶의 목표와 자신의 잠재적인 능력의 발견으로 개인적인 차원의 삶의 목표를 설정할 수 있다.

셋째, 노인여가활동은 자연스럽게 경제활동으로 유도될 수 있기 때문에 중요하다. 노인은 은퇴 후 일정기간이 지나면 경제적인 어려움을 겪게 되곤 한다. 다양한 노인여가활동 중에서 노인의 노력 여하에 따라서 경제적인 활동이 가능할 수 있을 만큼의 기술 습득이 가능한 경우가 있다. 예를 들어 경기실버인력뱅크에서는 노인여가활동 중의 하나인 노인자원봉사활동을 경제활동이 가능한 노인일자리와의 연계를 위한 프로그램을 개발 중에 있다.

2. 노인 여가의 유형

1) 노인여가활동의 유형과 현황

(1) 여가활동의 유형

① **가정 중심 활동**: 가사, 손자녀 돌보기, 가족 대화 등 가정에서 주로 하는 활동
② **자기개발활동**: 노인학교나 복지관 등에서 운영하는 취미활동, 학습프로그램 참여를 통해 지적활동과 건강유지 및 향상을 위한 활동
③ **종교활동**: 노년기의 긍정적 자아상 형성과 정신적 안정을 얻기 위한 활동
④ **사교활동**: 노인복지관, 경로당 등에서 동년배의 노인들과 어울려 고독과 소외감을 완화하는 활동
⑤ **대중문화활동**: TV시청, 라디오청취, 신문보기, 독서 등의 활동
⑥ **휴식활동**: 가정에서 쉬거나 수면 등으로 소일하는 활동

(2) 여가활동의 현황

여가활동에 대한 참여빈도와 활동량은 다양한 요인에 의해 영향을 받는다.

일반적으로 여성노인이 남성노인에 비해 가정 중심적 활동형태를 보이며, 연령이 낮을수록 여가활동 참여도가 높게 나타나고 연령이 증가할수록 적극적인 여가참여나 여가활동 범위가 축소된다.

교육수준은 여가활동 필요성과 참여도에 영향을 미치는데, 교육수준이 높은 노인은 창조적인 활동, 체력관리, 클럽활동, 봉사활동, 독서 등을 많이 하는 반면, 교육수준이 낮은 노인은 수면, TV시청 등 소극적으로 시간을 보내는 경향이 많다. 경제적 요인은 여가활동 선택과 참여 정도에 중요

한 영향을 미친다.

우리나라 노인은 특히 경제적 요인이 여가활동의 가장 심각한 제약요인으로 나타났다. 건강상태 역시 여가활동 범위와 참여빈도에 커다란 영향을 주며, 거주환경은 주변에 친척이나 친구가 가까이 있거나 노인복지 관련 시설이 주위에 있으면 여가활동량과 활동범위가 커질 수 있다.

우리나라의 노인들은 가족과 함께하는 것과 사교활동을 가장 선호하는 것으로 나타났으며, 이것은 노인의 상당수가 평소에 외로움을 많이 겪고 있음을 간접적으로 보여주는 것이라 할 수 있다.

여가활동 실태를 지역별로 살펴보면, 도시지역과 농촌지역 간에 특별한 차이가 없는 것으로 나타났으나 도시지역은 운동·등산·낚시를, 농촌지역은 여행을 더 선호하는 것으로 나타났다.

성별로는 남성노인의 경우 친구와 만남 및 회식이 높게 나타났고, 여성노인의 경우에는 종교활동이 상대적으로 높게 나타났다. 연령별로는 연령이 높을수록 가족과 함께 하는 일과 TV시청·라디오청취·신문보기 등을 선호하고 친구만남 등이 감소하는 것으로 나타났다.

표 9-1 가장 즐거움을 느낀 여가활동

구분	비율(%)
외식, 쇼핑 등 가족과 함께 하는 일	52.4%
친구만남, 회식 등 사교활동	18.2%
TV시청, 라디오청취, 신문보기	11.2%
종교활동	6.9%
운동, 등산, 낚시	2.5%
여행	2.0%
특별히 없다	3.2%

교육수준이 높을수록 친구만남과 회식, 여행활동이 많은 반면 교육수준이 낮을수록 TV시청, 라디오청취, 신문보기, 종교 활동이 상대적으로 높게 나타났다.

우리나라의 경우, 가족 중심의 단순하고 오락위주이며 자기개발, 자기실현을 위한 계획적이고 장기적인 활동은 적은 것으로 조사되었다.

최근 노년층으로 진입하는 노인들은 연금수급이나 자산을 통한 경제적 여건이 향상되고, 교육수준도 높아져 은퇴 후에도 자신의 능력을 계속 활용하거나, 여가를 보다 적극적으로 보내고자 하는 욕구가 높아지고 있다.

중산층 노인의 여가활동에 대한 조사에 의하면, 가족이나 친구와 어울리는 것은 변함없이 높게 선호되고 있지만 노인 여가시설 이용보다는 사회단체 활동참여를 높게 희망하고 있는 것으로 나타났다. 노인의 사회 참여를 활성화시킬 수 있는 정책적인 노력이 요구된다(양서원 2012, 김욱).

2) 노인이 원하는 여가활동

여가시간에 가장 하고 싶은 것은 10명 중 6명이 여행으로 지역, 성별, 연령대를 초월하여 선호하였다.

앞으로 경제적, 시간적 여유가 있으면 여가시간에 하고 싶은 것으로 여행(59.8%)이 가장 많고 자기개발(26.8%), 문화예술관람(21.2%), 스포츠관람(20.9%), 연령대가 낮을수록 문화예술관람, 스포츠관람을 선호하고, 연령대가 높아질수록 종교활동, 휴식을 선호했다(양서원 2012, 최원석).

3) 노인여가활동 참여의 문제점 및 촉진 방안

(1) 문제점

- 노화에 따른 건강약화와 경제적인 어려움을 꼽을 수 있다.
- 노년기 여가활동에 대한 낮은 인식과 준비를 들 수가 있다.
- 노화와 노인의 여가활동 능력의 미약뿐 아니라 여가서비스의 한계도 노인의 여가활동의 문제를 악화시킨다.

(2) 촉진방안

- 여가활동 참여를 촉진시키기 위해서는 노인들의 여가활동을 효과적으로 지도할 수 있는 전문가들을 양성하고 노인관련기관들에 적절히 배치시킬 수 있도록 노력해야 한다.
- 노인들의 연령, 성별, 교육정도, 건강상태, 기호에 따라서 차등적이며 개별화된 여가활동을 제공할 수 있는 사회적 자원체계를 확보해야 한다. 개별적인 특성에 부합하는 여가활동을 보다 증진하기 위해서는 획일적인 사회교육 형식의 활동들을 지양하고 노인들의 여가 기능, 동기 및 기호에 부합하는 여가활동 프로그램을 활성화해야 한다(최원석 2012).

3. 노인여가복지시설

1) 노인복지관

노인의 교양, 취미생활 및 사회참여활동 등에 대한 각종 정보와 서비스를 제공하고, 건강증진 및 질병예방과 소득보장, 재가복지, 그 밖에 노인의 복지증진에 필요한 서비스를 제공한다. 노인복지관은 노인의 전반적인 복지증진을 위한 종합적인 노인복지센터로서의 기능을 수행하며, 상담 및 지도, 취업상담 및 알선, 기능회복훈련, 교양강좌 등을 기본사업으로 시행하고 있다. 이외에 노인의 상태나 지역여건을 감안하여 필요한 사업을 할 수 있으며, 거동불편 노인을 위한 재가노인복지시설을 운영할 수 있다.

2009년 노인보건복지사업에 의해 종합복지센터로서의 기능과 역할을 수행하기 위한 노인복지관의 기본사업에는 평생교육, 취미여가사업, 고용지원, 경로당운영 혁신사업 등이 있다.

이외에 선택사업은 지역 또는 노인복지관의 특성을 반영하여 개발, 추진한 사업으로 식사배달사업, 방문보건사업, 목욕서비스사업, 독거노인 생활관리사파견사업, 노인주거개선사업, 교통안전봉사사업 등이 있다.

2) 경로당

지역 노인들이 자율적으로 친목도모, 취미활동, 공동작업장 운영 및 정보교환과 기타 여가활동을 할 수 있도록 장소를 제공하는 시설이다. 경로당의 목적은 건전한 노인여가문화 조성과 확산에 기여하고, 지역사회의 세대 간 유대강화, 노인세대 상호 간의 교류증진 그리고 봉사하는 노인상을 정립하는 것이다.

3) 노인교실

노인들의 사회활동 참여 욕구를 충족시키기 위하여 건전한 취미생활, 노인건강유지, 소득보장, 기타 일상생활과 관련한 학습프로그램 제공을 목적으로 하는 시설이나 노인들이 원하는 분야의 교육프로그램을 중심으로 운영되고 있어 학습보다는 여가의 성격을 많이 갖는다. 주 1회 이상 교육을 실시하도록 되어 있다.

제3절 노인자원봉사와 노인교육의 중요성

1. 노인자원봉사

1) 자원봉사의 개념

자원봉사란 공공의 복지를 향한 가치 및 이념과 민주적 방법에 의한 자주적이고 협동적인 실천이며 개인, 집단, 지역사회에서 발생되는 제반 사회문제를 해결하고 사회적인 환경을 개선하기 위하여 공사의 조직체를 통하여 무보수로 서비스를 제공하는 활동이다.

인간성을 회복하고 가정의 기능을 회복하며 보완하고 지역사회 공동체를 회복하고 개발하기 위한 사랑의 복지활동 즉 순수한 자원봉사정신인 것이다.

시민사회의 발전과 민주주의의 발전은 시민의 사회적 역할을 강조하고 있고 자아실현을 위한 욕구 증대로 사회참여가 활발해지면서 점차 조직적 활동으로 발전되어 가고 있고 우리나라에서도 이에 대한 관심과 연구가 증가하고 있다.

2) 자원봉사의 필요성

(1) 사회공동체의 약화방지

다양한 활동을 통해 개인이나 집단을 도울 뿐만 아니라 비공식적인 원조망이나 사회공동체가 수행했던 역할을 대신하여 사회의 통합과 안녕을 유지하고 사회적 약자들의 사회적 적응을 돕고 일탈을 막아주는 데 도움을 준다.

(2) 시민교육과 복지교육의 효과

현대사회에 필요한 인력을 보강하고 사회구성원들이 사회참여를 촉진시키는 계기를 만들어준다.

(3) 사회변동에 따른 새로운 욕구 발생에 대처

평균수명이 늘어남으로 인해 노인의 수적 증가, 교통사고와 각종 산업재해로 장애인의 증가, 이혼, 별거 등으로 아동가장의 증가, 맞벌이 부부가 많아지면서 보육문제가 발생된다.

노인가정봉사원파견사업은 사회변동에 따른 새로운 욕구를 해소하려는 대표적인 사업의 사례이다.

(4) 여가선용과 자아실현에 기여

보람 있는 여가선용의 한 방안이다.

(5) 사회문제 해결 방안

사회문제 해결을 위한 제도적, 정책적 노력이 가진 여러 가지 결함을 발견하여 사회문제 해결에 효과적으로 기능하도록 한다.

3) 자원봉사의 특성

(1) 자발성

다른 집단, 개인, 조직에 의하여 강요받지 않고 스스로 자발적으로 활동에 참여한다.

(2) 이타성

동기나 과정 결과에 있어서 자신의 이익이나 명예를 먼저 생각하지 않고 도움의 대상을 먼저 생각하는 행동을 말한다.

(3) 무급성

자원봉사활동에 참여하는 봉사자가 소요경비를 스스로 책임지는 것을 말한다.

(4) 지속성

1주 1회, 1회 3~4시간을 기준으로 6개월을 지속해야 효율성이 나타난다는 논의가 있다.

(5) 자아실현

새로운 경험, 성취감, 만족감, 폭넓은 인관관계 등의 심리적 보상을 얻게 된다.

(6) 학습성

일정한 기간을 공식적인 교육에 참여하기에 경험, 기술, 지식, 태도, 신념 등을 학습할 수 있다.

(7) 헌신성

자신의 시간과 비용, 그 외에 많은 것을 희생하게 되지만 많은 것을 배울 수가 있다.

(8) 공공성(복지성)

특정한 개인이나 직장, 단체의 이익으로 종교와 정당의 입장을 초월하여 어려운 이웃과 지역사회 내에 산재하고 있는 사회문제를 해결하기 위한 공공성에 바탕을 두고 활동하는 것을 말한다.

(9) 협동성

혼자서 할 수 있는 개인 활동이 아니고 봉사자 간에 협력이 필요하며 각자 주어진 역할에 충실해야 한다.

4) 자원봉사의 인간관계

(1) 인간관계의 원리

인간관계에서 유의해야 할 기본적인 요소는 사람과 낙인과 인내이다. 주체인 사람을 이해하고, 성급하게 사람을 판단하지 말고, 관계를 유지하기 위해서 인내가 필요하다.

① 근접성의 원리

가까운 이웃사촌이 멀리 있는 친척보다 낫다. 거리가 멀면 비용이 증가하는 비용효과가 있다.

② 서로 유사한 특성을 가진 사람끼리 친하다.

유사한 사회적, 경제적, 신체적, 심리적 특성을 가진 사람이 친하다. 유사할수록 예측이 가능하기 때문이다.

③ 노출 효과의 원리

같이 만나는 횟수가 늘어날수록 친하게 되는 원리이다. 알고 보면 다 좋은 사람이라는 의미이다. 부정적으로 평가 시 단순노출은 부정적 이미지를 일으키며, 이럴 땐 화해의 제스처가 필요하며 긍정적이더라도 지나치게 잦은 접촉은 심리적 포만을 일으켜 역효과를 가져올 수 있다.

④ 보상의 원리

⑤ 사람들은 대개 매력과 능력이 있는 사람들을 좋아한다.

- 후광효과: 매력 있는 사람과 같이 있으면 자신도 매력 있어 보인다. 첫인상이 이후의 인상에 영향을 미친다.
- 발산효과: 신체적 매력이 있는 사람과 함께 할 때 자신도 주가가 올라간다.
- 대비효과: 신체적으로 매력이 있는 사람과 함께 할 때 자신이 대비되어 불이익을 보는 경우이다.

(2) 자기개방과 인간관계

① 자기노출

친밀한 감정과 정보를 함께 나누는 것을 의미한다. 상황에 맞추어 자기노출이 알맞게 나타날 때 상대방은 호감을 가지며, 속도가 너무 빠를 때는 불안하거나 위협감을 느끼고 경계하며 상대방을 싫어한다. 상황과 관계에 맞춰 적절하게 자신을 드러내는 것이 현명하게 관리하는 방법이다.

② 상호규범

자신에게 보수를 주는 사람에게 자신도 보수를 주어야 한다는 생각과 다른 사람이 나를 도와주면 나도 그에게 도와주어야 할 의무를 느끼는 심리로 높은 수준-높은 수준, 낮은 수준-낮은 수준, 높은 수준-낮은 수준(차가운 인상), 낮은 수준-높은 수준(부적응되는 사람으로 평가)

(3) 갈등이 있을 때 어떻게 대처하는가?

사소한 갈등은 커다란 갈등을 미연에 방지하는 효과가 있다.

갈등의 유형에는 개인적 갈등, 개인 간의 갈등, 집단 간 갈등이 있다. 개인적인 갈등을 해결하기 위하여 억압, 억제, 치환, 합리화, 퇴행, 거부, 환상 등이 있다. 갈등을 해결하기 위해서 싸움이라는 방법을 선택할 수도 있으므로 효과적인 싸움 전략과 뿌리 깊은 갈등에 대한 예방 지식을 습득하는 것이 좋다.

(4) 의사소통의 기술

지켜야 할 4가지 원칙(예, 아니요, 그렇습니다, 잘 모르겠습니다)은 대화의 막힘이 없이 원활해지며 의사소통이 확실해진다.

의사소통의 효과를 정리하면 감정이입, 장애물 의식, 피드백 주고받기, 상대방의 말 경청하기, 상대방을 수용하려고 노력하기, 상호 신뢰하기 등이다.

인간관계를 개선하기 위해서는 무엇보다 끊임없는 자아성찰 주고받기, 참견의 적절성, 맺고 끊기 그리고 의사소통에 있어서 지켜야 할 원칙을 가져야 한다.

5) 노인자원봉사자의 특징

(1) 노년기 자원봉사활동의 필요성

① 자기 성숙의 기회이다. 자긍심 회복, 적극적인 자기표현, 성취감 경험, 적절한 가족관계의 유지, 지능 저하의 예방, 노화방지 등의 효과를 얻게 되어 자기 성숙이 가능해진다.

② 공동체 의식을 강화시킨다. 노인도 지역사회에 살고 있는 주민이기에 지역사회의 한 구성으로 역할을 수행한다.

③ 자원봉사자의 당사자성은 상황적으로 유사한 욕구를 지닌 사람이 자원봉사를 하게 될 때 발휘하는 능력이다.

④ 노인에게 주는 이익은 퇴직으로 상실되었던 사회적 지위와 역할을 보충해 주어 자신이 사회적 가치성을 회복하고 사회적으로 유용한 존재가 되고 있다는 자신감을 가질 수 있다.

⑤ 나아가 노년기의 자아상을 긍정적으로 유지하게 하고 소외감을 벗어나도록 도우며 창의성과 책임성을 발휘할 수 있는 기회를 마련해 주고 젊은 세대와 함께 함으로써 세대 간의 연대를 키워 나갈 수 있다.

(2) 노인자원봉사활동을 저해하는 요인

① 권위주의적 특징이다.

전통적인 가부장제도하에 배타적 권위를 지켜왔으며, 고령화 될수록 성향이 더 강해진다. 사회적 권위와 별관계가 없어 보이는 자원봉사활동에 대한 부정적 성향을 가지고 있다.

② 현재의 우리나라 노인들은 가족주의적 성향이 강하다.

가족에 대한 희생적 의식이 강하지만 남을 배려하는 훈련은 되어 있지 않다. 가족을 위해 모두 희생하고 자신들이 독립할 수 있는 기반조차 마련해 놓지 못한 상황에서 자녀에게 의존하는 경우가 많다. 이런 이유로 사회활동을 할 수 있는 경제적, 정신적 여유가 없다는 것도 커다란 이유가 될 수 있다.

③ **우리나라 노인의 수동적 성향을 들 수 있다.**

보수적이고 가족주의적인 성향과 자식 의존적인 노후생활로 인해 우리나라 노인들의 활동 입지가 축소되는 것과 연관된다. 사회적 역할 축소, 상실, 젊은 세대들의 기대 이하의 대접 등으로 인해 노인들은 체념적이고 수동적 성향을 보인다.

(3) 노인자원봉사의 과제와 대안

참여비율은 다른 나라에 비해 상당히 낮은 편이며, 분야에 있어서도 다양하지 않다.

① 자원봉사활동 후의 심리적, 물리적 보상 부족

② 노인의 자원봉사활동에 필요성에 대한 동기 부여와 참여유도, 홍보의 부족

③ 노인 심신 기능의 쇠퇴에 알맞은 프로그램 개발 미흡

활성화를 위한 대안으로는 노인자원봉사 인력을 관리하는 조직의 조정자를 중심으로 하는 기능의 확대가 필요하다.

자원봉사 관리 조정자 교육 프로그램의 개발, 노인자원봉사자 양성과정 마련, 노인자원봉사 집단의 구성 및 운영 지원, 자원봉사 활동 범위 확대, 다양한 노인자원봉사의 구체적인 프로그램이 필요하다.

① 노인들 스스로가 자신들의 참여 가능성을 인지하고 적극적인 대응을 할 수 있도록 유도한다.

② 노인들의 참여 경로를 정비한다.

③ 보람을 느끼고 즐겁게 참여할 수 있는 프로그램을 개발한다.

④ 자원봉사활동에 참여하는 데 필요한 경비나 이동 수단을 제공하는 것도 참여를 활성화시킨다.

2. 노인교육의 중요성

1) 노인교육의 의의

현대사회에서는 과거의 지식이나 경험만으로 노년기 생활을 하는 데 한계가 있고 세대차이로 인한 갈등을 극복하기 어려운 형편이다. 노인들에게 현대사회에 적응할 수 있는 능력을 키우기 위한 지식을 습득하게 하고 고독과 소외감을 없애 주며 삶의 보람을 찾아 노후를 보람 있게 해주기 위함이다.

노년기의 삶의 질을 적극 향상시키고 노인들로 하여금 급속한 사회변동에 성공적으로 적응하도록 하는 데 주안점을 두어야 한다. 기본적인 지식의 부족으로 더 벌어지는 세대 간의 틈을 메우는 것은 중요하다.

교육의 궁극적인 목적인 계속적 자기계발과 원만한 사회 적응, 다른 연령집단과의 연대감을 통한 전인적 인격 형성을 추구할 수 있어야 한다. 노인교육이 필요함에도 불구하고 실패에 대한 두려움이 크고 신체의 활동능력의 약화로 교육장소의 접근에 제한이 있으며, 현실적인 적용 가능성에 의문을 갖는데서 교육의 열의가 약할 수 있다. 교육에 대한 열망이 커질수록 교육의 욕구가 보다 많이 생겨 교육의 참여도가 더 높다. 교육을 평생학습의 과정으로 보면서 교육 대상에서 제외되는 세대가 없도록 하고 있다.

노인교육은 가장 늦게 시작되어 아직 체계적인 자리매김을 할 수 없고 또 지속적인 평균수명의 연장과 맞물려 그 중요성이 점점 커지고 있다.

평생교육은 1970년 UNESCO의 기본정책으로 채택된 수평적 통합과 수직적 통합이라는 양대 핵심 이념을 강조하고 있다.

수평적 통합이란 가정교육, 학교교육, 사회교육이라는 교육의 삼위일체로 통합하고 연계하는 것을 의미한다. 이는 교육시기의 향상성과 계속성을 내포한다.

노인교육은 평생교육 또는 생애학습으로서 퇴직 후 즐거운 생활수단이 되는 여가교육이라든지 변화하는 사회에 적절히 적응하기 위해 필요한 힘을 기르기 위한 교육의 중요성이 발견된다.

참고 | 맥크러스키(McClusky, 1974)

맥크러스키(McClusky, 1974)는 교육을 얻을 수 있는 효과로 다음과 같이 노인교육 프로그램을 발전시키기 위한 지표를 제시하였다(이해영, 2014: 238-239).

① **사물에 대처하려는 욕구(환경 적응 욕구)**

학습을 통해 변화하는 환경에 적응하기 위한 욕구이다. 생활의 여러 가지 요구를 충족하기 위한 신체적, 경제적, 경제적, 복리적 교육의 욕구를 말한다.

② **표현적 욕구**

어떤 목적을 띤 수단이 아니라 활동 자체에 참여하는 것을 목적으로 예술 분야 등에 관여하는 것이 바람직하다. 학습을 통해 사회에 참여하고 표현하고자 하는 욕구로서 자발적인 신체운동, 사회적 활동, 새로운 경험, 그 자체로부터 만족을 얻게 된다. 서예, 미술, 공예 등 그 자체의 흥미에 빠져 이를 통해 동료들과의 친교관계를 형성하고 유지한다.

③ **공헌하려는 욕구**

남을 위해 헌신하려고 하는 욕구로서 헌신과 봉사를 통해 자아개념을 충족시키고 스스로 만족을 구할 수 있다. 지역사회활동이나 자원봉사활동에 참여하여 자존심을 유지하고 개인적 지위를 향상시킨다. 자신의 삶을 보람으로 다른 사람을 돕고자 하는 봉사활동을 말한다.

④ **영향력 욕구**

사회적 역할과 지위가 소멸되는 시기에 노인도 사회의 일원으로서 사회에 영향을 미치면서 살고 싶어 한다. 지역사회의 친목단체나 종교단체, 봉사단체 등에 참여하여 사회적 역할을 갖고 영향을 미치고자 한다. 또한 노인 자신의 생활 방향을 세워 나가는 데 필요하여 활동을 집단적으로 조직하여 권익을 창출하고자 한다.

⑤ **초연하고자 하는 욕구**

노년기에 다가오는 죽음을 느끼면서 인생의 의미를 보다 깊게 깨닫고 파악하려는 욕구로 자아실현 욕구를 충족시키고자 한다. 체력의 쇠퇴와 기대수명 감소에 대한 불안을 넘어 인간의 생존에 대하여 보다 높은 의미를 터득하고 정신수준을 올림으로써 세상의 욕망에서 초연해지려는 것이다.

따라서 노인교육을 계획하고 준비할때는 이러한 노인들의 욕구를 충족시킬수 있는 적절한 프로그램을 개발해야 할 것이다.

2) 노인교육의 목적

노인교육을 위한 교육은 전 생애에 걸친 평생교육의 일환으로써 자리매김을 하여야 할 것이다. 노인들로 하여금 보다 창조적인 노년기를 맞이할 수 있도록 돕는 데 그 목적이 있다. 노인을 위한 교육의 구체적 목적은 다음과 같다(이해영, 2014: 238).

첫째, 노인들로 하여금 자신들의 위치를 확인하고 노인 및 노화의 특성을 정확히 이해하여 노화에 대해 보다 효율적으로 적응하고 노년기에 요구되는 발달과업들을 성취할뿐 아니라 자신의 문제를 스스로 해결해 나갈 수 있도록 도와주는 것이다.

둘째, 노인들로 하여금 여러 가지 사회변화를 이해하고 그에 적응할 수 있도록 도우며, 노인들도 변화하는 사회의 구성원으로서 능동적으로 참여할 수 있도록 하는 것이다.

셋째, 노인들이 학습과 자기개발에 대한 욕구를 충족시킬 수 있도록 도와주는 것이다.

넷째, 노인들이 교육에의 참여를 통해 보다 적극적이고 능동적인 삶의 태도를 고취시킬 수 있는 돕는 것이다.

다섯째, 교육의 장을 보다 다양한 인간관계를 구축하고 조력과 정보교환을 위한 대인관계망을 확대시킬 수 있도록 도와주는 데 목적이 있다.

여섯째, 노인들의 사회참여와 취업에 필요한 지식과 기술을 제공함으로써 노인들이 경제적으로 자립하고 사회에 능동적으로 참여할 수 있도록 도와주는 데 있다.

참고문헌

박귀영(2010). 노인복지론. 공동체.

박차상 외(2003). 한국노인복지론. 학지사.

서강훈 외(2018). 노인복지론. 창지사.

안홍순(2015). 노인복지론. 공동체.

양옥남 외(2012). 노인복지론. 공동체.

이은희 · 박양숙(2017). 새로 쓴 노인복지론. 학지사.

이해영(2014). 노인복지론 개정3판. 창지사.

임병우 · 김은주 · 임종철 · 주경희(2017). 노인복지론 제2판. 공동체.

임정문 외(2020). 노인복지론 개정판. 동문사.

최원석(2012). 노인복지론. 양서원.

현외성(2012). 노인복지학 신론. 양서원.

Chapter 10 가족 부양과 노후 부부문제

제1절 우리나라 노인가족의 실태

1. 노인가족의 개념

건강가정기본법에서는 가족이라 함은 혼인·혈연·입양으로 이루어진 사회의 기본단위를 말한다. 가정이라 함은 가족구성원이 생계 또는 주거를 함께 하는 생활공동체로서 구성원의 일상적인 부양·양육·보호·교육 등이 이루어지는 생활단위를 말한다.

가족은 성별과 세대라는 특별히 유지되는 최소 단위의 사회체계로 개인에게는 1차적 관계의 장소이며 심리사회적·물질적 지지의 근원이 된다.

노년기는 신체적, 정신적으로 쇠약해짐과 동시에 사회적 관계망이 축소되면서 가족관계망으로의 귀속이 이루어지는 시기로서 가족은 노인에게 있어서 중요한 생의 구조이며 삶의 양식이 된다. 가부장을 중심으로 한 전통적 농경사회에서 노인은 자녀와 동거하면서 가장권을 행사하고 가족의 부양을 받을 수 있었다.

그러나 현대 산업사회에서는 가족의 구조와 기능이 변하면서 노인의 가족 내적 지위와 역할이 변함은 물론이고, 인생의 후반부에 가족을 통하여 공급될 것으로 기대되던 기본적 보호를 비롯한 심리사회적 지지 기반이 흔들리고 있는 실정이다.

2. 우리나라의 노인가족 실태

뱅슨은 21세기에서의 고령화가 진전되면서 가족 내에서 다세대 간의 공존기간이 장기화되고, 이혼과 이혼율의 증가로 재구성되는 가족이 늘어나는 등 다양한 형태의 가족 유형이 급증하면서 가족 내에서 세대 간에 관계 유형의 다양화가 촉진될 것이라고 주장하였다.

즉, 인생주기가 길어지면서 다세대 간의 공존기간이 장기화되지만 각 세대의 구성원 수는 적은 콩껍질형 가족 구조가 일반화될 것이며, 출산 시기가 늦어지거나 무자녀, 이혼 등으로 인해 세대 간의 관계가 단절되거나 약화되어 노인에 대한 가족 부양기능이 저하되고, 조부모가 손자녀의 양육을 책임지는 조손가족이 증가하는 등 기존의 전형적 가족 구조와 가족기능의 범주에서 벗어난 다양한 가족 유형이 증가할 것이라는 것이다.

▪ 다양한 가족형태의 출현

① 한부모가족

- 한부모가족은 별거, 이혼, 사망, 유기, 가출 등으로 말미암아 부모 중 한사람과 자녀로 이루어진 가족을 말한다.
  - 일부이긴 하지만 미혼모나 미혼부 가족도 포함한다.
  - 한부모가족은 이혼의 증가로 늘어나는 추세이고 관심이 높아지고 있다.
- 한부모가족 중에서 모자가족은 가족 내에서 경제적 · 정서적 안정에 이바지했던 부의 부재로 많은 문제가 일어난다. 특히 소득의 감소로 말미암아 생활수준이 급격히 낮아지며, 자녀교육에 어려움이 많다.

② 아동가장가족

아동가장가족은 부모의 사망, 이혼, 가출, 질병, 심신장애 등으로 말미암아 18세 미만의 미성년자가 가정생활을 이끌어 가는 가족을 말한다.

- 아동가장가족은 부모가 없어서 수입이 부족하고, 생활이 안정되지 못하여 신체적으로 정상적인 성장과 발달을 기대하기 어렵다. 또한, 정서적으로 불안정할 수 있고, 정상적인 학교생활을 하지 못할 수도 있다.

③ 재혼가족

- 재혼가족은 배우자 한쪽이나 양쪽 모두가 재혼 이상의 결혼으로 자녀가 있거나 없으면서, 하나의 가구를 유지하는 남편과 아내로 구성된 가정을 말한다.
- 유사한 용어인 계부모가족은 부모의 한쪽이 친부모이며, 그 친부모가 재혼하기 전에 전 배우자 사이에서 출생한 18세 미만의 자녀가 있는 재혼가족을 말한다.
- 이러한 가족의 유형을 다른 말로 재결합가족, 혼합가족, 두 개의 핵가족 등으로 부르기도 한다.

④ 노인 단독가족

- 노인 단독가족은 65세 이상의 노인이 자녀나 친척과 동거하지 않고 독신 혹은 부부로서 독립된 가구형태로 생활하는 가족을 말한다.
- 노인 단독가족은 노년기에 발생할 수 있는 신체적・정서적・경제적 문제 등을 스스로 해결해야 하기 때문에, 자녀와 동거하는 노인가족과는 달리 같은 문제라도 다른 양상으로 경험하게 된다.

⑤ 동거가족

- 동거가족은 혼인신고 절차를 거치지 않은 가족으로 젊은 층에서 많이 볼 수 있다.

  동거의 이유로는 경제적인 면에 있어서 협력과 성적 욕구에 대한 충족 등을 들 수 있다.

⑥ 무자녀가족

- 무자녀가족은 자녀 없이 부부끼리만 사는 가족형태를 말한다.
- 과거에는 불임이나 사고로 말미암아 무자녀가족이 많았지만, 여성의 교육과 취업의 증가와 함께 자녀를 낳지 않기로 선택한 부부가 증가하고 있다.

⑦ 독신가족

- 독신가족은 성인이 된 남녀가 결혼하지 않고 혼자 사는 가족을 말한다.
- 성인남녀가 결혼하지 않거나 노인이 되기 이전에 이혼이나 사별하고 나서 재혼을 하지 않고 혼자 사는 가족형태이다.
- 과거에는 성인남녀가 독신으로 사는 것을 사회적으로 바람직하지 못한 것으로 간주하였으나, 최근에는 독립적으로 생활하는 것을 어느 정도 수용하는 추세이다.

⑧ 기러기가족

- 우리나라에서 모와 자녀는 유학을 위해 외국에서 생활하고, 부는 한국에 남아 혼자 벌며 학비와 생활비를 조달하는 신종 이산가족을 일컫는 말로 기러기가족이 증가하고 있다.
- 기러기가족은 1990년대부터 시작된 조기유학 열풍이 만들어 낸 또 하나의 부산물이자 대안이다. 기러기가족의 가장을 일컬어 '기러기 아빠'라고 한다.

⑨ 공동체가족

- 공동체가족은 결혼과 혈연에 기반을 둔 기존의 가족 틀에서 벗어나 개별가족이 더는 수행하지 못하는 공동체적 기능을 회복하고, 동시에 핵가족이 가질 수 있는 문제점을 극복하려는 개인과 가족의 복합체를 말한다.
- 공동체가족을 대안 형태의 가족으로 보는 관점도 있으나, 최근에는 대안적 성격보다는 공동체 자체의 가족기능에 초점을 맞추어 하나의 선택적 가족으로 보는 경향이 있다.

⑩ 북한이탈주민가족

- 북한이탈주민가족은 북한을 탈출해 현재 남한에 거주하면서 정부로부터 법률적으로 지원을 받는 북한이탈주민 중 가족단위의 사람을 말한다.
- 이들 유형은 처음부터 가족단위로 한국에 입국한 형태, 가족 중 일부가 먼저 입국하고 나서 입국한 가족과 합류한 형태, 그리고 혼자 입국하여 한국에서 가족을 이룬 형태 등으로 구분할 수 있다.

⑪ 다문화가족

- 다문화가족은 국제결혼 등을 통해서 서로 다른 인종의 상대를 만나 결합한 가정을 의미하다.
- 다문화가족이란 용어가 그 가족 내 가족구성원의 인종 간 차별성과 한 가정 내에서 두 개이상의 서로 다른 문화가 만난다는 특징을 지니므로 더 적절한 표현이다(박주현 · 임상록, 2009).

⑫ 동성애가족

- 동성애가족은 아직 우리나라에서 보편화되지는 않았지만, 최근 동성애자의 인권에 대한 논의가 활발하게 진행되고 있다.
- 유럽이나 미국과 같이 동성애에 대한 논의가 먼저 진행된 나라에서도 아직은 동성애가족이 그리 많은 것은 아니다.
- 동성애가족 자녀의 성(性) 정체감 문제와 동성애 자체를 거부하는 사회에서 고립되고, 이는 곧 동성애가족 자녀의 고립으로 연결되는 문제를 안고 있다.
- 고롬벅 등(Golombok et al., 1983)의 연구를 따르면, 동성애가족이 이성으로 구성된 가족보다 자녀에 대한 애정이 더 강하며, 동성애가족 자녀는 다양성에 대한 포용력, 차별에 대한 지각 등에 있어서 더 많은 경험을 하는 장점이 있다.

산업화로 인해 나타나는 가족 구조의 변화는 소가족화로 인한 가족규모의 축소, 가족세대의 단순화와 핵가족의 증대 그리고 비정형적 가족 구조의 출현이라고 할 수 있다. 이는 1, 2세대 가구가 증가하고 3세대 가구가 감소하며, 전체 가구 중 1인가구의 구성 비율이 증가하는 현상으로 나타난다.

지난 40여 년 동안 우리나라 가족 구조의 가장 뚜렷한 변화는 1세대가구의 증가와 3세대가구의 감소라고 할 수 있다. 전통적 가족 구조로 인식되던 3세대 이상의 가족은 1960년 28.8%에서 2002년 9.1%로 감소하여 3세대 이상의 직계가족은 주변적 가족 유형이 되었다. 1960년 3.2%에 불과하던 1세대 가구는 2002년에 약 18%로 증가하여 거의 6배에 달하는 증가율을 보이고 있다.

2008년도에 오면 총가구수는 1,667만 3천 가구로, 가구당 평균 가구원 수는 2.79명이다. 이 가운데 가장 주된 핵가족 형태의 가족 유형은 부부+자녀가구(696만 5천 가구)로 전체의 41.8%를 차지한다. 또한 부부가구는 14.81%이며, 1인가구는 그보다 좀 더 많아 20.1%(335만 7천 가구)이다.

참고 | 1세대가구와 1인 단독가구가 증가하게 된 대표적 원인

첫째, 가족 형성의 변화로 무자녀 가족이 증가하고 첫 자녀 출생까지의 시기가 장기화되기 때문이다.

둘째, 성인 자녀들의 독립으로 노인만 남은 노인 단독세대가 증가하기 때문이다.

셋째, 미혼가구의 증가를 이유로 들고 있다.

특히, 우리나라는 전 세계적으로 가장 빠른 고령화가 진행되면서 노인인구가 양적으로 급속히 증가한데다 국민의 경제적・교육적 수준이 향상되고 서구적 가치관이 팽배해지며, 서비스산업 중심의 도시화가 촉진되는 등 생활양식 전반에 걸친 변화의 폭이 큰 것도 영향을 미친 바가 크다고 할 수 있다.

한편, 이와 같은 우리나라 가족 구조의 변화는 노인 단독 혹은 노인부부 가족의 절대적 증가에 따라 나타난 현상임을 알 수 있다.

'2005년 인구주택 총조사'에서 보면 우리나라 65세 이상 노인 1세대가구는 32.6%이며, 2세대 가구는 24.6%, 3세대 가구는 22.7%로 구성되어 있다. 그리고 4세대 이상 가구도 0.6%나 되어(통계청, 2006), 대가족의 전통이 조금이나마 이어지고 있는 것을 알게 된다.

그러나 노인가구의 비율이 17.9%나 되어 노인 단독가구 혹은 노인부부가구의 경우 경제사회적 지위, 부양자와의 접촉 빈도와 관계의 질에 따라 삶의 질에 큰 차이가 있으며, 신체적 의존 정도가 높아질수록 이들에 대하여 어떻게 적절한 부양을 제공하는지에 대한 과제는 향후 노인복지의 핵심 과제라고 할 수 있다.

결국 세대별로는 3세대 이상 가구가 2000년도에 비하여 7.4% 감소하고, 1세대가구는 4.1% 증가하였으며, 노인 1인가구의 증가도 1.8%로 나타나고 있다.

노인들이 누구와 함께 사는지에 대하여 살펴보면(2008 고령자 통계), 우리나라 65세 이상 노인 중 38.2%만이 현재 자녀와 같이 살고 있고 이 가운데 도시지역은 44.5%, 농어촌지역은 25.6%의 비율을 차지한다.

상대적으로는 '08년도에 자녀와 같이 살고 있지 않은 노인은 61.8%이다. 그 이유로는 따로 사는 것이 편해서(35.6%), 독립생활이 가능하여(23.2%), 자녀에게 부담이 될까 봐(23.1%)의 의견이 반영되고 있다. 향후 자녀와 같이 살고 싶지 않은 비율은 57.1%로 나타나며, 연령대가 높아질수록 자녀와 같이 살고 싶은 경향이 나타난다. 향후 자녀와 같이 살고 싶지 않다고 생각하는 노인의 거처로는 자가(84.36%), 무료양로원 또는 요양원(10.2%) 그리고 유료양로원이나 실버타운(14.6%)의 순이다.

이러한 조사 결과는 산업화 이후, 지난 40년 동안 핵가족에 대한 높은 선호도와 수적 증가에도 불구하고 노인의 약 40%는 자녀와 함께 살고 있으며, 신체적·정서적·경제적 자립성이 약화될수록 자녀와의 동거율이 증가될 것이다.

성인 자녀와 가족은 아직 노부모 부양의 1차적 책임자로서의 역할을 담당하고 있다. 급진적 산업화 과정을 거치면서 가족 구조 및 가족의식이 급변하고 있음에도 불구하고 우리나라의 가족은 전통적 부양의식을 기초로 3세대 가족 유형을 통하여 세대 간 부양기능을 담당하는 1차적 집단이라는 것이다.

이와 같은 현상에 대해 가족에 대한 일련의 비교 문화적 연구들은 산업사회에서도 가족의 유형과 가치에 다양성이 존재하며, 한 사회의 대표적 가족 유형은 그 사회의 전통적 가족 유형이나 고유한 가치나 힘, 가족의 욕구에 의하여 영향을 받는다고 지적하였다.

그들은 핵가족 유형이 우세한 산업사회 가족이 기존의 3세대 가족 유형을 유지하거나 적극적으로 선택하는 현상에 대하여

첫째, 그 사회의 전통적 가족 유형과 가치관이 확대가족을 선호할 때이며,

둘째, 사회보장정책 및 복지서비스가 열악하여 노후생활을 보장할 수 있는 대체기제가 부족할 때,

셋째, 가족 자체가 가지고 있는 특수상황, 예를 들면 맞벌이 부부의 자녀 양육과 같이 자녀 세대의 생활주기상 필요에 따라 세대 간 자원의 교환을 통한 상부상조를 목적으로 할 때라고 설명하였다.

그러므로 우리 사회의 가족들이 서구에 비하여 노부모와 동거하는 비율이 상대적으로 높은 것은 전통적 가족 부양의식 때문이기보다는 노인부양에 대한 사회적 대체기제가 부족하거나 노부모 동거로 인한 긍정적인 부대 가치와 효용성 때문일 수도 있음을 배제할 수 없다.

최근 3세대 가족은 가족 내에서 세대 간의 자원을 효율적으로 교환, 공유함으로써 가족의 기능을 극대화할 수 있는 적응적 가족 유형으로 재조명해 볼 필요가 있음이 일부 연구자들에 의하여 제기되고 있다.

이들에 의하면 3세대 가족은 가족이 경험하는 세대 간 갈등과 부양 부담과 같은 부정적 측면에도 불구하고 세대 간의 동거로 인해 비용을 줄이고, 상대적으로 심리적·물질적 보상을 증가시켜줄 수 있음을 강조하고 있다.

따라서 같은 3세대 가족의 가족원들일지라도 3세대 가족을 유지 혹은

선택하게 된 동기에 따라서 가족 내에서 세대 간의 권력 및 역할, 이에 따르는 가족관계의 질은 매우 다르게 나타날 것으로 예측할 수 있다. 즉, 세대 간 부양의 전통적 가치에 대하여 가족 간에 긍정적 합의가 있거나, 노부모 세대와 자녀 세대의 자원이 상호 교환 가치가 있을 때 3세대 가족은 세대 간의 자원 교환을 통하여 가족의 기능성과 가족의 심리적 만족감을 극대화할 수 있는 긍정적 효과를 창출할 수 있는 바람직한 장이 될 수 있다.

또한 다세대 동거 가족의 성인 자녀들이 3세대 동거를 선택한 이유를 탐색해 보면 대니위츠(1995)의 연구에 의하면 성인 자녀의 노부모 동거 욕구의 인식정도에 따라 동거 여부를 결정하게 되며, 자신의 선택에 대한 만족감, 책임의식의 충족, 모성애의 실현 등의 심리적 만족을 통하여 주거만족도가 결정된다고 하였다.

우리나라는 가족의 전통적 부양보호 기능을 확대, 강화하고 국가의 복지기능을 최소한으로 하고자 하는 균형적 복지국가의 복지 이념을 근간으로 하고 있으며, 이와 같은 복지 이념은 국민적 정서에 의하여 뒷받침되어 가족 내 세대 간 부양의 전통적 가치는 범국민적 합의가 전제되어 있다고 할 수도 있다.

우리는 3세대 가족이 자녀 세대의 일방적 부양 행위가 요구되어 가족 내 역할과 권력에 있어서 비민주적이고 비능률적인 전근대적 가족 유형이라는 기존의 부정적 인식에서부터 벗어나 새로운 시각으로 3세대 가족을 재조명할 필요가 있다.

더욱이 앞으로 노인의 사회경제적 지위가 향상되고, 노부모－성인 자녀 간에 가정 내 역할과 권력이 민주적 인식과 합리적 수행이 병행되며, 노인 부양 부담을 경감시킬 수 있는 다양한 복지서비스 접근이 용이해짐으로써 3세대 가족에 대한 사회적 지원이 강화된다.

3세대 가족은 핵가족에 비하여 가족의 욕구를 충족시킬 수 있는 다양하고 풍부한 자원을 공유한 기능적 가족 유형이 될 것으로 보인다. 물론 이와 같은 추론은 우리 사회가 다시 과거의 전통적 확대가족 구조로 돌아가야 함을 주장하는 복고주의적 관점에서 비롯된 것은 아니다.

그러나 노인인구의 폭발적 증가에 따른 개인 및 국가의 부양비용의 문제가 기존의 서구 복지국가 모형의 수정을 불가피하게 하는 요인의 하나로 지적되고 있으며, 서구의 노인 복지 및 보장정책에도 불구하고 정서적 관계의 결핍에서 비롯된 심리적 복지감의 저하에 따르는 부작용을 보완하기 위하여 정서적 복지서비스의 강화가 강조되는 현실을 살펴볼 때, 우리나라의 3세대 직계가족의 전통과 그 안에서 이루어지는 가족관계의 긍정적 요소들은 21세기의 한국적 복지모형의 개발에 있어서 매우 의미 있는 시사점을 제공하고 있지 않은지 고려해 볼 가치가 있다는 것이다.

3세대 가족 유형들을 간과해서는 안 된다. 시설복지를 선호하는 것은 아니기 때문에 집에서 돌볼 수 있고 관리가 가능하도록 부양의 스트레스에서 벗어날 수 있는 국가적 정책이 추진되어야 한다.

우리나라는 모든 재가서비스가 보완 모델로 되어 있다. 이를 통해 요양서비스를 받음으로써, 모시고 사는 부양가족들의 심리적, 신체적 부담을 나눌 수 있는 정책들이 필요하다. 예를 들어 장기노인보험제도의 경우, 과거 부모를 돌보는 것이 당연하기에 제도가 필요 없다고 생각했지만, 현대에 이르러 이는 현실화되었다.

가족 중심적, 가부장적인 분위기로 인해 부양자들은 신체적뿐만 아니라, 경제적 부담을 안고 있었지만, 예전처럼 큰 경제적 부담을 갖지 않고도 서비스를 나눌 수 있게 되었다.

시부모를 모심으로써 심리적인 만족감과 사회에서 대접받는 긍정적인 효과, 인내와 문제해결 대처능력 등의 기대효과가 있을 수 있으며, 사회 및 국가에서 완충 작용을 할 수 있는 역할이 필요하다.

제2절 노인과 가족 부양

1. 노인과 가족 부양

전통적으로 우리 사회에서는 노부모에 대한 가족의 부양 의무는 개인 및 사회의 규범으로 인식되어 왔으며, 부양에 따르는 경제적·신체적·심리적 부담은 가족 내에서 스스로 해결하여 왔다.

그러나 고령노인의 수가 증가함에 따라 현대 가족은 유병장수하는 의존적 노부모에 대한 일차적 부양 책임자로서 역할을 피할 수 없게 되었으며, 이는 개인 및 가족의 문제를 넘어서 사회적 문제로 대두되고 있다.

따라서, 노인 자신과 노인부양가족의 삶의 질을 보장하기 위해 가족을 비롯한 사적인 부양기능을 재정비, 강화함은 물론, 사회적 부양서비스의 적절한 개입을 촉진, 활성화할 수 있는 정책적 지원을 통하여 공적·사적 부양을 통합적으로 실천하는 구체적 방안이 요구된다.

일반적으로 노인에 대한 가족 부양의 문제는 다음의 세 가지 주제를 다루고 있다.

첫째, 노인에 대한 가족 부양이 무엇이며 어떤 역할을 하는지에 대한 정의의 문제에 관한 것이며,

둘째, 노인에 대한 가족 부양의 부정적·긍정적 측면은 무엇인지에 관한 논의이고,

셋째, 비공식적 혹은 사적 부양인 가족 부양과 공적 부양의 관계는 무엇인지에 대한 논의이다.

1) 노인부양의 개념 및 의의

최재석에 의하면 부양은 의식주 전반에 걸친 충족이라 정의하여 물질적인 면을 강조하였으며, 카플란은 정서적 지원과 필요한 자원을 개인에게 제공하고, 개인을 그가 의지할 수 있는 사람과 연결해서 관계가 지속되도록 하는 것으로 정의하여 부양은 물질적・심리적・신체적 측면에서의 지원을 의미한다고 할 수 있다.

또한, 부양은 한 개인을 둘러싸고 있는 사회적 관계로부터 일생을 통해 필요로 하는 자원을 얻는 과정이며, 부모・자녀 간의 상호적 도움 관계로 정의함으로써 쌍방적이고 계속적인 과정으로 설명하고 있다.

즉, 부모와 자녀 간의 상호적 도움 관계는 생애를 통해 계속되는데, 인생 초기에는 자녀는 부모로부터 도움을 받지만 나이가 들어감에 따라 도움은 쌍방적으로 진행되고 결국 노년기에 이르면 자녀로부터 도움을 받게 되는 세대 간의 순영위할 수 없는 가족원에게 가족 내의 다른 구성원이 제공하는 정신적・신체적・물질적 도움 행위라고 정의할 수 있다.

이는 아동양육과는 구별되어 노인가족원의 노화에 따른 신체적・경제적・정서적 기능 상실 및 약화에 대한 가족의 돌봄 행위라고 할 수 있다.

핵가족화가 급속하게 이루어지고, 노인의 노후 자립 의지 및 능력이 증가하고 있지만 우리 사회는 서구보다 노부모와의 동거율이 높고 더욱이 자녀와 따로 산다고 하더라고 여전히 가족은 절대적 노인부양기능을 수행하고 있다.

다시 말하면 노인부양을 신체적・경제적・정서적 의존도가 높은 노인과 동거하는 자녀의 부양서비스로 국한한다면, 부양의 개념은 상당히 축소된다.

그러나 노인에 대한 광의의 개념은 노인 세대가 자녀에 대하여 갖는 의존성 정도나 그들의 신체적・경제적・정서적 기능의 상실 여부 정도와 상관없이 자녀 세대가 노인 세대와의 상호관계를 통하여 수행하는 제반 행동 모두를 포함하는 포괄적 의미로 정의하여야 할 것이다.

2) 노인가족 부양의 유형

(1) 경제적 부양

경제적 부양은 가족 부양, 자기 부양, 공적 부양으로 나눌 수 있는데 우리나라 노인의 경제적 자립도는 점차 높아지고 있지만 아직은 자녀에게 경제적으로 의존하는 노인이 더 많고, 공적·사적 연금 또는 공공부조와 같은 공적 부양에 의해 노후생활을 유지하는 노인은 아직 소수에 불과하다.

(2) 정서적 부양

정서적 부양이란 노인의 고독감과 불안을 해소하고 인격적·정서적 욕구의 충족을 제공하는 부양으로 공적 부양 방법으로 해결할 수 없는 부양 영역이다.

요람에서 무덤까지 사회보장제도가 잘 되어 있는 서구 노인의 자살률이 그렇게 높은 것은 인간에게 가족, 근친, 친구와 같은 일차적 집단과의 관계를 통한 정서적 만족이 그들의 총체적 복지감에 얼마나 중요한지를 보여준다.

우리나라의 노인은 대체로 자녀와의 동거 여부를 떠나서 자녀로부터 정서적 지지를 받고 있는데, 노인에게 정서적 부양을 제공하는 주 부양자는 배우자와 자녀로 나타났다. 남성노인의 경우 배우자 의존도가 높으며, 자녀 중에는 장남 부부, 딸 부부의 순위로 의존도가 높게 나타났다. 특히, 고령화될수록 딸에 대한 정서적 의존도가 높아지며, 여성일수록 딸에 대한 의존도가 높았다.

자녀와 동거하는 노인은 자녀로부터 정서적 부양을 받기도 하지만 반대로 갈등과 소외감을 겪는 경우도 많으며, 비동거 자녀는 동거 자녀보다 노부모에 대한 정서적 부양자의 역할을 하고 있는 것으로 나타났다.

따라서 자녀 부부와 노인이 원만한 가족관계를 유지하고 서로의 이해를 도모할 수 있도록 성인 자녀와 노인 부모 양측에 대한 사회적 지지가 요구되며, 자녀가 없는 독거노인에게 정서적 지지를 제공할 수 있는 지역사회 중심으로 사회적 지원망을 개발할 필요가 있다.

(3) 서비스 부양

서비스 부양은 본인의 신체적 조건에 따라 식사, 목욕, 세수 등의 보살핌과 시중을 제공하는 각종 부양 행위와 일상생활을 영위할 수 있는 제반 편의시설을 제공하는 것을 말한다.

고령노인이 증가하면서 서비스 부양에 대한 욕구는 증가하고 있지만, 부양 환경의 변화는 이와 같은 서비스 부양의 실제적 약화를 가져왔다.

서비스 부양이 부양자에게 주는 신체적·정신적 부담을 감소시키고, 실질적 서비스의 질과 양을 증가시키고 효율적 서비스 부양을 제공하기 위하여 비동거 가족을 비롯한 지역사회와 국가의 체계적 서비스 부양 전달체계의 확립이 요구되며, 의료 보장 및 재가복지 프로그램의 다양화와 확대 등 다양한 공적 서비스 개발이 요구된다.

3) 노인가족 부양 이론

(1) 스트레스 이론

노인부양가족에 대한 연구들에 의하면 일반적으로 노부모에 대한 부양행동은 부양가족에게 경제적으로 부담이 될 뿐 아니라 주 부양자는 자신개인의 욕구를 무시하고 개인생활과 사회생활의 제약을 받게 되어 정서적·심리사회적 스트레스에 처하게 되어, 이는 주 부양자 개인은 물론 가족전체에게 중요한 스트레스 요인이라는 것이다.

부양 스트레스에 관한 또 다른 관점의 연구들은 스트레스와 개인의 신체적·심리적 적응과의 관계를 설명하는 이론을 전개하면서 스트레스에 대한 개인의 지각과 평가, 대처 행동이 스트레스 사건과 개인의 신체적·심리적 복지에 영향을 미치는 중요한 매개임을 강조하는 '스트레스－대처 모델'을 제시하고 있다.

즉, 스트레스-대처 모델은 스트레스를 개인과 환경의 조우로 정의하며, 스트레스 사건 자체보다는 사건에 대한 개인의 인지적·행동적 반응과 유용한 자원 유무에 따라 적응 정도에 차이가 있음을 강조하면서 개인의 인지적·행동적 반응을 시도하는 순환적 스트레스 과정을 제시하고 있다.

이러한 이론적 관점은 노인부양을 스트레스 원으로 전제하고 스트레스 원에 대한 효과적 대처 방법을 적극적으로 강구하는 부양자 측면의 능동적 적응을 강조하고 있어서, 만성적 스트레스 원으로서 장기요보호노인부양 문제를 갖고 있는 가족에 대한 연구에 유용하게 적용할 수 있다.

(2) 사회교환 이론

교환 이론적 관점은 노인에 대한 가족 부양이 부양자 자신은 물론 가족 전체에 미치는 부정적 영향에도 불구하고 왜 가족은 부양 행위를 지속하고 있는지에 대한 질문에서 비롯되었다.

즉, 부양행위가 상호 간에 거래되는 행동에 대한 비용과 보상 유무와 유의미 정도에 대한 부양자의 인식에 따라 결정된다고 전제할 때, 부양의 비용보다 보상을 더 크게 인식하게 하는 요인이 무엇인지에 대하여 탐색해야 할 필요가 있다는 것이다.

1980년대에 들어와서 사회 교환적 관점에서 노부모의 부양 및 동거에 따르는 세대 간의 긍정적 보상 및 대가와 그에 따른 심리적 복지 및 가정생활만족도에 대한 탐색적 접근을 시도한 연구들이 이루어졌다.

여기에서 부양자의 주관적 인식에 영향을 미치는 요인으로는 타인에 대한 사랑, 부양자의 성별, 연령, 성격 특성 및 가치관과 같은 자생적 동기와 가족유대감, 제도적 혹은 지역사회의 자원 부족, 피부양자의 영향력, 여성의 사회경제적 의존성, 부모 부양에 대한 사회의 긍정적 보상 등이 노부모 부양 의무를 수행하게 하는 심리사회적 동기로서 작용할 수 있다.

그러나 상대적으로 노부모에 대한 부양 규범이 갖는 개인적·사회적 제

재가 약한 서구에서도 노부모 부양은 부양자녀에게는 개인과 지역사회의 긍정적 평가와 더불어 매우 긍정적으로 인식되고 있는 것으로 나타났다.

한편, 동거 자녀는 노부모가 제공하는 다양한 형태의 도구적 · 정서적 · 경제적 자원을 통하여 긍정적이고 상호 호혜적 관계를 발전시키기도 한다.

예를 들면, 청소년기의 손자녀들은 조부모와의 세대 간 유대를 통하여 문화적 · 정신적 연대감과 통합감을 전달받아 세대의 가치를 공유한다. 그러므로 3세대 가족 내에서의 긍정적 세대 간 교류는 1세대와 3세대 간의 세대차를 감소시키고 정신적 보상과 혜택을 증가시킬 수 있다.

4) 노인가족 부양의 문제점과 과제

(1) 노인가족 부양의 문제점

노인가족의 부양에 있어서 가장 중심이 되는 문제점은 부양이 필요한 노인인구는 증가하고 이들의 부양 욕구는 다양화되고 장기화되는 데 반해 부양 공급자로서의 가족의 부양 가용성은 감소하여 불균형을 이룬다는 점이다. 여기서는 이러한 불균형의 원인이 되는 실태를 살펴보고자 한다.

① 부양 대상 노인의 증가와 부양 욕구의 다양화 및 장기화

㉠ 노인부양 부담률의 증가

우리나라는 세계에서 유례를 찾을 수 없는 빠른 고령화 속도와 더불어 최근 출산율의 급속한 저하로 인하여 저출산, 고령사회로 진입하고 있다. 저출산 고령사회의 가장 심각한 문제 중에 하나는 개인과 가족, 나아가 사회적 부양 부담의 증가라고 할 수 있다.

고령자 통계에 따르면(통계청, 2009) 노인부양비는 2008년 현재 14.3%로 10년 전의 1998년 9.3%에 비하여 5.0% 증가하였다. 그리고 2020년에는 21.7%, 2030년에는 37.7%로 높아질 것으로 예상된다. 노인부양에 대한 부담은 노인인구의 단순한 증가라기보다는 현대사회의 고령화가 고령노인의 증가와 부양의 주 공급자인 가족의

감소 및 생활양식의 변화와 같은 현상들이 맞물려서 가족의 부양 부담을 가중시킨다는 점에서 더욱 심각하다.

그러나 노인부양에 대한 부담은 단순히 노인부양지수의 증가로만 이해할 수 없는 부분이 있다. 이는 우리나라와 같이 과도기적 상황에 있는 경우, 노인의 부양기대와 부양자녀의 부양의식과 부양 수행 간의 차이에서 비롯된 갈등은 심리적 부담을 가중시킬 수 있기 때문이다.

즉, 과거에 비해 노인 단독 혹은 노인 부부가 독립적으로 거주하는 노인이 증가하고 있지만, 여전히 다수의 노인은 부양책임이 자녀에게 있다고 여기고 있다. 그러므로 우리 사회는 부양이 필요한 노인의 양적 팽창과 더불어 부양의식과 부양 수행에 대한 개인과 가족, 사회의 요구가 심리적으로나 물리적으로 증가하고 있다고 할 수 있다.

㉡ 요보호노인의 증가

노인들은 만성질환에 노출되어 있어 건강문제를 가장 어려워하고 있다. 실제로 65세 이상 노인의 일상생활수행능력 정도를 보면 목욕하기를 제외한 기타 일상생활수행능력은 70대까지는 98% 수준에서 큰 차이가 없이 스스로 할 수 있다고 하였다. 그러나 80세가 넘게 되면 이와 같은 일상생활수행능력이 갑자기 저하되고 특히, 목욕하기 등의 동작은 91.7%에서 77.6%로 낮아짐을 볼 수 있다(통계청, 2004 고령자 통계).

한편, 70세 이상 노인의 장애 출현율은 전체 인구의 장애 출현 율인 3.09보다 3배 이상 높은 11.38에 달하며, 남성노인이 여성노인보다 장애 출현율이 높았다.

따라서 노인들이 가장 필요한 노인복지사업으로는 건강에 관한 것으로서 약 40%의 노인들은 건강지원사업을 원하고 있다.

농촌에서는 의료비의 지원(20.9%)과 노인전용병원 건립 및 확대(15.9)

가 36.4%의 비율을 차지한다. 그리고 도시의 경우는 각각 19.3%와 18.1%로 모두 37.4%가 의료에 관심을 두고 있다(통계청, 2009).

② 가족의 부양 가용능력의 저하

㉠ 부양인력의 감소

부양 욕구 증가에 반하여 가족의 부양 가용 능력은 눈에 띄게 저하되고 있다. 출산율의 저하와 핵가족화의 가속화로 인한 소가족화 현상, 노인 단독가구의 증가 및 기혼 여성의 취업률 증가와 같은 인구사회학적 변화와 가족 구조의 변화 등은 늘어나는 노인에 대한 가족 부양의 가용성을 낮추어 노인부양 환경을 열악하게 하고 있는 원인이 되고 있다.

구체적으로 우리나라의 평균 가족 수는 1966년에 약 5.5명에서, 1995년에는 3.3명, 2000년에는 3.1명으로 감소하였다.

한편, 가구원수별 구성비를 보면 2인 가구가 2.8%에 불과하였던 1966년에 비하여 2000년에는 16.2%로 증가하여 1인 단독가구가 증가하고 있으며, 이는 농촌으로 갈수록 심각하다. 더욱이 주 부양자의 역할을 담당하던 여성의 고학력화와 사회참여 증가로 가속의 전통적 부양체계가 약화되었다.

이러한 현실은 우리 사회에서 가정이 소인수화, 핵가족화하면서 부양 인력 풀의 규모가 축소되어 부양체계에 불안정성이 증가하고 있음을 말하여 준다고 하겠다.

㉡ 부양의식의 변화

노부모에 대한 부양의식은 경제적 · 신체적 · 정서적 · 사회적 자원이 열악해진 노부모에 대하여 그들의 욕구를 충족시켜 드리고자 하는 성인 자녀의 의무와 의지라고 정의할 수 있다.

부양의식은 사회구조와 생활양식의 변화, 전통적 가치관과 효 개념의 변화, 부양 주체에 대한 의식의 변화, 핵가족화와 가족관계의 변화 등에 의하여 변화되고 있으며 연령, 성별, 학력, 가정의 경제

사회적 지위에 따라 다르게 나타나고 있다.

일반적으로 연령이 적을수록, 남성보다 여성이, 학력과 경제사회적 지위가 낮을수록 노인부양에 대하여 긍정적 태도를 가지고 있다. 부양자에게 주어지던 가족과 사회로부터의 문화적·심리적 보상 정도가 적어진 것도 부양의식과 태도의 변화에 영향을 주고 있다.

노부모 부양책임과 관련한 조사에 의하면(통계청, 2009), 세대별로 의식이 다름을 알 수 있다. 노부모 부양책임을 '아들과 딸 모두가 져야 한다.'는 비율이 40대가 과반수를 차지하며 50대 이후부터는 점차 낮아지고 있다.

반면에 "장남 또는 며느리가 져야 한다"는 경우는 20대가 12.9%, 30대 16.2%이며 65세 이상에서는 40.2%로 높은 비율을 보여준다. 대체로 연령대가 올라갈수록 장남과 며느리에 대한 책임을 강조하게 된다. 그러나 어느 누구보다도 부양책임은 가족에게 기울어져 20대 이상에서는 60%를 넘는 비율이 나타나고 있다.

㉢ 노인부양에 대한 사회적 지원의 부족

가족 내적으로 노부모 부양에 대한 심리적·경제적·사회적·정서적 의존성이 증가하여 다양한 부양 행동을 필요로 하는 노인이 증가하는 정도와 이들을 부양해야 하는 1차적 집단인 가족의 내적 자원과 이를 지지해 줄 수 있는 사회적 부양체계 간에 수급 불균형이 나타나고 있음을 고찰하였으며, 이에 노년기 부양문제는 현대 고령사회의 노인복지정책과 가족정책이 중심 과제 중의 하나로 부상하고 있다.

노인에게 있어서 가족은 노년기 삶의 질에 가장 커다란 영향을 미치는 1차적 비공식 지원관계의 장소로서 가족 내에서 이루어지는 수직적·수평적 관계의 질과 양은 노년기 삶의 만족도와 복지감과 결정적인 관계가 있다.

특히, 노년기는 가족관계의 중심선이 부부 혹은 형제 중심의 수평적 관계보다 부모-자녀 혹은 조부모-손자녀와 같은 세대 간의 수직적 관계 선으로 이동되며, 노부모 세대는 자녀세대에 대한 의존성이 증가하게 되어 부모-자녀 관계의 권력의 전이가 이루어지는 시기로서 노년기의 부모-성인 자녀 간의 관계는 노인의 생활만족도에 영향을 미치는 중요한 요인이 된다.

건강한 가족관계는 가족들이 서로 친밀하고 세대 간에 혹은 부부와 형제간에 도움을 주고받는 자원에 대한 쌍방의 기대가 충족되고 평형을 이룰 때 이루어진다.

이와 같은 관점에서 세대 간의 관계에 역전이가 일어나는 노부모-성인 자녀 간의 관계는 기본적으로 갈등과 적응의 문제를 내포하고 있으며, 더욱이 노부모의 의존성이 높은 경우 이는 부양 부담으로 인식되어 문제점으로 나타나게 된다.

그러나 노인은 당연히 가족과 사회로부터 적절한 보호와 부양을 받을 권리가 있으며, 가족과 사회는 이들에 대한 보호와 부양을 보장해야 할 의무가 있다.

우리나라의 노인복지법은 선 가정보호에 기반을 두고 노인은 자녀의 가족에 의하여 건전하고 안정된 생활을 보장받으며, 건전한 가족제도가 유지, 발전되어야 함을 명시함으로써(노인복지법 제2조, 3조) 노인에 대한 가족의 부양 의무를 강조하고 있다.

(2) 노인가족 부양의 해결방안

노인부양 문제를 해결하기 위한 바람직한 사회정책은 크게 둘로 나누어 볼 수 있다.

① 보편주의적 가치에 근거하여 튼튼하고 건강한 가족을 강조하는 가족강화 정책으로 '가족에 의한 가족복지'를 지향하는 것이다.

노년기의 세대 관계에 대한 기존의 연구들은 주로 성인 자녀가 노부모 부양에 따르는 심리적 · 신체적 · 물질적 부양 스트레스를 중심으로 한 성인 세대의 부양 실태와 이에 따르는 부정적 정서와 갈등을 비롯한 심리적·사회적·경제적 비용을 부정적 관점에서 다루었다. 노인과 성인 자녀 세대 간의 관계에 대한 교환론적 관점의 연구들은 가족이 세대 간에 공유하는 가치와 교환 자원에 대한 긍정적은 인식을 하고 있을 경우 상호 부양 관계에 긍정적 영향을 미친다고 주장하고 있다.

실제로 필드와 민커는 가족관계에 대한 중요성을 높이 평가하는 가족주의적 가치관을 지향하는 가족에서는 자녀 세대는 노인과 친밀한 접촉을 유지하면서 서로 간의 사회적 지지를 충분히 하려고 하며, 노인의 연령이 높아질수록 자녀 세대에 대한 의존도와 헌신이 증가한다고 하였다.

나아가서 가족주의 가치관을 갖는 가정은 노부모 부양에 더 긍정적이며, 가족들이 부양 부담을 공유하려는 의지가 강하여, 오히려 주 부양자인 여성의 부양 부담이 경감하여 가족 전체의 생활만족도와 복지감이 증가한다는 연구 결과도 있다.

또한, 마멘과 센더스는 노인가족의 세대 간 불공평성에 대한 연구에서 젊은 세대와 중년기 성인들은 노부모와의 교환 관계에서 자신의 보상이 불충분하다고 인지하는 경우 긴장과 갈등을 낳게 되며, 노부모 역시 성인 자녀와의 관계에서 공평성이 존재한다고 인지하는 경우에 만족을 느낀다고 하였다.

이와 같은 결과가 노부모와 성인 자녀 간의 상호 호혜성이 부양 부담감 및 만족감과 상관이 있음을 시사해 준다. 그러므로 가족이 노부모 부양 행동에 대하여 긍정적으로 평가하고 수행할 수 있도록 가족들을 지지하고 강화시킬 수 있는 교육 프로그램 등이 개발, 적용되어야 할 것이다.

② 선별주의적 가치에 근거한 '가족을 통한 가족복지정책'으로 노인의 부양 요구를 충족시키기 위해 가족구성원이 주요 보호자가 될 수 있도록 사회적으로 지원하는 것이다.

이는 우리 사회의 가족구성원들에게 가족의 부양기능을 충분히 발휘할 수 있도록 가족의 내적·외적 자원을 강화시켜 주는 정책을 말한다. 즉, 가족 스스로 충분히 가능할 수 있는 조건을 형성하는 데 도움을 줌으로써 이들 가족들이 노부모에 대한 부양기능을 회복하게 하는 것이다.

따라서 빈곤이나 기타 다양한 역기능 요소를 포함한 가족들의 기본적 욕구를 만족시키고 이들이 가족 내 요보호자들에 대한 보호와 부양기능을 담당할 수 있도록 돕는 방법이다.

이를 위해서는 재가보호 프로그램을 비롯한 다양한 노인복지서비스 프로그램을 개발하여야 할 것이다.

제3절 노인과 부부관계 - 재혼과 이성교제

1. 노인과 부부관계 - 재혼과 이성교제

결혼과 가족생활에서 가장 중요한 관계는 결혼을 만들어 가는 부부관계일 것이다. 부부관계에 대한 기존의 연구는 주로 결혼 초기와 자녀 출산기의 부부 적응 문제에 초점을 맞추었으며, 노년기 부부의 결혼만족도를 주제로 한 연구는 미비한 상태이다. 이러한 경향은 노인 부부가 사회적 역할을 마무리한 상태이고 자연적 해체만을 기다리는 무의미한 단계로 여겨져 우선시되지 못하였기 때문이다.

그러나 노년기 부부관계는 평균수명의 연장으로 인한 노년기의 장기화로 인해 빈 둥지 시기의 조기화 내지는 장기화, 가구 형태 및 가족 유형의 변화, 가치관의 변화와 같은 개인 및 사회 전반의 변화로 인하여 더욱 중요하게 다루어져야 할 것으로 보인다.

1) 노년기 부부관계

(1) 노년기 부부관계의 중요성과 양상

저출산 고령사회에서 우리가 직면하게 된 또 하나의 변화는 평균수명의 연장으로 개인의 삶이 연장되었을 뿐 아니라, 가족생활주기에서 자녀양육 기간이 줄어들고 노부부 기간이 장기화되고 있다는 점이다.

노년기에 부부가 함께 지내야 할 물리적 기간이 길어졌다는 사실은 노년기 부부관계에 있어서 여러 가지 시사점을 부여한다.

첫째, 도시화와 산업화로 인하여 친밀한 관계의 근원이자 일차적 집단이었던 친족 집단을 상실하고, 퇴직 등으로 직장과 사회로부터도 격리되며, 부양의식의 변화와 핵가족화로 부부가족으로 남게 된 노인에게 있어서 배우자는 가장 오랫동안 지속적으로 동료감과 친밀감을 공유할 수 있는 대상이 되었다는 점이다.

둘째, 전통적 부계 중심의 수직적 가족 구조에서 부부 중심의 수평적 가족 구조로 전환됨에 따라 부부 중심의 문화에 적응해야 할 필요성이 증대되고 있으며, 이는 노년기 삶의 만족도에 결정적 요인이 된다는 점이다.

그러므로 우리나라와 같이 부부 중심의 문화가 없는 사회에서 자녀양육이라는 부모로서의 사회적 책임에서 벗어나 장기화된 노년기를 더욱 보람있고 즐겁게 보내기 위해서는 부부 중심의 문화에 대한 인식을 새롭게 할 뿐 아니라 각 부부의 특성에 맞는 적응 유형을 개발해야 할 것이다.

(2) 노년기 부부 만족도

① 부부의 적응 유형

상호작용주의의 입장에서 노년기 부부의 성공적 적응의 결정적 요인은 자신의 역할 수용 능력과 성공적 수행이며, 사회적 환경에서 의미있는 타인에 의한 역할 가치 부여이다.

어떤 연령에서나 역할의 변화, 기대, 행동 패턴은 개인적·사회적 적응에 영향을 미친다. 가족주기 전환기에서 부부간의 친밀도 재결속을 시도하여 긴장을 완화시키고 이 시기에 발생하는 역할 전환이나 역할 변화에 서로 잘 적응하는 것이 노년기 부부관계를 안정시키는 것이 된다.

결혼의 이상적 유형이란 거의 없고 거리가 가까워지려고 하는 것인데, 메들리(Medly, 1976)가 분류한 노년부부의 세 가지 유형을 소개하면 다음과 같다.

㉠ 부부 중심형

친밀감을 강조하고 관계의 특성을 공유하며, 반드시 다른 역할을 배제하지는 않으나 부부의 역할에 결혼생활의 초점을 둔다. 배우자와의 친밀감을 느끼는 것이 결혼생활의 가장 큰 보상이다.

㉡ 부모-자녀형

부부관계의 친밀감을 유지하고 보호와 양육, 지배와 순종, 의존과 같은 보호자로서의 특성을 갖는다. 배우자의 한쪽이 건강을 상실했을 경우 이러한 관계가 이루어진다.

㉢ 동료형

친구나 동료로서 행동하며 부부관계의 친밀감과 부모역할의 만족감이 종합되어 관계의 영속성을 증진시킨다. 이처럼 노년기의 결혼 적응은 그들의 필요와 선호에 따라 만족을 느끼는 다양한 부부 유형으로 나뉜다.

퇴직한 부부를 대상으로 조사한 외국의 한 연구는, 남성은 퇴직에 적응하기 위하여 부부역할에 대한 관점을 재구성해야 한다는 가정 하에 60세 이상의 노부부에게 “그들 나이에 가장 훌륭한 남편으로 중요한 자질은 무엇인가?”라는 질문으로 면접조사를 하였다.

그 결과 남녀 모두의 절반 이상이 남성노인의 역할을 훌륭한 경제적 공급자가 아니라 사랑을 보여주고 이해하는 표현적 역할임을 지적하였다. 그러므로 노인은 퇴직 이전에 부부의 분리된 일상적 역할 조직을 유지하려고 노력하는 것보다는 상호 원조, 동료감, 애정을 강조하며 새로운 역할 분담 유형을 창조하는 것이 부부관계의 질을 보다 향상시킬 것이다.

② 결혼만족도

블러드와 울프 등에 의하면, 부부가 일생을 함께 생활해 가는 가운데 부부 간의 공유활동은 점차 감소한다고 보고하였다. 특히 부부가 공동의 시간과 관심을 공유하며, 상호 존중과 이해를 증진시키는 기회를 갖는다는 점에서 결혼만족의 유형은 곡선적이다. 즉, 결혼 초기에는 개인적 관여와 부부 공유활동의 기회가 최대로 제공되다가 자녀 출생과 남편의 사회활동이 증가하면서 부부 공동의 시간이 감소된다. 막내 자녀의 독립과 남편의 퇴직은 부부 공유의 활동과 응집의 기회를 다시 증가시키게 한다.

노인의 결혼만족에 관한 연구는 가족생활주기에 따른 추이를 통하여 설명할 수 있는데, 이에 대한 결론은 매우 상반된다. 결혼 지속 기간이 길어짐에 따라 결혼생활에 만족하는 비율이 현저하게 감소하는 현상을 나타낸다고 하였다.

반면에 결혼만족은 신혼 초기에 가장 높고 자녀 출산 후에 감소하다가 중년기 이후에 높아지는 U자 곡선을 이룬다고 주장하였다. 국내·외 결혼만족도에 관한 많은 연구들은 부부간의 결혼만족은 신혼기에 가장 높다가 그 후 다시 낮아지며 빈 둥지 시기인 노년기에 다시 높아진다는 U자 곡선형 이론을 밝히고 있다.

곡선형 이론에 대한 해석은 다음과 같다.

첫째, 자자녀 출산 후 자녀에게 쏟는 시간과 에너지가 증가함에 따라 상대적으로 부부 상호 간에 향하던 에너지는 줄게 되어 이로 인해 부부간 갈등이 증가하게 된다는 해석과, 첫 자녀 출산 자체는 부모에게 많은 우울과 긴장을 가져다주어 결혼만족도는 낮아진다는 것이다.

둘째, 노년기가 되면 자녀들에게 쏟던 관심과 시간이 부부에게로 전환되어 부부가 함께 할 수 있는 시간의 여가활동, 사회활동 등의 증가로 노년기의 전체적 결혼만족도는 증가하게 된다.

셋째, 결혼 기간의 효과 때문이다. 즉, 결혼 기간이 길어짐에 따라 부부 서로에게 적응하게 되고, 서로가 닮아가는 부분들이 증가하기 때문에 결혼만족도는 증가하게 된다.

그러나 곡선형 이론과는 달리 결혼만족도 패턴이 계속 낮아지는 경향, 가족주기 초기에는 높고 자녀 출산 및 양육기에 감소하다가 자녀가 사춘기에 들어서는 중·고등학생 시기에는 다시 증가하다가 자녀 독립기 및 탈부모기를 맞는 중년기에는 감소하여 가족주기 마지막 단계의 부부 적응 점수는 전 가족주기 중 가장 낮은 형태인 누운 S형이라는 연구 결과도 있다.

따라서, 이러한 연구결과에서도 추론할 수 있듯이 결혼에 대한 만족 또는 부부 상호 간의 공유 시간 증가, 사회활동 증가, 여가활동 증가와 같은 객관적 요인보다 '결혼'을 어떻게 생각하느냐와 같은 결혼에 대한 태도나 개인 심리적 요인에 따라 다를 수 있을 것이다.

이러한 추론은 여성이 남성보다 결혼만족도가 대체적으로 낮다는 연구 결과에서도 알 수 있다.

2) 노년기의 성적 욕구와 이성교제 및 재혼

(1) 노년기 성적 욕구

지금까지 우리 사회에서의 주류 성담론은 젊은 층에 초점을 맞추어 왔으며, 노년기의 사랑과 성은 문화적 부정주의, 연령 차별주의적 관점에서 의도적 혹은 무의식적으로 도외시되어 왔다.

그러나 성에 관한 고전적 저서인 킨제이 보고서(1948)에서는 60세 이상의 노인의 95%, 70세 이상 노인의 70%가 성적 활동 능력이 있음을 주장하고 있다.

보고서에 의하면 노화현상에 의하여 노인의 성적 능력은 질적 혹은 양적으로 감퇴되고, 유형이 변화하는 것은 사실이지만 심한 신체적·정신적 장애가 없는 한 지속적으로 활동 가능한 것임을 강조하고 있다.

65세 이상 노인 과반수의 지속적으로 성장하고 있으며, 개인적 차이는 있지만 성욕구와 성에 대한 관심도 적지 않은 것으로 나타난다. 그러므로 다양한 수준과 유형의 성 활동을 통하여 경험하는 자극과 쾌락은 노인의 일상생활에서 활력소 구실을 한다는 데 일치하고 있어서 노년기의 생물학적 성적 기능과 활동 및 욕구에 대한 부정적 고정관념이 잘못되었음을 보여준다.

노인의 성문화에 대한 연구의 결과에서 보여주는 행동의 변화는 기존의 부정적 편견과 소극적 태도가 변하고 있음을 시사해 준다.

그러나 시대적으로 성에 대한 개방적 사고방식과 태도가 확산되고 있으며, 노년기의 정서적 욕구와 성적 욕구에 대한 인식이 증가하고 있지만, 여전히 대다수의 노인과 가족에게 성 관련 행동은 친숙하거나 용이하지 않은 것이 현실이다.

즉, 홀로된 노인이 성과 이성교제에 대하여 많은 관심을 갖고 있음에도 불구하고 전통적 성 도덕관과 자기억제, 가족과 자녀들의 이해 부족과 사회적 인식부족 등 장애 요소들이 적지 않다. 사회적으로 이성교제의 기회를 보다 확대하고 재혼에 대한 개인과 사회적 편견과 장애를 완화시키려는 사회 일각의 시도가 있기는 하지만 아직도 매우 미약한 실정이다.

노인의 사회경제적 지위가 향상되면서 보다 독립적이고 적극적으로 자신의 노후의 행복을 찾으려는 노인이 증가할 것이며, 이제 사회는 노인의 이러한 욕구에 대하여 보다 적극적으로 대비해야 할 시점에 와 있다.

노인은 자신의 정서적 욕구를 만족시키기 위하여 보다 적극적으로 사회적 관계 형성의 기회를 제공받기 원할 것이며, 사회는 이들의 이러한 욕구에 대하여 건전하고 개방적인 활동의 장을 마련할 필요가 있다는 것이다.

정부는 제도적으로 이를 지원해야 할 것이며, 민간 복지단체나 기업들은 노인의 건전한 이성교제와 재혼을 문화적으로 정착시키기 위하여 다양한 프로그램이나 상품을 개발할 필요가 있다.

(2) 노년기 이성교제의 필요성 및 기능

노년기의 이성교제 및 성 관련 활동이 개인과 가족, 사회의 관심으로 부상하게 된 사회적 배경은 다음과 같다.

첫째, 개인의 고령화와 사회적 고령화로 장기화된 노년기를 맞이하게 된 노인이 급격히 증가하고 있지만 전통적 가족과 친족관계망이 약화되면서 이들 노인 세대에 대한 부양기능이 약화되고 있다는 점이다.

둘째, 부부 중심의 가족문화는 가족 내에서 노인 세대를 소외시키고 개인과 성과 친밀감과 개인의 행복과 독립을 강조하는 사회풍토는 독거노인에게 가족 이외의 친밀한 관계에 대한 실질적 필요성을 실감하게 하고 있다.

셋째, 경제적·사회적 지위 및 의식이 향상된 노인 세대는 자신의 노년의 행복을 위하여 적극적으로 권리를 행사할 수 있게 되었다는 점이다.

이와 같은 사회적 맥락에서 우리 사회 노인은 전통적으로 가족과 친족사회에서 누리던 친밀감과 정서적 관계를 부부 및 이성친구와 같은 개인적 관계로 전환할 수밖에 없음을 지적하고자 한다.

다시 말하면, 우리 사회의 노인이 성 관련 활동 및 태도의 변화는 노인 개인의 자발적 선택과 변화이기 이전에 가족과 사회의 상황적 맥락이 노인으로 하여금 이를 선택할 수밖에 없도록 변하고 있음을 간과해서는 안 된다는 점이다.

일반적으로 혼전의 청년에게 있어서 이성교제는 이성의 타인과의 친밀한 관계 형성과정을 통하여 자신의 사회적 자아를 확인하고 성장시키며, 성역할을 학습하는 교육적 의미와 배우자 선택의 도구적 기능뿐만 아니라 친밀감과 성적 만족, 즐거움과 심리적 안정감과 같은 정서적 의미를 갖고 있다. 그러나 중·노년기의 성인에게 있어서 이성교제는 배우자 선택을 위한 도구적 기능은 약화되고, 자신의 사회적 자아를 확인하고 지속적인 정서적 관계를 통하여 심리적 안정감을 회복하고 삶의 즐거움과 역동성을 제공하는 기능이 강화된다.

특히 노년기의 이성교제는 가족과 사회 내에서 고립과 소외, 차별감에 시달리는 현대사회의 노인에게 동시대 집단 내의 친밀한 친구관계를 제공하고 있다.

노년기의 친밀한 친구관계는 편안함, 신뢰감, 충고, 이해와 지지감과 같은 감정적 지원을 주고받으며, 가족과 자녀들과의 만족스럽지 못한 관계에 대한 대안 기능을 함으로써 친밀함의 욕구를 만족시킨다고 한다. 그러나 중·노년기의 이성교제에 대한 사회적 행동규범이 모호하고 배우자 선택이라는 분명한 도구적 역할이 약화되었기 때문에 쌍방 간의 만족한 이성교제를 하기 위하여 역할과 목적을 분명히 규정하는 것이 중요하겠다.

특히 성별에 따라 이성교제를 통한 이성친구에 대한 친밀감 및 정서적 관계에 대한 기대정도가 다르므로 노년기 이성교제 시에는 상대방의 기대수준에 대하여 잘 이해하고 상호작용의 양과 질에 있어서 적정 수준을 유지하는 것이 바람직하다. 즉, 상호관계의 양보다는 마음을 터놓고 지낼 수 있는 우애적 관계에 더 많은 시간을 투자하고 발전시키는 것이 노년기 이성교제의 핵심이 될 수 있음을 이해할 필요가 있다.

(3) 노년기 이성교제의 실태 및 과제

노인은 노화로 인하여 이성에 관한 관심이 줄어들지 않으며, 가치관이 변하면서 이성교제 및 성 관련 활동이 증가하고 있을 뿐 아니라 노인의 소외감과 고독감을 감소시켜 줌으로써 심리적인 복지감을 향상시킨다.

60~70대 남성노인의 80%는 이성교제가 매우 필요하다고 느끼고 이성교제에 경험이 없는 노인도 이성교제를 희망하고 있다. 이는 자신의 이성 문제에 적극적인 관심을 보이고 있음을 알 수 있다.

우리나라 노인의 전화에서는 2000년 한 해 동안 전체 상담의 8.5%가 이

성문제를 상담하였다. 2002년도에는 17%나 증가하였고, 특히 고독과 소외감 문제를 상담하는 노인 중의 절반에 가까운 수가 이성친구가 그립고 외로움과 고독을 이기기 위해 희망한다고 하였다.

매년 주최하는 한 행사에서 200명이 넘는 노인이 이성, 동성친구들과의 자연스러운 교제 시간을 위해서 적극적으로 참여하였다.

60~70세 남성노인 대부분이 여전히 성적 충동을 느끼고 성적 능력이 있으며, 성생활을 하고 싶다고 응답하였지만, 실제로 상대가 없어 행동으로 이어지지 않고 있다. 또 남성노인이 여성노인보다 성적 만족을 요구하여 이성에 대한 관심이 많고 더 적극적임을 알 수 있다.

'멋있는 이성을 보면 여전히 좋고 흥분되는가?'라는 질문에 여성노인은 14%, 남성노인은 83%가 '그렇다'라고 대답하였다.

또 배우자가 없는 노인의 9%가 음성적 방법으로 성생활을 하는 것으로 나타났다. 이들은 성생활이 건강에 도움이 되고 자신감을 회복시켜 준다고 응답하였다.

이성교제의 목적과 동기에 대한 심층 연구들을 보면, 이성을 선택할 때 '상대의 인품을 중요시한다'고 답하고 있어 이러한 결과는 보편적으로 노인의 성관계나 부양을 필요로 하여 이성교제와 재혼을 선택하게 된다는 것이다. 노인은 정서적 친밀과 우정을 목적으로 이성교제를 필요로 하지만 성적 만족과 기쁨을 추구하는 측면을 무시할 수 없으나, 이에는 성별에 따라 차이를 보이고, 이성교제에서 쌍방 간의 갈등요인이 되기도 한다.

오늘날의 노인들은 이성교제를 통하여 노후를 보다 즐겁고 보람 있게 보내고자 하는 욕구를 자유롭고 개방적으로 표현하기 시작하였음을 알 수 있다. 자녀의 눈치나 주변의 이목이 부정적인 장애요인이 되기도 하지만, 이들의 태도는 상당히 적극적, 긍정적으로 변화하고 개방되고 있다.

이성교제 및 재혼에 대한 노인의 태도와 인식의 변화는 물론 최근 자녀를 대상으로 한 연구에 의하면 홀로 계신 부모의 이성교제에 대하여 80%가 찬성하는 것으로 나타났다.

3) 노년기의 재혼

노인의 재혼에 대한 태도가 긍정적이고 개방적으로 변화되고 인식되는 추세이다.

노인 재혼의 실패요인은 노인의 낡은 도덕관, 자식의 부정적 태도, 경제적 비자립성, 사회적 규범으로 받는 부정적 압력, 생활감각과 양식의 차이에 대한 상호적응의 실패, 문화적 괴리감 등이 있다.

성인자녀 태도는 노부모의 재혼결정과 성공적인 재혼 생활에 매우 중요한 역할을 한다. 성인자녀는 홀로된 부모가 이성친구를 사귀는 것에 대해 재산이나 상속에 대한 갈등, 계부모-자녀 관계에 대한 염려 등으로 재혼을 꺼리는 편이지만 이러한 태도도 변화과정을 경험하고 있다.

참고문헌

고수현 · 윤선오(2009). 새로운 노인복지론. 양서원.

권중돈(2014). 노인복지론. 학지사.

박재간(1997). 노년기 여가생활의 실태와 정책 과제. 노인복지정책연구.

안홍순(2015). 노인복지론. 공동체.

양옥남 외(2012). 노인복지론. 공동체.

임정문 외(2020). 노인복지론 개정판. 동문사.

조추용 · 김양이 · 윤은경(2015). 노인복지론. 창지사.

최원석(2012). 노인복지론. 양서원.

현외성(2012). 노인복지학 신론. 양서원.

Chapter 11 노인학대와 예방

제1절 노인의 학대 개념 및 발생요인

1. 노인학대의 개념과 발생 원인

노인학대는 우리사회의 전통윤리사상과 관습 등으로 인해 노인학대가 사회적으로 구조적으로 노출이 잘 안되기 때문에 설마 노인을 학대하는 그런 일들이 일어날리 있겠는가 하는 문제시 하지 않는 시각이 여전히 많이 일어나고 있다.

노인학대의 발생 배경을 살펴보면,

첫째, 노인의 급속한 증가와 평균수명의 연장이라는 사회 고령화 현상을 들 수 있다. 이는 노인인구의 절대적 증가와 함께 후기고령노인, 와상노인, 치매 및 중풍 노인 등 신체적, 심리적, 경제적으로 의존 상태에 있는 만성 질환 노인의 증가를 가져오므로 노인부양 및 이의 부담으로 인한 학대를 심각하게 제기할 것으로 보인다.

둘째, 가족 구조와 가족기능의 변화를 들 수 있다. 산업화로 인한 가족분화와 핵가족화 현상으로 가족 규모가 축소되어 노인을 부양할 수 있는 능력은 한계가 있으며, 여성의 사회참여 증가로 가족연대 기능이 약화되어 가족 부양문제가 심각해졌다. 가족 내에서 자신의 노후를 의지하던 노인들에게 노후의 거처 및 삶과 관련된 현실적 문제를 발생시키고 있다.

셋째, 가치관 및 노인부양의식의 변화를 들 수 있다. 현재는 부자 중심의 가족관이 부부 중심으로 변화하고 개인주의가 팽배하는 등 전통적인 가족제도의 가치관이 흔들리고 있으며, 이런 가족가치에 대한 변화는 노인부양의무에도 영향을 미쳐 노인에 대한 자녀의 부양의식은 점차 약화되고 있다.

연구에 따르면 노인학대는 많은 경우, 가족폭력의 형태로 나타나고 있는데 우리나라의 노인학대 역시 가정 내에서 발생하거나 가족에 의한 피해여서 가족 부양의식의 변화가 노인학대 발생의 주요 요인이라고 이해할 수 있다.

넷째, 사회적인 지원의 부족을 들 수 있다. 우리나라 노인에 대한 정책적, 제도적 지원체계는 발전하고 있으나 분출하는 노인 및 부양가족의 다양한 욕구의 부응에는 적절히 대처하지 못하는 실정이다.

결국 각종 제도나 정책, 제반 프로그램 등이 노인과 가족이 적절히 대처하기 어려운 상황을 해결하는 데 실패함으로써 학대와 방임의 문제를 가중시키고 있다.

이러한 노인학대 관련된 실제 사례가 있다.

> "한 번은 아침밥상에서 며느리에게 국이 좀 짜다고 했더니, 그 국을 다 버려버리고 설거지도 안 하고 아침부터 나가서 안 들어와. 내가 다 치웠지 뭐?"
> "하도 두들겨 패서 아퍼 나왔어. 못살어. 막내딸이 데리고 왔어. 걷지도 못해서 이리로 업고 왔어. 대판거리로 싸웠지."

이러한 사례들은 우리 주변에서 어렵지 않게 목격할 수 있는 광경들이다.

다음과 같은 신문기사 제목들도 우리가 심심치 않게 접할 수 있는 사건들이다.

> [반찬투정 꾸짖는 아버지 살해한 20대 긴급체포]
> [중풍 7순 노모 살해한 50대 아들 영장]
> [꾸중 들은 손자 할머니 살해]

[치매 걸린 아버지 구타 숨지게 해]

[고부갈등 고민 아들 치매 80대 노모 강변에 고려장]

[용돈 거절당하자 어머니 폭행]

[집 팔게 인감 달라며 아버지 폭행 30대 영장]

[장가 보내주지 않는다며 아버지 폭행]

이러한 존속상해 및 살인사건, 노부모 유기사건을 포함한 노인학대 사례들은 극히 일부 불효자들의 반인륜적 패륜행위로서만 행해지고 있는 사건이 아닙니다.

우리 이웃에서 쉽게 접할 수 있는 사건들입니다. 나이 드신 어르신에게 설마 그런 일이 일어날 리가 있으랴 하고 생각하시는 분도 있을 것입니다만, 이런 일이 일어나는 현실 속에 우리는 살고 있습니다. 이런 실상에도 불구하고 노인학대는 아직도 숨겨진 문제로서 은폐되고 있으며, 노인학대를 사회문제로 인식하는 시각이 부족하다.

더욱이 학대받는 노인들 대부분 자신과 자식의 체면 때문에 학대받는 사실을 숨기고 있어서 학대 사실이 노출되지 않고 있다.

요사이 가정폭력에 대한 관심이 증대되고 있고 그에 대한 법적인 대응도 이루어지고 있지만, 그중 노인학대는 아동학대나 배우자 학대에 비하면 관심이 매우 미약하다.

이제는 더 이상 노인학대를 개인의 문제나 가정의 문제로 방관하거나 방치해 둘 수 없습니다. 노인학대를 사회적인 문제로 인식하고 그에 대한 사회적인 대책 마련이 시급하다고 하겠다.

2004년 노인복지법의 개정으로 노인학대와 관련한 법적 규정이 마련되고 노인학대 피해자를 돕기 위한 노인전문기관이 설치된 것은 무척 고무적인 일이라고 할 수 있다.

1) 노인학대의 개념

노인학대의 개념은 국가나 연구자에 따라 다양하게 나타나고 있다. 그것은 각 국가마다 고유한 문화와 가치관 및 사회적 관습을 가지고 있기 때문이다.

노인학대를 정의하기 위해서는 개념 속에 포함되어야 할 몇 가지 범주가 필요하다. 즉, 노인에게 가하는 고통, 손상, 피해의 종류, 피해를 입히는 부위, 수단, 상태, 장소, 의도와 적극성, 자의성 등이다.

노인학대는 가볍게는 노인에게 말을 함부로 하거나 자존심을 상하게 하는 말을 하는 언어적 학대와 노인의 심기를 불편하게 하는 정서적 학대에서부터 심하게는 노인에게 구타와 폭력을 행하는 신체적 학대, 노인의 재산을 착취하는 재정적 학대까지 포함되며, 좁게는 증거가 명백한 신체적 학대에서부터 넓게는 방임, 자기방임・학대까지 포함되고 있다.

노인학대의 개념은 노인 스스로 자기를 돌보지 않거나, 노인의 부양이나 수발을 담당하고 있는 부양자가 의도적, 또는 비의도적으로 노인에게 신체적, 정신적, 정서적, 성적, 폭력 및 경제적 착취 또는 가혹 행위를 하거나 유기 또는 방임하는 것이라고 정의할 수 있다.

- 노인학대의 개념 정의에 논란이 되는 것은
  첫째, 노인학대 유형 또한 다른 가족학대의 형태와 유사하게 복잡한 현상이므로 어떤 단일화된 정의가 그 많은 측면을 포함하기가 어렵다.
  둘째, 노인학대는 학문적 관심에서 비롯되지 않고 사후에 보고된 사례를 중심으로 규정하고 있기 때문이다. 현재 우리나라에서는 광의적인 개념을 수용하는 대세이며, 노인복지법에는 특별한 언급이 없으나 노인보호기관의 업무지침에는 포함시키고 있어 매우 포괄적으로 수용한다.

우리나라 2004년 개정된 노인복지법 제1조의2 제4호에서 노인학대라 함은 노인에 대하여 신체적, 정신적, 성적 폭력 및 경제적 착취 또는 가혹행위를 하거나 유기 또는 방임을 하는 것이라고 정의하였다(고재욱, 2012).

노인학대는 노인의 가족 또는 타인이 노인에게 신체적, 언어, 정서적, 성적 폭력 및 경제적으로 고통이나 장해를 주는 행위, 또는 노인에게 필요한 최소한의 적절한 보호조차 제공하지 않는 방임, 자기방임, 유기를 의미한다.

2. 노인학대의 발생요인

1) 개인적 요인

최근에 학대 유발요인이 학대자의 특성과 학대가 발생했을 때, 노인의 행동에 따른 상호작용이 요인인 것으로 나타났다. 즉, 노인이 부정적 행동통제 기술을 많이 사용하여 부양자와의 관계가 원만하지 못할 때 학대가 더 많이 나타나는 것으로 조사대상 노인의 경제적 의존성은 학대를 경험하는 가장 큰 잠재적 요인으로 나타나며 노인의 신체적 의존도가 높을수록, 인지장애에 따른 의존도가 높을수록, 건강상태가 나쁠수록 부양자에 대한 의존성의 정도가 높아지고 이는 부양 스트레스를 증가시켜 결국 학대를 초래하는 원인이 된다. 노인학대의 경우는 아동학대와 달리 직접적인 신체적 폭력보다 심리작, 정서적 학대나 방임이 많이 나타나고 있다.

2) 가족 상황적 요인

노인학대의 전형적인 피해자는 대부분 고령의 여자노인이며 육체적 · 정신적으로 손상되었고 가해자와 함께 살고 있으며, 육체적, 정신적, 경제적으로 학대자에게 의존하고 있는 상태이다. 부양자와 노인의 관계에서 파생되는 부정적 요인으로 의존적 노인을 부양하는 데 부적절한 경제 사정,

노부모를 부양하고 있는 부양자 자신의 몸이 불편한 경우, 노부모와 부양자 모두 알코올 중독인 경우, 적절치 못한 주거문제, 노부모와 성인 자녀와의 관계가 적개심으로 가득 찬 경우, 노부모를 집에서 부양하는 데 도움이 되는 원천이 없거나 그러한 정보가 없는 경우, 부양자의 부양 스트레스 등이다.

3) 사회 · 문화적 요인

① 노인 차별주의

노인에 대한 선입견 때문에 사회의 많은 활동으로부터 노인이 배제되고 고립되며 개인적으로는 정신적, 신체적 무능으로 고립된다.

② 가족 내의 구조적 변화와 가치관의 변화

노인인구의 증가와 출산율의 저하로 노인을 부양할 수 있는 수가 적어지므로 노인을 부양하는 가족과 사회의 부담이 높아질 것이다.

③ 생명의 연장

현대의학의 발달은 생명연장을 가져왔고 육체적, 정신적으로 손상된 노인의 수가 증가하여 가족으로부터 원조를 받는 노인이 늘어나 이 역시 학대의 원인이 된다.

④ 수동적 원조 요청

신체적 학대 상황에서 수동적 반응이 나타나고 있는데, 이는 가해자의 가족구성원에 대한 안전과 자신의 체면 등을 중시하는 현상으로 판단되며, 이러한 원조 요청 태도는 우리나라 상황에서 노인학대의 피해 정도와 상관관계가 있다고 볼 수 있다.

⑤ 부양기대감

노인의 지나친 부양 기대가 자녀에게 부담감을 유발하거나 자녀의 기대 수준에 불일치를 가져와 상대적 학대 경험을 높게 인식하며, 부정적 영향을 주고 있다.

4) 사회 정책적 요인

우리나라의 노인정책은 노인문제를 사회문제라기보다는 개인 혹은 가족이 문제로 간주하고 가정 내에서 무슨 일이 발생하든지 무관심이 팽배해져 있다. 노인학대를 사회문제의 한 영역으로 받아들이지 않고 은폐하는 상황이 유발요인이 된다.

사회적 분위기는 노인문제를 위한 체제 미비로 이어지고 있고 정부가 노인문제에 대해 근본적인 해결책을 제도화하지 않는 한 근본적인 해결은 어렵다.

과도한 가족책임주의는 부양 부담의 증가를 가져오고 이는 노인의 학대로 이어지므로 이를 대처할 수 있는 제도적 기반이 마련되어야 한다. 장기요양과 전문 케어가 필요한 노인을 위한 적정 규모의 시설 확충과 노인과 가족을 위한 대책 프로그램, 부양자 모임을 통해 정보나 지지를 받을 수 있는 지지모임 등 지역사회의 적극적 개입이 필요하다.

노부모의 가족 부양정책이 국가 차원에서 고려되지 않으면 노인은 가족의 계속되는 노인학대 악순환의 희생자가 될 수밖에 없다는 것을 인식해야 한다(양서원 2012, 고재욱).

제2절 노인학대의 이론적 배경

1. 노인학대의 유형

우리나라 노인복지법 제1조의 2항과 제39조의 9항에 규정된 노인학대의 정의와 노인 대한 금지행위를 바탕으로, 노인보호전문기관 업무수행지침(2004. 9)에서 제시하고 있는 노인학대의 유형을 구분하면 다음과 같다.

유 형	정 의
신체적 학대	물리적 힘 또는 도구를 이용하여 노인에게 신체적 손상, 고통, 장애 등을 유발시키는 행위 • 주먹으로 폭행한다. • 몸을 벽에 박거나 바닥에 내리치는 행등을 가한다. • 노인을 폭행한다. • 손 또는 몸으로 강하게 억압하며 짓누른다. • 노인을 제한된 공간에 강제로 가두거나 노인의 거주지 출입을 통제한다. • 노인의 신체를 강제로 억압한다. • 신체적 해를 가져올 위험성이 큰 행위로 노인을 협박하거나 뉘협한다. • 노인의 신체적 생존을 위협할 수 있는 행위를 한다. • 노인이 원하지 않거나 수행하기 이려운 노동을 하게 한다
언어적, 정서적 학대	비난, 모욕, 위협, 협박 등의 언어 및 비언어적인 행위를 통하여 노인에게 정서적으로 고통을 주는 행위 정서적 학대 1) 노인을 부양하는 것이 부담스럽다고 노인 앞에서 노골적으로 말한다. 2) 집안 의사결정 과정에서 고의로 노인을 소외시킨다. 3) 위협적이고 무례한 태도를 취한다. 4) 거동이 불편한 노인에게 청소나 빨래 등 어려운 일을 강요한다. 5) 노인의 친구나 친지 등이 방문하는 것을 싫어한다. 6) 노인이 보는 앞에서 물건을 던지거나 부수면서 화풀이를 한다. 7) 노인이 가족을 타이르거나 의견을 말하면 간섭한다고 불평하거나 화를 낸다. 8) 노인의 일상적 사회활동이나 종교활동 등을 노골적으로 방해한다. 9) 노인에게 발을 구르거나 방문을 세게 닫는 등 거친 행동을 한다. 10) 부양자가 노인에게 "없어져 주었으면 하는 느낌을 갖게" 만든다. 언어적 학대 1) 노인이 수치심을 느끼게 하는 모욕적인 말을 한다. 2) 노인에게 집을 나가라는 폭언을 한다. 3) 노인에게 욕설을 하거나 고함을 지른다. 4) 노인에게 쓸모없는 늙은이라고 하는 등 자존심을 상하게 하는 말을 한다. 5) 신체기능의 저하(예: 요실금, 실변)로 인한 노인의 실수를 비난하고 꾸짖는다. 6) 노인을 양로원 등의 시설로 보내겠다고 위협한다.
성적 학대	성적 수치심 유발 행위 및 성희롱, 성추행 등의 노인의 의사에 반하여 강제적으로 행하는 모든 성적 행위

재정적 학대	노인의 자산을 노인의 동의 없이 사용하거나 부당하게 착취하여 이용하는 행위 및 노동에 대한 합당한 보상을 제공하지 않는 행위 1) 노인의 유언장을 허위로 작성하거나, 노인이 작성한 유언장을 노인의 동의 없이 수정한다. 2) 노인의 허락 없이 부양자가 마음대로 노인의 부동산 소유권 이전 등과 같은 재산권을 행사한다. 3) 연금이나 임대료 등 노인의 소득을 가족이나 친지가 가로챈다. 4) 노인에게서 빌린 돈이나 물건을 돌려주지 않는다. 5) 보석 등 값나가는 노인의 물건을 빼앗는다. 6) 노인의 허락 없이 노인의 재산을 담보로 해서 대출받는다. 7) 생활이 어려운 노인에게 생활을 유지하는데 필요한 용돈이나 생활비 등을 주지 않는다.
방임	부양 의무자로서의 책임이나 의무를 의도적으로 혹은 비의도적으로 거부, 불이행 혹은 포기하여 노인의 의식주 및 의료를 적절하게 제공하지 않는 행위 1) 병원에서 치료를 받아야 할 상황인데도 노인을 병원에 모셔가지 않는다. 2) 노인이 사고를 당할 수 있는 위험한 상황에 처하게 한다. 3) 목욕이나 배변 시 도움이 필요한 노인에게 도움을 주지 않는다. 4) 노인에게 음식을 주지 않아 끼니를 거르게 한다. 5) 부양자가 경제적인 능력이 있는데도 불구하고 돋보기, 보청기, 틀니 등 필수적인 보장구를 마련해주지 않는다. 6) 부양자나 가족들이 노인에게 무관심하거나 냉담하게 대한다. 7) 치매 등으로 인하여 인지기능을 상실한 노인에게 주의를 기울이지 않아 노인을 배회하게 한다. 8) 거동이 불편한 노인을 2~3일 이상 혼자 집에 내버려둔다.
자기방임	노인 스스로 의식주 제공 및 의료 처치 등의 최소한의 자기 보호 관련 행위를 의도적으로 관리하지 않아 심신이 위험한 상황 또는 사망에 이르게 되는 경우
유기	월별 입소비용 미납 등의 사유로 노인에 특별 조치 없이 퇴소시키는 행위

2. 노인학대에 대한 이론적 관점

- **미시적 관점**: 가족의 역동적 관계 가운데 학대의 피해자가 되는 노인이나 가해자가 되는 부양자 간의 관계발달에 대한 이해를 돕는 이론
  - 교환론적 관점, 상징적 상호작용론적 관점

- 거시적 관점: 학대가 가족이나 사회의 어떠한 구조적 특성에 의하여 발생하는지 보는 이론
  - 사회구성주의적 관점, 상황적 스트레스 모델, 연령차별주의적 관점

1) 상황적 스트레스 이론

노인학대의 발생 원인을 피해노인과 학대자가 위치한 상황의 특성과 누적되는 스트레스에 초점을 맞추어 설명하는 이론적 관점이다.

노인부양은 부양자로 하여금 스트레스를 불러일으키는 작업이며, 노인의 의존성이 높을수록 부양자의 스트레스가 증가하는 상황인데 적절한 대처가 부족하면 가족 체계 내에 스트레스가 축적되고 노인학대의 가능성을 높인다는 것이다.

빈곤과 같은 만성스트레스가 있는 가족이거나 적절한 대처기제가 부족한 경우, 노인의 의존성이 커지는 경우에 노인부양에 따른 부양 스트레스는 노인과 가족 간의 학대 발생을 촉진하는 상황을 형성하여 노인학대가 발생한다는 것이다.

노인학대의 예방과 치료를 위해서는 가족이 경험하는 문제와 긴장을 완화시키고 가족이 스트레스를 경험할 때 지원을 가능하게 하는 사회적 지원망을 확보하는 것이 중요하다.

그러나 이 이론은 동일한 스트레스 상황에 놓인 가족 중에서도 학대가 발생하지 않는 이유에 대한 설득력 있는 해답을 주지 못하는 한계가 있으며, 스트레스가 노인학대의 직접적인 원인이라기보다는 학대자와 가해자 간의 역기능적 관계가 오히려 직접적인 원인이라고 비판하고 있다.

2) 교환 이론적 관점

교환 이론은 호만스(Homans, 1961)에 의하여 주장되었으며 노년기 대인관계의 유지는 지속적인 보상의 반복 또는 교환으로 유지되는 것으로 보고 있다. 노인의 재산소유 및 통제권의 약화, 지식의 낙후성, 가족의 유대관계 약화 등으로 인하여 노인의 교환자원이 점차 약화되고, 노인의 가치가 저하됨에 따라 교환관계에서 열등한 지위에 처하게 되고 사회적 상호작용에서 소외되게 된다.

노인학대를 보상과 비용의 적정한 균형이 이루어지는 교환관계에 대한 기대, 즉 상호성의 규범이 깨어진 것에 대한 일종의 부정적 반응으로 본다. 불균형적 관계에서 자신의 통제를 행사하기 위한 부정적 반응이 신체적 학대와 같은 적극적 학대로 나타날 수도 있고 혹은 방임으로 나타날 수도 있다.

가족 사이에서는 상호성 규범 못지않게 존재하는 결속규범이 강하게 작용하기 때문에 가족과 같이 친밀한 관계에서 보상과 비용을 개념화하는 데는 일반적인 대인관계와는 다른 척도를 적용해야 한다는 지적을 받고 있다. 더욱이 그 사회의 문화적 가치관이 노인부양에 대해 긍정적 지지를 하는 경우, 교환론적 관점의 적용은 적절치 못할 수 있다.

3) 상징적 상호작용론적 관점

학대가 일어나는 가족 내 상호작용의 결과물로 본다. 특히, 노화에 따른 신체적 변화와 사회적 환경의 변화는 가족 내 역할기대와 역할수행, 정체성 변화를 초래하며, 가족은 이러한 변화에 대한 반응으로 새로운 정체성과 관계유형을 만들어가기 위한 조정과 타협과정에 진입하게 된다. 이러한 변화에 대하여 서로 인식이 다르거나 기대가 일치하지 않을 때, 서로의 행동에 대한 해석과 의미부여 과정은 중요한 노인학대의 요인이 될 수 있다는 것이다.

4) 사회적 구성주의 관점

노인을 바라보는 사회적 관점에 따라 노인학대에 대한 규정이 달라질 수 있다고 주장한다.

노인을 바라보는 관점을 세 가지로 나누어 볼 수 있다.

첫째, 온정주의적 관점으로 노인은 취약하고 의존적이므로 사회의 보호가 필요한 존재－의존적인 구성물로 규정하는 관점

둘째, 노인을 사회적 짐 또는 부담으로 보는 정치학적 관점

셋째, 노인을 일반 성인집단과 동일한 권리와 책임을 갖는 존재로 보는 법률적 관점

노인에 대한 온정주의적 관점은 노인학대에 대한 강제적 보호 조치 및 사회적 프로그램을 정당화하고 발달시키는 근거가 되며, 정치경제학적 관점은 노인학대 문제에 대한 사회구조 차원의 접근을 지지해준다.

그러나 노인에 대한 법률적 관점은 노인학대 개입을 노인의 권리에 대한 침입으로 보고 개입을 제한하는 관점을 제공한다.

사회적 구성주의적 관점에서는 노인을 구성하는 사회적 개념을 의존, 부담, 권리 등의 세 가지 중첩된 구성물로 보고 노인과 노인학대에 대한 독특한 관점과 사회적 접근을 발달시켰다.

그러나 권리 침해의 문제를 구조적 차원에서 인식하지 못한 점, 노인의 자율권에 대한 존중이 결과적으로 문제해결을 위한 사회적 개입을 제한시키고 또, 그것을 정당화하는 기제로 활용되는 제한점이 되고 있다는 지적을 받고 있다.

제3절 노인학대의 실태와 정책적 방안

1. 노인학대의 일반적인 특성

가해자나 피해자가 공생적 역학관계에 있거나 가해자의 일방적 권력으로 인한 피해 노인의 무기력이 팽배하여 노인학대 사례는 실제보다 월등히 적게 보고되고 있다.

노인학대 발생의 빈도는 여러 가지 요인에 의하여 영향을 받는다.

첫째, 연구자의 자료수집과정, 연구 목적과 연구기관의 특성과 노인학대에 대한 정의와 규정에 따라 차이가 날 수 있다.

둘째, 학대경험 노인이나 그 사회가 학대 행위에 대해 어떻게 인식하는지에 따라 차이가 난다.

셋째, 주된 발생장소가 가정이므로 노인학대를 개인사 혹은 가정사로 취급하여 무시하거나 은폐하여 보고하지 않거나 노인이 자신의 문제를 스스로 드러낼 수 있는 힘이 없어서 보고하지 못한 경우가 많다.

신체적 학대와 폭력이 가장 낮은 비율을 보이고 심리, 정서적 학대빈도가 가장 높은 것으로 나타났다. 자녀 및 가족에 의해 학대를 받은 피해노인의 62.8%는 끝까지 참으며, 7.4%만 무조건 피한다고 하여 상당수의 노인이 매우 수동적으로 대처하고 있음을 알 수 있다.

끝까지 참는 이유로는 자녀이기 때문에 27.1%, 그 순간만 넘기면 되므로 18.6%, 해결방법이 없어서 16.9%, 창피하고 자존심이 상해서 15.3%의 순이다.

학대노인 중 신체적 증상을 보인 경우는 8.5%였으며, 정신적 증상을 보인 경우는 76.6%로 피해노인의 대부분은 정신적 고통을 겪고 있다. 노인의 연령이 낮을수록 신체적, 정신적 증상을 보이는 확률이 컸으며 여성노인은 정신적 증상을, 남성노인은 신체적 증상의 비율이 더 높았다. 학대 결과 신체적, 정신적 증상이 나타난 경우의 19.4%만이 의료적 처치를 한 경험이 있다.

신고 접수된 학대사례는 총 2,274건으로 2005년에 비해서 11.6% 증가, 노인학대에 관한 상담 건수 2006년 한 해 동안 총 22,098건으로 학대 상담은 86.4%를 차지하고 연도별 학대 상담 건수는 꾸준히 증가하고 있다.

신고자 유형: 총 2,274건 중 신고자에 의한 신고 접수율은 4.4%, 비신고자에 의한 신고 접수율은 95.6%였다. 신고 의무자 중에서는 사회복지 전담공무원의 신고가 38.6%, 의료인 32.7%, 노인복지시설 종사자 19.2% 순이고 비신고의무자 중에는 피해 본인이 직접 신고한 경우 30.6%, 친족 30.5%, 관련기관 17.2% 순이었다.

2. 노인학대 관련 요인 특성

1) 노인학대의 피해자 특성 및 관련 요인

인구학적 특성을 보면 피해노인 중 여성이 67.7%로 전체의 2/3를 차지하며, 학대의 심각성을 알려준다. 전체 노인의 60.3%가 배우자가 없는 노인이고, 학대 행위자가 동거하는 경우는 51%이며 특히, 학대 행위자 중 아들과 살고 있는 경우가 32%였다.

학대노인 중 무학이 54.4%로 가장 많고, 초등학교 졸업이 25.8%, 중학교 졸업이 8.3%였다. 생활수준은 기초수급자와 저소득층이 전체의 58.1%를 차지하여 과반수가 저소득층 이하의 경제수준이며 피해노인의 54.2%가 신체적, 기능적 장애를 가지고 있었다.

피해자 측에서 본 학대 발생원인은 성격장애가 28.5%, 정신질환 및 스트레스 25%, 경제적 기여 상실이 10.7%로 결과적으로 학대 받지 않은 노인에 비해 사회적 관계망의 연계가 부족하여 고립되고 경제적 신체적 의존성이 큰 경우가 많고 대부분 고령의 여성이 많다.

이는 여성이 남성보다 평균수명이 길고 홀로 살면서 교환자원이 적어 학대의 대상이 되기 쉽기 때문이다. 신체적 정신적 상태가 좋지 않은 노인, 일상생활의 어려움이 있거나 인지장애가 있는 노인이 부양자에게 더 의존하게 되고 스트레스를 더 유발하므로 학대 대상이 되는 비율이 더 높다.

학대는 자녀와 동거하는 노인이 더 많고 교육수준이 낮을수록 학대당하는 비율이 높았다. 결론적으로 성별, 학력, 신체적·정신적 상태 및 경제적 의존, 사회적 관계 및 과거의 학대력 등이 있는 것으로 나타난다.

2) 가해자의 특성 및 관련 요인

남성이 69.3%이고 여성이 30.7%이며, 연령별 학대행위자는 남성의 경우, 40대가 30.7%로 가장 많고 50대가 24.2%, 30대가 16.3% 나타났고 여성의 경우도 40대가 가장 많아 32.3%, 50대가 31.2%, 30대가 14.7%이다.

학대행위자와 피해노인과의 관계를 보면 친족이 89.6%, 친족 중에서 아들이 55.5%를 차지하고 며느리는 11.8%로 학대자 측면에서 본 학대 발생 원인으로는 질환·장애·스트레스가 36.4%로 가장 높고 성격장애가 32.8%, 경제적 의존성이 13.9%로 나타났다.

결과적으로 가해자의 연령은 40~60세가 가장 많고 대체로 노인에 대한 부양책임은 며느리가 가장 높고 아들, 딸, 사위 순이다. 가해자는 경제적으로 어려운 경우가 많았고 또 학대 노인들에게 경제적으로 의존하고 있는 경우가 많았으며 가해자가 피해자에 대한 의존성 정도가 높은 경우에 더 많이 유발됨을 지적할 수 있다.

가해자는 다양한 심리적 고통이나 정서적 문제가 있는 경우, 정신 병력이나 음주문제, 약물중독의 문제가 있는 경우가 많았다. 이들은 과거 아동기에 부모로부터 학대받은 경험이 있거나 성미가 급하고 고립되고 노화의 과정을 잘 모르고 노인의 요구를 잘 알아듣지 못하는 경향이 있다.

3) 가족 상황 특성 및 관련 요인

2008년 7월 노인장기요양보험법이 시행된 이래 시설 학대의 비중이 점차 증가하는 추세에 있으나, 전체 학대사례 중 90% 이상이 가정에서 발생하므로 가족 간의 갈등과 불화는 학대의 주요 원인임을 알 수 있다. 가족관계만족도가 높을수록 발생이 적고 낮은 수준의 애정표현을 하고 의사소통이 제대로 이루어지지 않은 경우, 학대가족이 되는 경우가 많다.

4) 우리나라의 노인학대 메커니즘

(1) 빈곤의 악순환에 따른 의존적 존재

① 희생적인 삶
② 사회통합의 기회상실
③ 사회적 유대 단절
④ 경제적 활동제한
⑤ 사회적 통합의 기회박탈

(2) 복잡한 가족관계의 희생적 순화

① 건강한 가족 구조의 상실
② 부양자 상실
③ 세대 간의 단절
④ 배우자의 죽음
⑤ 희생적인 삶

(3) 노후대책

① 자기관리의 부족
② 부양대책의 부족

③ 자녀에 대한 의존

④ 노후준비 결여

⑤ 사회성 결핍

(4) 정책 및 제도의 부재

① 연금제도 혜택 상실

② 대처할 수 있는 삶의 공간 부족

③ 쉼터 부재

④ 전문 상담 인력 및 접근의 부재

⑤ 서비스의 절대부족

3. 노인학대 예방을 위한 정책적 방안

1) 적절한 노인학대의 개념규정이 꼭 필요하다.

참고자료

노인복지법 제39조의 6항에서는 노인학대 신고의무와 절차를 정하고 있는데 누구든지 노인학대를 알게 된 때에는 노인보호전문기관 또는 수사기관에 신고할 수 있게 하였으며 특히, 다음의 자가 직무상 노인학대를 알게 된 때에는 즉시 노인보호기관 또는 수사 기관에 알릴 것을 의무화하고 있다.

① 의료법 제3조 제1항의 의료기관에서 의료업을 행하는 의료인

② 노인복지시설의 장 및 그 종사자

③ 노인복지 상담원, 사회복지사업법 제14조의 규정에 의한 사회복지전담 공무원

노인복지법 제39조의 7항에서는 노인학대 신고를 접수한 노인보호전문기관의 직원이나 사법경찰관이 지체 없이 노인학대의 현장에 출동하도록 하는 응급조치 의무를 규정하고 있다.

필요시 관계공무원 또는 노인복지상담원으로 하여금 노인복지시설과 노인의 주소, 거주지, 노인의 고용 장소 또는 금지 행위를 위반할 우려가 있는 장소에 출입하여 노인 또는 관계인에 대하여 필요한 조사를 하거나 질문을 하게 할 수 있도록 규정하고 있어 조사에 대한 권한을 부여하고 있다.

노인학대와 관련한 상담은 그 동안 우리나라 노인의 전화, 노인복지관 등 다양한 사회복지기관에서 꾸준히 실시해왔으나, 2004년 이후 노인보호전문기관(노인학대예방센터)이 전국적으로 개소됨으로써 노인학대 관련 상담은 본격적인 궤도에 올랐다고 볼 수 있다. 전국에 있는 19개의 노인보호전문기관, 보건복지 콜센터 129, 기타 다양한 사회복지기관에서 담당하고 있다.

2) 노인학대 인식제고를 위한 노력이 필요하며, 효과적인 노인학대 예방사업 개발을 활성화시켜야 한다.

예방적 측면으로는 노인학대에 대한 교육을 강화하여 노인학대에 대한 인식을 전환시켜 능동적, 적극적으로 대처해 나갈 수 있도록 대처하며 언론을 통하여 노인학대에 대한 심각성을 대내외적으로 인식시키고 적절한 대처방안에 대한 국민적 합의를 도출하기 위해 다양한 모임을 운영해 나갈 필요가 있다. 또한, 상담 프로그램을 통하여 노인 당사자는 물론 가족들에 대한 상담 서비스가 개발, 정착될 것이 요구된다.

3) 노인학대 사례발굴을 위한 신고 의무자 교육을 활성화시켜야 한다.

신고의무자의 비율이 17.3%로 나타나 신고의무자를 대상으로 구체적이고 지속적인 교육과 홍보가 절실하다. 한편, 신고의무자의 역할을 담당할 직종들에 대한 탐색과 적용 가능성을 모색하고 더욱 다양하고 실제적인 직종의 사람들을 신고의무자로 규정할 뿐만 아니라 정규적인 보수교육을 법으로 규정하는 방안도 요구된다.

4) 노인학대 방지관련법을 개정해야 한다.

노인복지법의 일부와 존속상해, 존속유기, 존속학대 등을 다루는 형법, 1998년부터 시행되고 있는 가정폭력범죄의 처벌에 관한 특례법, 재산상속을 다루는 민법의 일부를 제외하고는 미비하다. 그러나 이러한 현행 제도는 처벌 중심의 사후 개입을 주로 하고 있어서 학대 상황에 적용할 수 있는 다양한 예방적, 지지적 서비스를 지원하고 개발하는 방향에서의 법적 정비체계가 요구된다.

5) 종합적인 지지서비스 체계를 구축시켜야 한다.

- 피해자의 측면: 학대노인을 위한 쉼터, 보호시설의 증설과 이를 이용할 수 있는 제도적 장치의 현실화를 통해 피해자를 위한 사후 개입 현장을 확보하는 것이다.
- 가해자의 측면: 개인적, 정신병리학적 요인이나 사회 심리학 요인을 파악하여 가해자의 치료를 돕는 구체적인 프로그램의 개발과 실시가 필요하다.

노인부양가족을 위한 다양한 서비스와 지지를 공급해야 한다. 부양가족의 스트레스와 당면문제 해결을 위한 복지서비스로서의 상담은 물론 심리치료에 이르는 전문상담기관의 확충과 전문 상담 인력의 양성에 힘써야 하며, 부양감소를 위한 사회적 부양제도의 적극적인 개발과 도입을 권장하고 서비스의 접근성과 유용성을 증가시키기 위한 제도적 조치를 강구해야 한다.

6) 노인학대전문기관의 전문성 강화 및 기능을 확대해야 한다.

노인학대전문기관: 보건복지부, 시・군・구, 노인보호전문기관, 사법경찰, 의료기관

(1) 보건복지부

노인보호업무와 관련된 법・제도적 정책 수립, 노인복지시설 대한 행정・재정적 지원 등, 시・도-시설에 대한 업무지고 및 감독, 노인복지법 제39조의5 제1항 제2호의 보호 조치를 의뢰 받은 학대노인에 대한 행정적인 조치 등

(2) 시・군・구

학대 피해 노인 및 보호자 또는 학대행위자의 신분조회 요청 등에 대한 협조, 필요 시 관계 공무원 또는 노인상담원으로 하여금 노인복지 시설과 노인 또는 관계인에 대한 조사, 노인 인권보호 및 학대예방 관련 위원회 설치 운영 등

(3) 노인보호전문기관

노인학대 사례의 신고접수, 신고된 시설학대 사례에 대한 개입, 시설의 학대사례 판정에 대한 자문, 학대사례에 대한 사례관리 절차 지원, 사법경찰-노인학대 신고사례에 대한 현장 조사, 노인학대행위자의 형사 재판을 요하는 사례에 대한 수사 전담, 응급조치를 요하는 노인학대 사례를 일시 보호시설 또는 의료기관에 조치 의뢰

(4) 의료기관

여러 분야의 보건의료전문가로 구성된 학대노인 보호 팀을 구성・운영하며, 의뢰받는 피학대 노인에게 종합적인 의료서비스 제공, 노인학대 판정을 위한 의학적 진단, 소견 및 증언 진술

(5) 법률기관

피해노인의 법률적 보호 및 학대행위자에 대한 보호처분을 포함한 판정, 후견인의 지정, 가족으로부터의 노인의 격리 등

7) 노인학대 사례

노인학대의 유형	내 용
신체적 학대	밀어 넘어뜨리고 양 주먹으로 수차례 구타하고 발길질을 하여 시어머니를 넘어뜨렸다.
언어 · 정서적 학대	"내가 노친네 때문에 진짜 힘들어서 못살겠어. 안 들어오고 뭐해" 라며, 고함을 질렀다. "에이, 꼴도 보기 싫은데 빨리 방에나 들어가지 왜 앉아있는 거야. 죽치고 앉아있지 말고 빨리 들어가"라고 소리를 질렀다.
방임	며느리는 아픈 시어머니를 병원에 데려가지 않고 하루 종일 방안에 방치하였다.
재정적 학대	작은 아들이 준 용돈을 빌려달라고 하여 다 써버리고 경로연금이 지급된 통장과 도장을 가져가서는 돌려주지 않는다.
자기방임	세수도 하지 않고, 식사도 제대로 하지 않아 몸이 날로 쇠약해져 갔다.

출처: 보건복지부 : 요양보호사 표준교재: p.88.

참고문헌

고수현・윤선오(2009). 새로운 노인복지론. 양서원.

김귀환・나직균(2012). 노인복지론 개정판. 동문사.

김기태 외(2011). 노인복지론. 공동체.

김남희 외(2014). 노인복지론. 동문사.

김인혁 외(2014). 노인복지론 증보판. 창지사.

김현진(2015). 대학생의 생활스트레스가 정신건강에 미치는 영향. 대한신학대학원대학교 박사학위논문.

안흥순(2015). 노인복지론. 공동체.

양옥남 외(2012). 노인복지론. 공동체.

이용교 외(2006). 노인복지의 길. 학현사.

임정문 외(2020). 노인복지론 개정판. 동문사.

장인협・최성재(2003). 노인복지학. 서울대학교출판부.

최원석 (2012). 노인복지론. 양시원.

현외성(2012). 노인복지학 신론. 양서원.

Chapter 12 죽음과 호스피스

제1절 죽음에 관한 이해

1. 죽음에 관한 이론

1) 죽음의 개념

대한의학협회에서는 심폐기능의 정지인 심폐사 또는 전뇌 기능의 소실인 뇌사로 판단하여 뇌사를 죽음으로 인정하고 있다.

생물학적 죽음은 뇌, 심장 등 인간의 생명과 관계되는 장기의 기능이 멈추는 것이다. 그러므로 이 세상에서 존재하는 것의 끝이거나 경계선을 의미한다.

의학대사전에서는 죽음을 생명의 정지, 모든 생체 기능의 영구적 정지, 법률적 의학적 목적을 위하여 전체 뇌기능, 호흡계의 자발적인 기능, 순환계의 자발 기능의 모든 것의 비가역적 정지라고 정의한다.

나아가 정신, 심리학적 죽음은 회복할 수 없는 혼수상태에 빠지는 것이며, 사회적인 죽음은 사회 환경에 더 적응할 수 없는 상태로서 현실세계로부터 완전히 위축되는 것이다.

종교적 차원의 영혼 죽음은 신으로부터의 이탈을 뜻한다. 일반적으로 임종과 죽음은 정의가 혼용되어 사용되고 있으나 임종은 죽어가는 과정, 죽음은 생명이 정지된 상태로 볼 수 있다.

우리나라 대사전에서는 임종을 죽음에 임함, 임명, 부모가 돌아가실 때 그 자리에 같이 있음, 종신 등으로 말하고 있다. 죽음은 사(死), 입몰(入沒), 사망(死亡), 사세(死世), 끝장, 죽는 일, 생물의 생명의 생명이 없어지는 현상, 세포내의 연속적인 생리적 변화가 불가역적으로 되어 정지하는 상태인 것이다.

웹스터 사전에서는 임종을 생명이 끝나가는 것, 죽음이 임박한 것, 점차 소멸되는 것이라고 하였으며 죽음은 동식물에서 소생 가능성이 없는 모든 생체 기능의 영구적 정지, 생명의 종결, 죽는다는 사실이나 행동 및 과정이라고 하였다.

죽음에 관한 이론 가운데 애착 이론적 관점은 여러 가지 애착행동을 유발시키는 본의 아닌 분리, 즉 울고, 매달리고, 분노하는 측면을 말한다. 애도과정에서 오는 행동들은 분리불안에서 일어나는 재결합 형태이어서 회복을 위해서는 애착을 끊고 타자와 새로운 유대를 형성하게 된다고 한다.

심리사회적인 전환적 사건으로서는 사별의 경험을 둘러싼 사회적 상황의 중요성을 강조하여 사별을 결혼한 상태에서 배우자 사별의 상태로 바뀌는 전환적 사건으로 정의한다. 그리하여 성격, 사회적지지, 생활 사건을 둘러싼 환경은 가정된 세상에 관한 수정을 요구한다.

개인의 구조적 관점은 개인의 인지적 구조 체계에 의해서 사별한 사람들의 심리 상태가 영향을 받는다. 그러므로 개인적 구조 체계의 융통성이 사별 후 적응 효율성을 결정한다고 본다.

대부분은 여성은 준비, 슬픔 또는 애도, 적응 등의 세 단계를 경험한다고 본다(공동체 2012, 양옥남).

독인의 철학자 하이데거가 인간은 죽음을 향해 살아간다고 말했듯이 모든 인간은 긍정적으로 죽지만, 노년기만큼 죽음의 문제가 일상적인 삶과 직접적으로 연관된 시기는 없다. 그런데 우리 사회는 그동안 죽음과 임종의 문제를 회피하고 사회적으로 반 금기 영역으로 취급해 왔는데, 이는 죽음에 대한 공포와 이에 따른 부정이 반응 때문일 것이다.

프로이드에 의하면 죽음이란 누구에게나 자연스럽고 부정할 수 없으며,

피할 수 없는 것이지만 사람들은 마치 그것이 다른 사람에게만 일어나는 일인 것처럼 행동한다고 한다. 이것 역시 인간의 죽음에 대한 내면적 공포에서 나타나는 부정반응이 한 단면일 것이다(양서원 2012, 최원석).

2) 죽음과 유사한 용어

(1) 죽음

죽음은 사망, 임종과 동의어이며 영어의 Death과 같은 의미로서 생명의 정지 또는 모든 생명기능의 영구적인 정지를 뜻한다. 의학적으로는 심장, 폐 및 뇌가 비가역적으로 정지된 상태로서 호흡정지, 심장박동정지, 동공확대와 대광반사의 소실 등 죽음의 3가지 징후가 나타나는 때를 말한다.

(2) 뇌사

뇌사란 뇌세포의 사멸을 의미하는 것이 아니고 뇌기능의 비가역적인 정지를 의미하는 것으로 신체의 혈액순환이나 다른 장기의 기능은 유지되고 있으나, 뇌기능은 완전히 비가역적으로 와해된 상태이다.

혼수상태의 환자에게 심폐기능은 인공적인 수단으로 유지가 되지만 뇌가 비가역적으로 손상을 받아 그 기능을 완전히 잃어버려 결국은 폐, 심장, 위장관 등의 전체적인 항상성이 유지되지 못해 심장사가 초래된다. 뇌사와 심장사는 동일한 개념으로 간주되고 뇌사를 곧 죽음으로 여기게 되었다.

참고 | 뇌사의 정의

뇌사는 심장박동과 호흡을 관장하는 연수가 살아있는데 이를 죽음이라 할 수 있는가에 대한 질문이다. 뇌사의 개념을 명백히 이해하기 위해서는 뇌사와 관계된 여러 주장들을 비교해 보아야 할 것이다. 문제의 주장들은 대뇌상, 대뇌 피질사, 식물인간, 뇌간사, 전뇌경색등이 있다. 대뇌란 대뇌반구의 죽음을 의미하는 것으로 사고기능과 감각기능, 그리고 대부분의 의지적 운동기능의 상실을 일컫는데, 삶의 질로는 죽은것과 비슷하나 뇌간이 살아 있어 호흡과 심장박동이 유지되므로 죽음으로 결정하는데 문제가 있다. 대뇌피질사는 대뇌사보다는 더 구체적인 좁은 의미이긴 하나 실제적인 내용은 대뇌사와 비슷하다. 뇌간사의 경우는 호흡 및 심혈과 중추가 손상되어 심박동 및 호흡이 장애를 받게 되어 죽음에 이르는 것을 말한다. 대개 뇌간이 손상된 후 1주에서 2주 사이에 뇌조직의 지가 융해가 일어나 뇌의 불가연적 사망 상태에 이르게 된다. 따라서 바로이 '뇌간사'가 뇌사의 개념의 핵심이 되는 문제이다.

뇌사를 좀더 자세히 설명해 본다면, 뇌사는 뇌의 전 기능이 불가역적 기능 소실로 의식의 중추인 중뇌, 시상부, 시상하부 등의 기능 소실로 혼수 상태에 빠지고 연수, 뇌교의 호흡중추가 마비되어 자발적인 호흡이 소실된 상태이다.특히 대뇌, 소뇌, 뇌간 및 제1경수를 포함하는 전뇌의 기능이 불가역적으로 정지된 상태를 뇌사라고 정의할 수 있다. 다시 말해 뇌의 모든 기능이 정지되어 어떤 의학적인 치료 수단을 동원하더라도 회복시킬 수 없고, 이로 인해 타 장기의 모든 기능의 중지가 절박하고 불가피한 상태를 말한다.

그러나 뇌사의 최기에는 신경조직의 형태적 변화는 매우 경미하여 뇌사가 임상적으로 판단되었다고 전뇌 조직이동시에 사멸하였다고 할 수 없다. 따라서 뇌사는 전뇌기능이 불가역 정지에 이른 과정이라고 정의되며 뇌기능이 되돌아 올 수 없는 시점을 나타내는 것이다. 이렇게 볼 때 뇌사는 일반적으로 말하는 완전한 죽음의 상태가 아니라 뇌가 죽었기 때문에 전체 인간이 서서히 죽어가도 있는 상태라고 하겠다. 뇌사 상태에 있는 인간에게 반드시 고전적인 죽음의 징후인 심장의 영구적 정지가 수반되는 것은 아니다. 뇌사 상태에서도 심장 방동은 유지되면서 맥박, 혈압, 체온과 인공호흡기에 의한 호흡이 유지된다. 뿐만 아니라 위 내에서는 소화액이 분비되고 방광에서는오줌이 배설되는 등 여러 가지 내장기능이 완전히 정지되지 않고 있다. 그러나 이와 같은 뇌사 상태는 인공 호흡이나 식도위관에 의한 영향공급이 이루어지더라도 수일이 지나는 동안에 신장, 간장, 췌장등의 여러 장기가 기능을 하지 못하게되면서 심장정지가 초래되어 심장사에 빠지게 된다. 뇌사상태에서 심장 정지까지는 길어도 14일을 넘기지 못한다는 것이 전 세계 각 국의 통계 결과이고, 뇌는 일단 파괴되면 절대로 재생되지 못한다는 것이 현대 의학의 통설로 되어 있다.

(3) 식물인간 상태

중증의 뇌 외상이나 질환으로부터 회복은 되었으나, 대뇌의 광범위한 조직 손상 또는 대뇌와 뇌간사이의 연결이 파괴되어 대뇌기능이 정지된 상태이다. 호흡 및 순환중추의 기능은 유지되므로 인공호흡기를 부착하지 않고도 생체징후가 지속되지만 자발운동과 감각 및 정신기능은 소실되어있다.

자력으로 이동할 수 없고 자력으로 음식섭취가 불가능하며(음식을 삼키는 것은 가능) 요실금·변실금 상태이고 눈으로 물체를 쳐다보는 듯하나 인식하지 못하고 손을 움직이거나 입은 실룩거리지만, 의사소통은 불가능하고 소리를 내지만 뜻이 없는 말을 하는 경우, 의료행위를 계속하여도 3개월 이내에 개선되지 않으면 식물인간 상태라고 정의한다.

식물인간은 생물학적 죽음과 비슷한 뇌사와는 달리 사회인으로서 생명이 없는 사회적 죽음의 상태로 여겨지고 뇌사와는 명확하게 구분된다.

(4) 안락사

어원은 좋은 죽음, 안락한 죽음, 고통과 통증이 없는 편안한 죽음을 의미한다. 의학용어로는 죽어가는 환자의 고통을 덜어주기 위해 그리고 통증과 괴로움을 덜어주기 위해 의사가 행하는 친밀한 도움으로 표현되었다.

소극적인 안락사는 생명을 연장시킬 수도 있는 치료를 의도적으로 생략하는 것을 의미하며 죽음을 촉진하는 행동은 하지 않으나, 적극적인 치료를 중단함으로써 죽는다는 것이 확실한 경우 단지 치료를 하지 않는다는 의미이지 사실상 죽도록 내버려두는 의미는 아니다.

인간은 단지 살아있다는 것만으로 의미가 없으며, 오히려 자유의지와 이성을 가진 인격체로서 자유롭게 자기 나름대로 삶의 방법을 선택하는 존엄성이 강조되면서 존엄적 안락사라는 용어로도 불린다.

적극적인 안락사는 더 이상 다른 방법을 기대할 수 없는 경우에 의도적으로 더 빨리 죽음을 초래하는 치료의 개입을 의미한다. 직접적인 의도는 환자의 생명을 끊는 것이다. 엄밀한 의미에서 살해로 여겨지며, 단호하게 단죄하는 입장을 취하고 있다.

2. 임종의 단계

1) 임종 1주일~임종 전

(1) 호흡기계 증상

불안을 동반한 빈호흡이 많다. 가슴과 복부 근육운동이 뚜렷하게 관찰되며, 심한 소음을 동반한다. 급성으로 호흡곤란을 호소하는 호흡기계 공황발작이 오기도 하고 수분섭취가 적어지고 정상적인 분비물을 기침으로 내보내는 능력이 저하되면서 인후나 기도에 생기는 분비물이 많아져 가래 끓는 소리가 나기도 한다.

(2) 순환기 증상

혈액순환의 저하로부터 점차 몸의 중요한 기관으로 이행됨에 따라 손과 발부터 시작해서 팔과 다리의 순서로 점차 차갑게 싸늘해지면서 피부의 색깔도 하얗거나 파랗게 변하게 된다.

(3) 위장장애 증상

음식이나 수분을 잘 먹지 않으려고 하여 수분과 음식물의 섭취가 감소하고 대개 사망환자들의 약 10%에서 사망하기 전에 24시간 이내에 구역과 구토가 발생한다.

(4) 근골격계 증상

심부전, 간부전, 저나트륨증 등의 대사이상이 원인으로 대사 장애가 발생함에 따라 근육경련이나 발작 등이 나타난다.

(5) 비뇨기계 증상

수분섭취가 적어지고 신기능 부전으로 신장을 통해 이루어지는 수분의 순환도 감소되므로 소변 량이 감소한다. 신경기능의 장애로 근육이 무력해짐으로 인해 대소변을 조절하지 못하고 실금 또는 실변하게 된다.

(6) 의식장애

뇌에 산소공급이 부족해지고 신진대사가 변화함으로 인해 불안정해지고 같은 동작을 반복하게 되거나 시간, 장소, 자기 주위에 있는 사람이 누구인가에 대해 혼돈을 일으키게 된다. 잠자는 시간이 많아지게 되며, 의사소통이 어렵고 반응이 저하된다.

환경의 변화, 불안이나 우울, 통증이나 피로, 방광팽만이나 변비, 약물 등 다양한 원인에 의해 헛소리나 섬망 증세가 대부분의 대상자에게 흔하게 나타난다.

대개 사망 환자들의 약 10%에서 의식이 없는 경우도 있다.

2) 임종이 임박했을 경우

숨을 가쁘고 깊게 몰아쉬고 가래가 끓다가 점차적으로 숨을 깊게 천천히 쉬게 된다. 손발이 차가워지고 식은땀을 흘리며 점차로 피부색이 파랗게 변한다. 맥박이 약해지고 혈압이 떨어진다. 대소변을 의식하지 못하고 실금하게 되며, 항문이 열린다. 의식이 점차로 흐려지고 혼수상태에 빠진다.

3) 임종

사망은 호흡정지, 심박정지, 동공확대와 대광반사가 소실됨을 의미하는데 의학적으로 호흡이 없고 혈압이 측정되지 않으며, 심첨부의 맥박을 측정할 수 없으며, 사망신고를 하게 된다.

대상자는 숨을 쉬지 않고 심장이 뛰지 않으며, 항문이 열려 대소변이 나오기도 하고 어떠한 자극에도 반응이 없으며, 눈꺼풀은 약간 열려 있고 눈은 한 점에 고정되어 있고 깜박거리지 않는다. 턱은 늘어지고 입은 약간 벌어져 있다.

4) 임종 직후

① **사후 한랭**: 사망 후, 체온이 점차 떨어진다.
② **사후 강직**: 사망 후, 2~4시간에 신체가 딱딱하게 굳어지면서 경직된다.
③ **사후 시반**: 사망 후, 시간이 지나면 혈액 순환이 정지됨에 따라 적혈구가 파괴되어 주위 조직을 변색시켜 피부색이 변하게 된다(최원석, 2012).

제2절 노년기 죽음의 의미와 태도

1. 노년기 죽음의 의미

노년기에는 다른 인생의 어느 시기보다 더 죽음을 가까이 느끼게 되고 또 죽음과 직면할 때가 다가오는 시기이다. 자신의 죽음을 어떻게 인식하고 있느냐에 따라 자신과 자신이 살아온 삶을 의미 있고 가치 있는 것으로 평가하고 앞으로 남아있는 삶을 보다 건강하고 활기차게 보내고자 하는 삶에 대한 태도와 만족도에 영향을 준다고 할 수 있다.

바람직한 노년기는 그동안 실패, 좌절, 실망과 성공에 대한 재통합이 이루어지는 시기이다. 지금까지의 결과에 만족하지 못하는 노인은 절망에 빠지고 자신을 낮게 평가하며 죽음을 미완성의 삶을 중단시키는 사건으로 인식한다.

생의 마지막 과업을 성취하지 못한 노인의 경우, 후회와 우울 그리고 슬픔에 쌓이며 죽음으로 인생의 끝을 맺는다는 생각 때문에 죽음을 두려워한다.

현대 산업사회는 대가족이 해체되어 핵가족이 되고 여성들의 사회진출이 많아짐에 따라 노인과 임종자를 가정에서 점차 따뜻하게 보살펴 주지 못하고 있는 실정이다. 실제 연간 신고 사망자 수에서도 65세 이상의 노인이 60%를 차지하고 있는 것에서 볼 수 있듯이 죽음은 노인과 연관되어 생각할 수 있다.

노인의 주요 사망 원인은 뇌혈관질환, 심장질환, 간질환 등의 만성퇴행성질환과 암으로 인해 오랜 동안의 투병 생활 끝에 힘겨운 죽음을 맞이하고 있다.

노인의 죽음에 관한 여러 학자들의 견해를 보면 죽음에 대한 지각과 의미 부여로 죽음을 수용하는 경향이 있다. 이런 현상은 노인들의 존엄성 유지, 품위 있고 편안한 임종과 관련한 문제들을 제기한다.

즉, 노인 뿐 아니라 임종을 맞이하는 사람들에게 병원에서 제공하는 서비스는 인간의 존엄성이 고려되지 않은 채 생명 연장을 목적으로 이루어지는 경우가 많기 때문에 죽어가는 자와 그 가족들의 신체적·사회적·심리적·영적인 총체적 요구들을 충족시키기에는 한계가 있다.

2. 우리나라 사람들의 죽음에 대한 의미와 태도

① 죽음은 자신의 제약 또는 종말이다.

② 죽음은 현세에서 존재의 소멸이며, 무의 상태가 되는 것이다.

③ 죽음은 삶의 연장 또 다른 새로운 세계나 윤회나 환생, 영생을 의미한다.

④ 죽음은 삶의 경험, 가족 등과 같은 소중한 것의 상실이다.

⑤ 죽음은 형벌이다.

⑥ 죽음은 힘든 삶에서의 해방이고 쉼이다.

⑦ 죽음은 섬뜩한 저승사자 또는 부드러운 성령이다.

⑧ 죽음을 통하여 차별성이 극복되고 잘못된 관계를 개선하는 계기가 되며, 사랑했던 사람과의 재결합을 이룬다.

⑨ 죽음은 자연스러운 현상이다.

노인의 46% 정도가 죽음이 자연현상으로서 삶의 마지막 과정이라고 보고 있는 것으로 나타나 죽음에 대해 비교적 긍정적인 의미를 부여하고 있는 것으로 나타난다.

2/3 이상의 노인이 자신의 죽음을 편안하고 담담하게 받아들이고 있는 것으로 나타났다. 말기 암 환자의 40%는 종교에 의존하는 반면 37%는 과학을 신봉하고 23%는 죽음에 대해 냉소적 태도를 취하는 것으로 나타났다 (공동체 2012, 양옥남).

3. 임종적응단계

20여 년간 200명의 임종환자를 지켜보고 돌보아 온 물리학자 퀴블러 로스는 환자들이 겪는 죽음의 단계를 다섯 단계로 설명하였다.

1) 부정

부정과 고립의 단계로 “아니야 나는 믿을 수 없어”와 같이 치명적으로 진행하는 자신의 병을 의식하면서도 이러한 사실에 충격적으로 반응하며, 이를 사실로 받아들이려 하지 않는다. 진단이 잘못 내려지지 않았나하고 여러 의사를 찾아다니며 좀 더 나은 진단이 내려지기를 기대한다. 자신의 병이 치명적인 줄 알면서도 다시 회복될 수 있을 것이라고 믿고 싶어 한다.

2) 분노

자신의 감정을 반항과 분노로 나타낸다. 이러한 분노는 자신에게, 사랑하는 사람에게 혹은 의료진이나 하나님에게까지 간접적으로 표현된다. '나는 아니야, 왜 하필 나야' 혹은 '왜 지금이야' 등으로 말하고 어디서 누구에게나 불만스러운 면만을 찾으려고 한다. 또한, 목소리를 높여 불평을 하면서 주위로부터 관심을 끌려고 노력한다.

3) 타협

자신이 아무리 죽음을 부정하고 부인한다고 하더라도 현실로부터 피할 수 없는 상황에 처해 있음을 인지하고 제 3의 길을 선택하는 것이다.

주위로부터 존경과 이해를 받고 있다고 느끼고 주변사람들이 자신을 위해 충분한 시간을 할애하고 있다는 사실을 깨닫게 되면서 비이성적인 요구가 줄어든다. 자신에게 불가피한 사실을 어떻게 연기하기 위해 '그래, 내게 이런 일이 벌어졌어. 인정해! 그렇지만 우리 아이가 시집갈 때까지만 살게 해 주세요' 등으로 말하며, 자신의 삶이 얼마라도 연장되기를 바란다.

4) 우울

침울해지는 단계로 피할 수 없는 일종의 한계상황에 다다른 것이다. 자신이 더 회복 가능성이 없다고 의식하게 되면서 이제 웃을 수 없게 된다. 자신의 근심과 슬픔을 더 이상 말로 표현하지 않는다. 조용히 있기도 하고 울기도 한다. 이때에는 자신의 감정을 표현하도록 그냥 두어야 한다.

말보다는 손동작이나 접촉이 훨씬 더 필요하다. 자기와 같이 느끼고 슬퍼하고 자기 곁에 있어줄 사람을 필요로 한다.

5) 수용

신체적으로나 심리적으로나 지칠 대로 지친 상태로 죽는다는 사실 자체를 체념과 함께 받아들인다. 머나먼 여정을 떠나기 전에 갖는 마지막 정리의 시간이 된다. 임종에 대하여 수용함에 따라 관심세계는 점점 좁아지고 의사소통은 무언의 대화로 바뀐다. 이 단계에서는 '나는 지쳤어' 라고 표현할 수도 있다.

죽음이 이 단계에서 일어난다는 생각은 많은 비판을 받아오고 있다. 사람에 따라 부정의 단계를 초월해서 이동할 수도 있고 또 어떤 사람들은 단계를 경험하기는 하나 죽음을 불가피성을 받아들이지 못할 수도 있다. 또 화, 슬픔, 분노를 동시에 느낄 수도 있다.

다섯 단계가 순서대로 일어나는 것은 아니며, 반드시 차례로 다 거치는 것도 아니다. 또, 문화나 종교적 신념 등에 의해 어떤 것은 나타나지 않는 경우도 있다.

암 환자를 대상으로 했기에 노환으로 죽음을 맞는 노인에게 적용하기에는 한계가 있기는 하지만 임종단계의 설명이 매우 유익한 것도 부정할 수 없다(양서원 2012, 최원석).

70세 이후에 사망하는 것, 임종을 맞는 것, 1개월 미만의 임종 기간, 임종기 동안 가족과 함께 하는 것, 임종기의 독립성, 죽음에 대한 인지, 유언 남기기, 임종기 동안의 자율성, 임종기 동안의 의료기, 통증이 없는 것, 종교, 호스피스, 무의미한 생명연장 수술을 받지 않는 것으로 인식한다는 연구가 있다.

(1) 안락사의 종류

① 수동적 안락사는 병원, 요양원, 그리고 다른 건강 세팅에서 볼 수 있다.

② 능동적 안락사는 사회적 고립감, 자신이 소용없다는 생각, 재정적인 곤란, 사랑하는 사람에 대한 소실, 만성적 질병을 수반한다고 할 수 있다. 다른 사람들에게 짐이 될 수도 있다. 알츠하이머병을 가진 환

자들에게도 절망감은 나타나는데 그들은 위엄을 가지고 죽는 것은 그들의 능력을 잃어버리기 전에 세상을 떠나는 것이라고 믿는다.

(2) 죽음과 종교는 떼어놓을 수 없는 관계로 다음의 4가지 긍정적인 효과

① 종교는 건강을 파괴하는 행동들을 감소시키는 확실한 사회적 제어장치를 가지고 있다.

② 종교는 사회적 결집력을 유지, 보존해주는 사회적 연결망을 가지고 있다.

③ 종교는 인생에 대한 특별한 의미부여 시스템을 가지고 있다.

④ 종교는 육체적 고통 사별과 이에 따른 상실감 등의 고통을 견디어 나갈 수 있는 특별한 힘을 제공하며, 때로는 개인에게 희망을 제공하기도 한다.

나아가 엘리슨과 스미스는 영적 건강이 육체적 질환을 조절하는데 긍정적인 관계가 있다고 한다. 고통을 직면할 때, 이에 대한 해석적인 체계를 제공하는 소위 종교의 '호신론 효과'는 위의 이론들을 뒷받침해 주고 있다. 이런 연구들은 일반적으로 종교와 건강사이에는 밀접한 상호관계가 있음을 밝혀주고 있다(양옥남, 2012).

4. 죽음 불안에 영향을 미치는 요인

요 인	죽음 불안의 수준
인구사회학적 특성	• 여성: 죽음에 따른 신체, 심리적 고통에 대한 불안 수준이 높음 • 남성: 인생 계획과 목표를 실현하지 못한 것에 대해 불안해함 • 연령: 정적 또는 부적 관계가 있다는 상반된 연구결과 • 결혼: 이혼 별거 노인의 불안 수준이 더 높음 • 교육수준: 교육수준이 높을수록 죽음불안 수준이 더 높음 • 종교: 종교가 있는 노인의 죽음불안 수준이 낮지만 종교 유무보다는 신앙심과 내세에 대한 믿음 정도가 더 중요한 요소임

건강상태	• 질병이 있고 건강 평가가 부정적일수록 죽음 불안수준이 높음
심리특성	• 분노, 불평, 불안수준이 높을수록 죽음 불안수준이 높음 • 고독 수준이 높을수록 죽음불안 수준 높음 • 자아통합 수준이 낮고 부정적 자아개념을 가지고 있을수록 불안수준이 높음 • 삶의 만족도가 낮을수록 죽음에 대해 거부적인 태도를 보임
가족환경	• 가구형태: 독신의 죽음불안 수준이 가장 높음 • 가족 수입: 상반된 결과 • 가족 관계: 가족 간의 유대관계와는 의미 있는 관련성이 없음
사회적 지지	• 사회 관계망이 위축되고 사회적 지지수준이 낮을수록 불안수준이 높음

출처: 최원석(2012).

5. 사별과 애도 과정

죽음은 두 가지 측면이 있는데 떠나는 자와 보내는 자이다. 이때, 살아남은 사람은 사별이라는 경험을 하게 된다. 노년기에 사별하게 되면 슬픔, 죄의식, 후회, 혼돈, 목적 상실, 동기와 흥미상실 등과 같은 정서적 반응을 보이게 되고 애도의 과정을 거치게 되는데 그 과정을 4단계로 구분하고 있다.

단 계	반 응
무감각적인 단계	• 죽음을 목격하는 자는 어리둥절해 하며, 예기치 못한 죽음 인 경우에는 며칠 동안 계속되기도 함 • 메스꺼움이나 가슴 목이 조여오는 듯한 신체반응이 수반되기도 함
그리움의 단계	• 고인을 되찾으려고 고인을 보았거나 사랑했던 사람을 찾아다님 • 좌절감 분노 죄의식을 느끼고 격렬한 슬픔을 경험하거나 통제할 수 없을 정도로 울거나 식욕부진 불면증을 경험
혼란과 절망의 단계	• 사랑하는 사람의 죽음을 수용하지만 무력감 절망 우울감이 동반됨 • 절망 혼란의 단계를 지나면서 극도의 피로를 경험 수면시간 증가
재조정의 단계	• 가정이나 직장에서 정상적인 생활을 회복 • 우울증이 사라지고 수면습관을 회복하고 에너지 증가 • 고인에 대한 생각으로 슬퍼지기도 하지만 이 생각에 사로잡히지 않음

제3절 호스피스

1. 호스피스 정의 및 목적

1) 호스피스 정의

호스피스는 라틴어에서 유래된 말로서 접대를 하는 사람을 뜻하는 Host와 손님을 뜻하는 Guest의 합성어인 Hospes와 주인과 손님의 사이의 따뜻한 마음을 표현하는 장소를 뜻하는 Hospitum이 합쳐서 따뜻하게 손님을 맞이하고 편안히 휴식을 취할 수 있도록 돌보며, 환대한다는 의미를 지닌다.

미국 호스피스 완화 의료기구에서는 호스피스를 '삶의 말기에 전문적인 의료, 통증관리, 정서적 지원, 영적 지원들의 요구와 필요에 맞춰서 협력하여 제공하는 자비로운 돌봄'이라고 서술한다.

호스피스는 모든 사람이 고통 없이 품위 있게 죽을 수 있는 권리를 지니고 있으며, 그 가족이 그러한 지원을 기꺼이 받아들일 것이라는 믿음에서 출발한다. 호스피스는 대상자뿐만 아니라 호스피스 대상자가 사랑하는 사람들에게도 호스피스가 제공된다.

호스피스는 치료의 행위가 아닌 돌봄 행위에 초점을 두어 환자의 가정에서 제공되며, 독립된 호스피스 시설, 병원, 양로원 및 기타 장기요양시설에서도 제공되기도 한다. 연령, 종교, 인종, 질병의 종류를 불문하고 제공한다.

2) 호스피스 목적

인생의 마지막에 각개인마다 개인적 특성을 고려한 경험을 하도록 하여 고통에 직면하더라도 가족 모두가 성숙하고 마무리를 더 잘할 수 있도록 돕는 것이다.

인간존중과 인간이해, 자기결정과 창의성을 소중히 하는 인도주의와 인간을 전체로 이해하는 총체주의 사상을 기반으로 이론과 실제가 발전하였다.

① 대상은 치료가 불가능한 말기환자와 그 가족이다.
② 여생을 가능하면 편안하게 충만한 삶을 살도록 돕는다.
③ 삶을 긍정적으로 수용하게 하고 죽음을 삶의 일부로 자연스럽게 받아들이도록 돕는다.
④ 여생을 인위적으로 연장시키거나 단축시키지 않으며, 살 수 있는 만큼 잘 살다가 자연스럽게 편안히 생을 마감할 수 있도록 돕는다.
⑤ 호스피스 대상자와 가족의 요구와 필요에 부응하여 가능한 모든 자원을 이용해 이를 충족시키고 지지하며 죽음을 잘 준비하도록 돕는다.

3) 호스피스 대상자의 선정 기준

① 암으로 진단 받은 자로 호스피스 간호가 필요한 자
② 의사로부터 6개월 정도 살 수 있다는 진단을 받은 자
③ 의사가 동의했거나 의뢰한 대상자
④ 가족이 의사의 진단을 받아들이고 예후를 논의하여 통증과 증상완화를 위한 비 치료적인 간호를 받기를 결정한 자
⑤ 가족이나 친지가 없어 호스피스의 도움을 필요하다고 선정된 자
⑥ 의식이 분명하고 의사소통이 가능한 자
⑦ 수술, 항암요법, 방사선 요법을 시행하였으나 더 이상의학적인 치료효과를 기대하기 어려운 자

4) 호스피스의 철학

① 호스피스 대상자와 가족의 경험을 중시한다.
② 호스피스 대상자와 가족의 가치에 따라 결정한다.
③ 호스피스 대상자의 자율성을 추구한다.
④ 호스피스 대상자가 정보를 듣고 결정을 내릴 수 있게 한다.
⑤ 호스피스 대상자와 가족을 존중한다.

5) 호스피스 돌봄자의 역할 및 자세

(1) 호스피스 대상자의 요구도

① 대상자
㉠ 미완성의 일을 완성시키고자 한다.
㉡ 존엄성을 유지하면서 친근한 장소에서 임종을 맞이하고 싶어 한다.
㉢ 통증을 느끼지 않기를 원한다.
㉣ 즐거웠던 과거를 회상하고 싶어 한다.
㉤ 자신의 옆에 누군가가 있어주기를 원한다.
㉥ 주위 사람들의 진실한 태도를 원한다.
㉦ 성적, 애정적 돌봄을 원한다.

② 가족
㉠ 호스피스 대상자에게 무엇인가 최선을 다해 도움을 주고 싶어 한다.
㉡ 수시로 호스피스 대상자의 상태를 확인한다.
㉢ 자신들의 감정을 표현하고 싶어 한다.

(2) 호스피스 돌봄자의 바람직한 자질

① 죽음을 인생의 일부분으로 삶의 한 과정으로 인정할 수 있는 사람
② 삶과 죽음에 관한 확고한 철학과 긍정적인 태도를 가진 사람
③ 정서적으로 성숙하고 안정된 사람

④ 건강한 감정을 소유한 사람
⑤ 겸손하고 온화한 성품을 가진 사람
⑥ 남의 이야기를 듣기를 좋아하고 유머감각이 있는 사람
⑦ 1년 내에 죽음을 맞이할 가족을 두지 아니한 사람

(3) 호스피스 돌봄자의 활동 내용

① 신체적 돌봄
② 정신적 돌봄
③ 사회적 돌봄
④ 영적 돌봄

(4) 호스피스 돌봄자의 자세

① 상대방의 필요에 따라 활동해야 한다.
② 대상자가 문제를 인정하도록 돕는다.
③ 활동 중 알게 된 비밀을 지킨다.
④ 대상자와 함께 있어준다.
⑤ 대상자 스스로 자율성을 가지고 결정을 내릴 수 있도록 돕는다.
⑥ 대상자가 적극적으로 살며 스스로 성장할 수 있도록 격려한다.
⑦ 대상자가 자신의 질병에 대한 진실을 알 수 있도록 돕는다.
⑧ 대상자가 살아온 인생을 점검해 볼 수 있도록 삶을 회고하는 일을 돕는다.
⑨ 대상자가 유머 감각을 키우고 즐겁게 웃을 수 있도록 돕는다.

6) 호스피스 유형, 대상 및 프로그램

① 가정형 호스피스

방문간호사나 자원봉사자가 정기적으로 환자의 가정을 방문하여 상담, 간단한 진료와 함께 케어를 제공하는 유형

② 병동형 호스피스

독립형, 시설형, 일반병원 내에 별도의 독립된 호스피스 병동을 설치하여 운영하는 유형

③ 산재형 호스피스

별도의 호스피스 병동을 설치하지 않고 다른 환자와 같은 병실에 입원시키고 호스피스 케어를 제공하는 유형

표 12-1 호스피스 케어의 주요 서비스 내용

구분	케어의 영역	케어의 내용	세부적 케어 활동
직접서비스	사정	상태 측정 및 관찰	• 정서상태, 죽음인지, 활력과 증상, 통증, 영적 상태의 측정과 관찰 • 가족문제 사정, 유가족 사정, 가족지지 사정
		검사물 채취	• 혈액, 소변, 질, 항문
	신체 케어	비치료적 케어	• 구강간호, 개인위생, 냉온찜질, 체위변경, 침상관리, 식사제공, 운동요법, 수면 돕기
		치료적 케어	• 욕창치료, 정백주사, 신체 마사지, 자연배뇨 유도 • 산소요법, 방관세척, 관장, 회음부 케어, 드레싱, 복막투석
	상담・교육	사회지원상담	• 기초생활 수급 신청, 사망 진단서 신청, 유가족 작업 안내
		신앙상담	• 종교기관 안내, 신앙생활 유지 및 상담
		교육	• 질환의 증상, 치료 및 관리 교육, 피부관리 검사, 소변주머니 관리
		시범교육	• 기본 관리 및 관리교육
	투약 처치	증상치료	• 통증 조절 및 증상완화, 질환치료
		마약 투약 및 관리	• 환자사망 후, 마약수거 및 관리, 기록보고
	정서 케어	정신적 지지	• 경청, 산책 동행, 곁에 있어주기, 위로, 감정 표현 격려
	영적 케어	영적 캐어	• 관련 정보 제공, 신앙으로 격려 위로, 감정표현 격려
	가족주의	가족 사정	• 가족건강 및 경제 상태, 질병 가족원의 의뢰
		역할 사정	• 가족 간 불화 중재, 역할 분담 재조정
		정서 및 영적 지지	• 장례식 참석, 경청, 가족 간 의사소통 저정, 종교기관 안내
		사후관리	• 유가족 모임 주선, 애도과정 극복 정보물 보내기

간접서비스	환경관리	• 생활공간 재배치, 환기, 주위정돈
	물품 및 도구의 사용	• 흡인기, 물침대, 휠체어, 의사소통 도구(언어카드 등), 테이프, 책, 녹음기, 이완요법
	의뢰	• 다른 병원, 종교단체, 주치의와 사회복지사에 대한 의뢰
	인력관리 및 관리	• 호스피스 팀 관리, 자원봉사교육 및 관리
	회의	• 사례판정 회의, 케어 계획 수립을 위한 팀 회의, 점검회의
	기록 및 보고	• 케어 활동 기록, 인수인계
	장례	• 장례 활동 자원, 시신 기증 의뢰

7) 호스피스 팀의 구성과 역할

(1) 호스피스 팀의 구성

의사, 간호사, 간호조무사, 사회복지사, 성직자, 약사, 자원봉사자, 영양사

(2) 호스피스 서비스 영역별 역할

구 분	서비스의 내용	담당영역
말기환자의 사정	신체사정, 정서상태, 죽음인지 사정, 통증사정, 영적상태 사정, 가족문제 사정, 유기적 첫 사정	의사, 간호사, 사회복지사, 교역자
투약 및 처치	처방(통증 조절, 증상완화) 투약 및 관리, 마약전달, 환자 사망 후 마약 수거 및 관리	의사, 간호사, 자원봉사자, 가족
신체의 케어	비치료적 신체 케어, 개인위생, 구강간호, 온냉찜질, 체위변경, 심상관리, 식사제공, 수면돕기, 배변 배뇨 관리, 좌욕, kismo 적용, 치료적 신체 케어, 욕창치료, IV(5% 영양제), 신체 마사지, 자연배뇨유도, 회음부 관리, 드레싱, 관장, 도뇨, 산소요법, 복막투석	의사, 간호사, 물리치료사, 자원봉사자, 가족
상담 및 교육	사회지원 상담, 신앙 상담, 교육, 시범교육	의사, 간호사, 사회복지사, 교역자
정서적 지지	경청, 산책, 위로, 곁에 있어줌, 감정표현 격려	의사, 간호사, 사회복지사, 자원봉사자, 교역자, 정신과의사
영적 케어	신앙정보 제공, 임종 준비지지(신앙으로 격려, 책 읽어줌)	의사, 간호사, 사회복지사, 교역자

가족관리	정서적지지, 역할 조정, 경제적 문제, 사별관리	간호사, 사회복지사, 자원봉사자, 교역자, 정신과의사

출처: 양서원 2012, 최원석

8) 호스피스 교육의 필요성과 대안

첫째, 아직까지 이루지 못한 호스피스제도가 정착되고 호스피스 표준화에 대한 합의가 이루어져야 한다.

둘째, 정규 교육과정을 통해 죽음과 삶에 대한 이해가 제고되어야 한다.

셋째, 적극적인 홍보를 통해 죽음에 대한 일반대중의 태도 변화와 호스피스에 대한 관심이 제고되어야 한다.

넷째, 호스피스 서비스를 쉽고 저렴하며 지속적으로 이용할 수 있도록 다양한 시설과 프로그램이 마련되어야 한다.

다섯째, 양질의 호스피스를 제공할 전문가들과 자원봉사자를 위한 체계적인 교육 프로그램이 시행되어야 한다.

여섯째, 많은 사람들이 호스피스 서비스를 받을 수 있도록 국가적으로 법적 장치 및 정책을 마련해야 한다.

참고문헌

고수현・윤선오(2009). 새로운 노인복지론. 양서원.

김귀환・나직균(2012). 노인복지론 개정판. 동문사.

김기태 외(2011). 노인복지론. 공동체.

김남희 외(2014). 노인복지론. 동문사.

김인혁 외(2014). 노인복지론 증보판. 창지사.

김현진(2015). 대학생의 생호라스트레스가 정신건강에 미치는 영향. 대한신학대학원대학교 박사학위논문.

안흥순(2015). 노인복지론. 공동체.

양옥남 외(2012). 노인복지론. 공동체.

이용교 외(2006). 노인복지의 길. 학현사.

임정문 외(2020). 노인복지론 개정판. 동문사.

장인협・최성재(2003). 노인복지학. 서울대학교출판부.

최원석 (2012). 노인복지론. 양시원.

현외성(2012). 노인복지학 신론. 양서원.

Chapter 13 노인장기요양보험제도

제1절 노인장기요양보험 개요

1. 노인장기요양보험의 개념

21세기 전 세계적 화두는 고령화이다. 고령화는 출산문제와 노인인구가 크게 증가하는 고령화문제를 동시에 안고 있다. 특히, 우리나라는 아이를 많이 낳지 않는 저출산 문제와 노인인구가 크게 증가하는 고령화문제를 동시에 안고 있다. 이 중 고령화는 세계에서도 유래 없이 빨리 진행되고 있다. 고령사회의 다양한 문제 중 치매, 중풍 등으로 인한 장기요양보호 문제는 국민의 노후생활의 최대 불안요인으로 매우 중요한 정책과제가 아닐 수 없다.

OECD는 장기요양보호의 개념을 “만성질환 등으로 의존상태에 있는 노인 또는 생활상의 장애를 지닌 노인에게 장기간에 걸쳐서 일상생활수행능력을 도와주기 위해 제공되는 모든 형태의 보호서비스”로 정의하고 있다.

노인장기요양보험이란 가족이나 이웃과 같은 비공식적 체계가 아니라 국가의 책임으로 전문기관의 공식적 체계에서 서비스를 제공하는 사회보장을 의미한다.

여기서의 서비스는 건강보호서비스와 사회적 서비스를 포함한다.

- 광의의 의미: 65세 된 노인들이 건강보호서비스, 사회적 지원 서비스를 받을 수 있는 것을 말한다.

- 협의의 의미: 65세 노인과 65세가 되지 않은 노인이 요양보험서비스를 등급에 맞게 신청한 후, 건강보험 조사를 받아 의사소견서를 내고, 장기요양위원회에서 등급 판정을 받아 서비스가 필요한 노인들이 받을 수 있는 재가서비스, 시설서비스를 말한다.

건강보호서비스란 신체적·정신적 건강 관리와 재활훈련 등을 일컬으며, 사회적 서비스는 대상자의 일상생활욕구를 해결해주는 서비스로 대인적 보호서비스이며, 사회적 지원서비스란 교통자원이나 재산관리가 포함된다.

노인장기요양보험제도는 서비스 대상자에게 신체 중심형 서비스와 의료 중심형 서비스를 제공하며, 이미 오래전부터 고령화 현상을 겪고 있는 선진국은 다양한 방식으로 장기요양서비스를 제공 중에 있다.

노인장기요양보험제도는 대상자의 심신 상태와 부양 여건에 따라 다양한 형태의 서비스 공급자를 포괄하며, 급여형태도 다양하다.

이러한 노인장기요양보험의 정책목표는 체계론적 관점에서 살펴보면, 서비스 대상자에 대한 목표, 요양보호서비스 체계의 목표, 재정체계의 목표로 나누어 볼 수 있다. 이 정책에 기본 목표는 새로운 노인장기요양보험제도를 창설하여 대상자 체계 면에서 보편적 서비스 체계'를 만들고, 서비스의 질적 수준을 확보하는 것으로 그 방향을 정하고 있다.

① 서비스 대상자에 대한 목표는 서비스 대상자인 노인이 독립성을 유지하도록 하며, 인간으로서의 존엄성을 유지하고 삶의 질을 확보하면서 살아가도록 하고, 노인을 부양하고 있는 가족의 부양 부담을 덜어주는 것이다.

② 서비스 체계의 정책 목표는 서비스 대상자에게 양질의 서비스를 제공하며, 다양한 주체가 참여하는 서비스 공급체계를 만들고, 재가보호서비스에 중점을 두기로 하는 것이다.

③ 재정체계의 목표는 필요한 재원을 사회적으로 형평성 있게 조달하는

것과 재정을 절약하여 가급적 최소한의 비용으로 요양보호서비스를 이용할 수 있도록 하는 것이다.

2. 노인장기요양보험제도의 필요성

1) 고령사회로 인한 노인인구의 증가

우리나라는 현재 세계에서 가장 빠르게 고령사회로 진입해감에 따라 노인인구의 급증과 함께 치매, 중풍 등 수발이 필요한 노인이 증가할 수밖에 없는 현실이다. 핵가족화와 여성의 사회진출 증가로 가족 내에서 노인문제를 해결할 수 있는 기능이 약화되어 가족 단위로 노인을 보호하는 데는 정신적, 물질적으로 한계에 이르렀다. 과거에는 주로 가족에 의해 해결되었지만 현재는 요양기간이 길어졌으며, 경제적 부담도 커져 가정의 문제만이 아닌 국가의 문제로 체계적인 제도 준비가 시급하다.

2) 후기 노년층의 증가

고령사회가 당면하는 제일 큰 문제의 하나는 노인인구가 증가하고 후기 고령노인이 크게 증가하면서 장기적 요양보호가 필요한 노인이 늘어난다는 것이다. 우리나라에서도 85세 이상의 후기고령노인이 급격하게 늘어나는 것으로 예견되고 있다. 통계청의 인구추계를 보면 2000~2050년 사이에 85세 이상의 노인이 18배 증가할 것으로 예상한다.

후기고령노인이 증가하면 치매, 중풍 등으로 누군가의 도움이 필요한 노인이 증가한다. 80세 이상 후기고령인구의 증가와 노인요양시설이요의 증가는 밀접한 상관관계가 있는 것으로 나타나고 있다.

3) 전통적 가족문화의 변화

오늘날의 핵가족화는 노인부양보다는 자녀양육에 많은 부분을 치중하고 있으며, 노부모에 대한 부양의식도 약화되고 있다. 이에 따라 부양 부담을 크게 받고 있으며, 가족 중 치매나 중풍노인이 한 명이라도 있을 경우 부양 부담은 더욱 커져 자식들이 서로 부양을 떠넘기는 가족해체현상까지 빚어지고 있다.

이와 같이 전통적 가족문화가 변하여 가족이 노인을 부양하기가 어려워지고 있고 노인을 보호하는 가족의 부담이 커지면서 노인에 대한 사회적 보호서비스의 필요성은 점차 증가하고 있다.

4) 노인요양보호 증가에 따른 비용의 증가

노인요양보호 대상자의 증가와 함께 비용도 증가하면서 이 비용을 사회적 연대에 의해 해결해야 하는 상황이 되었다. 노인요양보호는 장기간의 서비스를 필요로 하는 특성을 지니고 있기 때문에 그 비용도 매우 높아지게 되어있다.

또한, 소자녀화로 부양가족 수가 줄어들고 가족 부양기능이 약화됨에 따라 비용부담을 가족 내에서 해결하기가 어려워졌다. 따라서 이와 같은 노인장기요양보호서비스의 비용을 사회적으로 확대하여 조달 할 필요성이 제기 되었다.

5) 노인의료비의 증가에 따른 대처

기존의 의료보장제도에서 노인의료비가 크게 증가하게 되어 의료보장제도를 운영하는데 재정적으로 큰 어려움에 부닥칠 우려가 있다.

자료에 따르면 현재의 건강보험과 의료급여 등 의료보장제도에서 노인의료비가 차지하는 비중이 점차 증가하는 것으로 나타나고 있고 이대로 진행될 경우, 고령사회가 본격화되는 2010년대 이후에는 노인의료비 문제가 큰 사회문제로 등장할 것으로 예측되고 있다.

따라서, 의료보장제도의 노인의료비 문제가 본격화되기 이전에 노인장기요양보험제도를 도입하여 노인에 대한 의료보장의 비용과 요양 보장의 비용을 합리적으로 구분하고 이를 적절히 조절할 필요가 있다.

6) 노인장기요양보호서비스 전달체계의 질적 수준 확보

노인장기요양보호서비스를 위한 시설과 전문인력 등의 인프라와 서비스 전달체계를 체계화하여 질적 수준을 확보할 필요성이 있다.

노인장기요양보호 대상자의 수요가 증가하면 사회적 보호서비스를 제공하는 시설과 인력의 수요가 늘어나고, 이에 부응하여 입소시설이 난무한다든지, 지역별로 시설이나 서비스가 편중된다든지, 서비스의 질이 떨어진다든지 하는 전달체계상 많은 문제를 만들어 갈 가능성이 많기 때문이다.

3. 노인장기요양보험제도의 주요 내용

1) 장기요보양험사업의 보험자 및 가입자

장기요양보험사업의 보험자는 건강관리보험공단으로 함

장기요양보험의 가입자는 국민건강보험법 제5조 및 제93조에 따른 가입자로 함. 단, 고용허가제로 국내 기업 기업에 근무하고 있는 외국인근로자 및 산업체에서 연수하고 있는 외국인 장기요양보험 가입을 원하지 않을 경우, 신청에 따라 적용 제외 가능

2) 대상

대상은 보편주의 원칙에 따라 전 국민으로 정하고 있다.

사회보험방식에 따라 보험가입자는 국민건강보험의 가입자와 같이 전 국민으로 하고, 보험급여의 혜택을 받는 수급자는 65세 이상의 전체 노인과 64세 이하의 국민 중에서 치매, 뇌혈관성 질환 등 노인성 질병을 가진 자로 정하고 있다.

65세 이상의 노인에 대하여 보편주의 원칙을 적용하고 있고, 그 이하의 연령층에 대하여는 노인성 질병을 가진 자로 한정하고 있다.

이 제도에 의하여 장기요양보호급여의 혜택을 받는 실제 대상자는 2008년 7월 제도가 도입되면서 전체 노인인구의 1.7% 정도, 2010 현재 2단계 확대계획에 따라 대상을 확대하여 전체 노인의 3.1% 정도가 장기요양보호 서비스를 받고 있는 것으로 추정된다. 대상자는 장애 정도에 따라 6등급으로 나눈다.

이 등급은 요양등급판정위원회에서 판정하도록 하고 있다.

3) 장기요양인정 신청 및 판정절차

신청 → 방문조사 → 조사표 입력에 따른 1차 판정 → 의사소견서 제출 예외자 통보 → 의사소견서 → 등급판정위원회 개최 → 등급판정

① 장기요양 인정 신청

- 65세 이상 노인 또는 65세 미만 노인성 질환 대상자가 공단에 의사소견서를 첨부하여 장기요양인정 신청서를 제출한다.
- 신청자: 본인, 가족이나 친족, 사회복지전담공무원(본인이나 가족 등의 필요), 시장, 군수, 구청장이 지정하는 자가 신청할 수 있다.

② 방문조사

- 소정의 교육을 이수한 공단 소속직원(사회복지사, 간호사)에 의한 신

청인의 심신 상태를 나타내는 52개 항목에 대하여 방문하여 조사를 실시한다.

③ 등급판정

- 공단은 장기요양인 조사표에 따라 작성된 조사결과를 토대로 컴퓨터 판정 프로그램을 통해 장기요양등급을 1차 판정을 실시한다.
- 공단은 조사결과서, 의사소견서 등을 등급판정위원회에 제출한다.
- 등급판정위원회는 대통령이 정하는 등급판정의 기준에 따라 1차 판정 결과를 심의하여 장기요양 인정 여부 및 장기요양등급을 최종 판정한다.
- 판정은 신청서를 제출한 날로부터 30일 이내에 완료하며 다만 정밀도사가 필요한 경우 등 부득이한 경우 연장 가능하다.

④ 판정 결과

등급구분	판정기준
장기요양 1등급	심신의 기능상태 장애로 일상생활에서 전적으로 다른 사람의 도움이 필요한 자로서 장기요양인정 점수가 95점 이상인 자
장기요양 2등급	심신의 기능상태 장애로 일상생활에서 상당 부분 다른 사람의 도움이 필요한 자로서 장기요양인정 점수가 75점 이상 95점 미만인 자
장기요양 3등급	심신의 기능상태 장애로 일상생활에서 부분적으로 다른 사람의 도움이 필요한 자로서 장기요양인정 점수가 60점 이상 75점 미만인 자
장기요양 4등급	심신의 기능상태 장애로 식사 배설 옷벗고 입기 모두가 대체로 자립이나 생활 관리 능력이 자하 등으로 가끔 지원 필요 장기요양인정 점수가 51점이상 60점 미만인 자
장기요양 5등급	인지 기능 장애와 문제행동으로 일상생활 수행에 어려움을 겪는 경증 치매대상자 장기요양인정 점수가 45점 이상 51점 미만이며, 치매로확인받은 자
인지 지원등급	치매대상자(노인장기요양보험법 시행령 제2조에 따른 노인성 질병으로 한정) 45점 미만인 자

⑤ 판정 결과 통보(노인장기요양보험법 제17조)

- 공단은 장기요양등급, 장기요양급여의 종류 및 내용이 담긴 장기요양인정서와 적절한 서비스 내용, 횟수, 비용 등을 담은 표준장기요

양이용계획서를 수급자에게 송부한다.

- 장기요양인정의 유효기간: 최소 1년 이상으로 한다. 유효기간을 갱신할 때 갱신직전 등급과 같은 등급으로 판정받은 경우는 1등급의 경우: 4년으로 하며,
- 유효기간 갱신시 갱신결과 직전 등급과 같은 등급으로 판정받는 경우에 2등급~4등급의 경우는 3년, 5등급 및 인지지원등급의 경우는 2년으로 한다.

4) 보험급여의 내용

① 재가급여: 방문요양, 방문목욕, 방문간호, 주야간보호, 단기보호, 기타 재가급여

② 시설급여: 노인요양시설, 노인요양공동생활가정(그룹홈)

③ 특별현금급여: 가족요양비, 특례요양비, 요양병원간병비.

5) 장기요양기관의 비용 처우 및 지급

① 장기요양기관은 수급자에게 재가급여 또는 시설급여를 제공하는 경우, 공단에 장기요양급여비용을 청구

② 공단은 장기요양기관으로부터 재가 또는 시설급여비용의 청구를 받은 경우, 이를 심사하여 장기요양에 사용된 공단부담금을 당해 장기요양기관에 지급

6) 재원조달: 장기요양보험료+국가지원+본인일부부담

노인장기요양보험료 금액은 매월 납부하는 건강보험료액에 노인장기요양보험료율을 곱하여 산정되는데, 2008년 약 3~4% 수준에서 대상자가 확대되는 2010년 현재 약 5~6% 수준으로 측정된다.

(1) 본인일부부담

서비스 이용 시 이용한 서비스 총비용의 요양급여는 시실급여 20%, 재가급여 15%는 본인이 부담하고, 나머지는 보험 재정에서 부담한다. 기타 의료급여 수급구너자 등은 각각1/2로 본인부담비를 경감하여 준다.

경감대상자는 국민기초생활보장법 상 소득인정액이 최저생계비 130% 이하에 해당하는 차상위계층으로 각 호에 해당하는 자, 의료급여수급권자 중 의료급여법 제3조 제1항에 해당하는 자 등이다.

국민기초생활보장 수급자와 같은 공공부조 대상자도 보험제도에 모두 포함된다. 다만 이들에 대한 보험료는 정부가 100% 부담하고 있다.

정부의 재정부담은 공공부조자에 대하서는 수발급여비의 총액을 지원하고, 건강보험가입자에 대해서는 현행 건강보험의 국고부담체계와 동일한 대상에 대하여 동일한 수준을 부담하기로 계획하고 있다. 이렇게 할 경우, 정부가 부담하는 재정규모는 총재정의 20~30% 수준이 될 것이다.

* 단, 비급여 항목은 전액 본인부담: 장기요양급여 비용을 지급하기 위하여 장기요양급여의 수가체계를 따로 마련하고 있다. 요양보호서비스별 특징과 서비스 이용량(자원소모량)에 따른 수가의 차등화가 반영될 수 있는 재가서비스 수가 및 시설서비스 수가체계를 마련하고 있다. 구체적 수가는 등급별, 서비스별 일당 혹은 방문 당 수가를 책정하는 것으로 한다. 이 수가는 건강보험과 마찬가지로 매년정부에서 결정하고 고시한다. 장기요양 급여비는 요양보호서비스의 사업자인 국가건강보험공단에 청구하면 이곳에서 심사하여 지급한다. 보험률은 장기요양위원회에 심의를 걸쳐 대통령령으로 정한다.

장기요양위원은 위원장, 부위원장 포함 22인으로 구성되며, 가입자 대표(근로자 단체, 사용자 단체, 시민단체, 농어민 및 자영업단체)와 요양기관 및 의료계, 공익대표(학계, 공무원, 공단추천자 등)로 구성된다.

제2절 노인장기요양보험제도 주요 내용

1. 노인장기요양보험 주요 내용

구 분	내 용
제도명칭	• 노인장기요양보험제도
보험자	• 국민건강보험공단
피보험자(가입자)	• 전 국민(건강보험가입자)
수급권자 (급여대상)	• 피보험자와 수급자 불일치 - 65세 이상 노인 또는 65세 미만의 노인성 질병을 가진 자
수급자 (서비스 대상자)	• 65세 이상 노인 또는 65세 미만의 노인성 질병을 가진 자 중에서 장기요양 1~5등급으로 판정된 자
재원조달방식 및 비율	• 보험료(약 60% 정도) • 조세(장기요양보험료 예상수입액의 20%) • 본인부담(시설급여: 서비스이용액의 20%, 재가급여: 서비스이용액의 15%) - 식재료비, 이미용비는 본인부담 - 월 한도액 초과: 전액본인부담 - 의료수급권자, 저소득자, 생계곤란자: 본인부담율의 50% 경감 - 국민기초생활수급자: 전액 면제
장기요양보험료	• 건강보험료액 × 장기요양보험율
요양급여 절차	• 가정방문조사(총 52항목)에 의한 1차 판정 → 등급판정위원회에서 최종판정
요양등급	• 5단계(1~5등급으로 구분)
급여형태	• 원칙적 현물급여, 급여를 받을 수 없는 경우의 일부 현금급여 인정
급여종류	• 시설급여 2종류: 노인요양시설, 노인요양공동생활가정 • 재가급여 6종류: 방문요양, 방문목욕, 방문간호, 주・야간보호, 단기보호, 기타 재가급여, • 특별현금급여 3종류: 가족요양비, 특례요양비, 요양병원 간병비

2. 노인장기요양급여의 종류

1) 재가급여

재가급여	서비스 내용
방문요양	요양보호사가 수급자의 집을 방문해서 목욕, 배설, 화장실 이용, 옷 갈아입기, 머리감기 취사, 생필품 구매, 청소, 주변정돈 등을 도와주는 급여
방문목욕	목욕설비를 갖춘 차량을 이용하여, 수급자의 가정을 방문하여 목욕을 제공하는 급여
방문간호	방문간호사는 의사, 한의사 또는 치과의사의 지시에 따라 가정 등을 방문하여 간호, 진료의 보조, 요양에 관한 상담 또는 구강위생을 제공하는 급여 ※ **방문간호를 이용하고자 하는 수급자**는 사전에 의료기관에서 **방문간호지시서**를 발급받고, 이를 방문간호 급여이용시 기관에 제출
주・야간 보호	수급자를 하루 중 일정한 시간 동안 장기요양기관에 보호하여 목욕, 식사, 기본간호, 치매관리, 응급서비스 등 심신기능의 유지향상 위한 교육, 훈련 등을 제공하는 급여
단기보호	부득이한 사유로 일시적으로 가족의 보호를 받을 수 없는 수급자에게 일정기간 동안 단기보호시설에 보호하여 목욕, 식사, 기본간호, 치매관리, 응급 서비스 신체활동지원과 심신기능의 유지・ 향상을 위한 교육・훈련 등을 제공하는 급여
기타재가급여 (복지용구대여 및 구입)	수급자의 일상생활・신체활동 지원에 필요한 용구를 제공하거나 가정을 방문하여 재활에 관한 지원 등을 제공하는 급여

2) 시설급여

시설급여	서비스 내용
노인요양시설	치매・중풍등 노인성 질환 등으로 심신에 상당한 장애가 발생하여 도움을 필요로 하는 자를 입소시켜 급식・요양과 그 밖에 일상생활에 필요한 편의를 제공하는 장기요양급여
노인요양공동생활가정 (그룹홈)	치매・중풍등 노인성 질환 등으로 심신에 상당한 장애가 발생하여 도움을 필요로 하는 자에게 가정과 같은 주거 여건과 급식・요양과 그 밖에 일상생활에 필요한 편의를 제공하는 장기요양급여

3) 특별현금급여

특별현금급여	서비스 내용
가족요양비	1. 도서·벽지 등 방문요양기관이 현저히 부족한 지역에 거주하거나, 2. 천재지변이나 그 밖에 이와 유사한 사유로 인하여 장기요양기관에서 장기요양급여를 이용하기 어려운 자, 3. 신체·정신 또는 성격 등 대통령령으로 정하는 사유로 인하여 ⇨ 가족 등으로부터 장기요양을 받아야 하는 수급자에게 **현금**으로 지급
※ 가족요양비를 받는 수급자는 재가급여 중 복지용구급여에 한하여 같이 받을 수 있으며 다른 급여는 받을 수 없다.	

※ 노인장기요양보험법상 특별현금급여에 '가족요양비' 외에 '특례요양비'와 '요양병원간병비'도 정하고 있으나, 이 두가지는 시행하지 않음

3. 노인장기요양보험제도 도입에 따른 사회복지서비스 체계의 변화

사회보험방식인 노인장기요양보험제도 도입에 따라 새로운 요양보호체계가 구축되면 노인복지분야는 물론 의료·보건 분야에도 적지 않은 변화가 예상된다.

첫째, 요양보호서비스의 통합화와 재정의 안정화를 이룰 수 있다.

둘째, 사회복지정책의 방향에 큰 변화가 예상된다.

셋째, 서비스 이용 시스템에 큰 전환이 예상된다.

넷째, 노인 간병인, 전문 간호사, 사회복지사, 케어매니저 등의 케어 지식과 기술을 갖춘 전문 인력의 양성 및 확충으로 고용 창출의 효과가 클 것으로 예상된다.

다섯째, 다양한 공급 주체의 참여로 부양서비스 인프라가 비교적 단기간에 구축될 전망이며 이에 따라 지역경제 활성화가 기대된다.

4. 노인장기요양제도 도입에 따른 문제점과 과제

1) 적용대상 수급자격에 관한 논의

전 국민을 대상으로 하는 보편적 제도임에도 불구하고 적용대상자를 극히 일부로 한정하고 있는 것은 큰 문제이다. 요양서비스 대상노인을 보면 2008년 1~3등급자 약 16만 명(전체 노인의 3.1%)의 노인만을 대상으로 하고 있고, 2009년에는 전체노인의 4% 정도를 목표로 하고 있다.

제도 시행 초기에 정부부담과 보험료 부담을 최소화하고 장기요양이 가장 필요한 노인을 우선대상으로 하는 것은 어느 정도 이해할 수 있다 하더라도 장기요양노인이 전체노인의 15%임에도 불구하고 실제 노인대상 노인이 3.1% 밖에 되지 않는 것은 보험료를 납입했음에도 불구하고 기대하는 서비스를 거의 받을 수 없다는 것으로 사회보험의 기본 원리에 벗어났다고 볼 수 있다.

또한, 수급자격에서 64세 이하의 장애인은 보험료 감면대상은 되지만, 요양서비스를 받을 수 없는 것 또한 문제이다. 국가의 재정부담 및 시설 인프라 부족 등을 감안하여 제도 시행 당시부터 장애인을 포함하는 것은 다소 어려움이 있겠지만, 점차적으로 확대 적용하는 방안이 조속히 강구되어야 할 것이다.

장기요양등급 판정 및 분류체계를 객관적이고 신뢰성 있게 운영할 필요하다.

비전문 수발을 담당할 자녀의 유무에 따라 보험료율을 차별화하거나 65세 이상 은퇴한 노인들에게도 보험료를 부과하는 외국의 사례를 참고할 필요. 재가서비스 시설 공급 확대, 장기요양 관리요원에 대한 교육, 복지용구 대여의 활성화, 비전문 수발자에 대한 지원 등을 통해 재가서비스 이용을 촉진, 등급판정위원회를 구성함에 있어 재정 책임이 있는 국민건강보험공단의 직원을 적정한 비중으로 포함시킬 필요가 있으며, 요양등급 판정 및 분류체계를 객관적이고 신뢰성 있게 운영할 필요가 있다.

2) 요양서비스의 기반 정비를 둘러싼 문제와 과제

가장 중요한 것은 실시되기 전에 상당수의 서비스 확보와 인력이 전제되어야 한다는 것이다. 이것은 도입 초기부터 일괄적으로 문제가 되어왔던 점으로 서비스 이용자의 욕구에 맞는 요양서비스를 정부가 확보할 수 있느냐는 서비스 기반정비와 관련된 과제이다.

이는 보험료 부담은 있고 서비스는 없는 제도로 정책에 대한 국민의 불신은 물론 국민 부담을 이중으로 가중시키는 결과를 초래하여 적지 않은 혼란을 야기할 수 있기 때문이다.

도입은 시설서비스뿐만 아니라, 재가서비스 기반 정비가 전제 조건이다.

보험급여인 서비스가 불충분하면 이용자의 선택권을 인정한다는 도입 취지를 더 이상 강조할 수 없을 뿐만 아니라, 노인의 자립생활 지원과 가족의 부양 부담 경감이라는 제도의 기본 이념에도 크게 벗어나 새로운 제도 시행의 의미가 없어진다.

문제는 공급에 있어서 100%를 달성하였느냐가 아니라 공급체계에 관한 역할이 분명치 않은 상태에서 민간부분의 양적확충만이 강조되어 전적으로 질적인 문제가 발생하고 지역에 따라 서비스의 격차가 크게 나타나고 있는 점이다.

정부는 서비스의 질적 관리 및 양적확충을 위하여 공공부분이 서비스 인프라에 차지하는 비율을 높이고 지역 간 균형 있는 서비스의 정비를 위하여 노력해야 한다.

장기요양서비스 수급자에게 제공할 수 있는 서비스 기관에 생활시설과 재가시설로 구분되어 있는데, 제도의 안정적인 정착을 위해서는 적정 인프라의 확보가 필요하다.

생활시설에는 노인전문요양시설(현행 일반요양시설인 경우에는 전문요양시설로 전환)과 노인요양공동생활가정(소규모그룹홈 시설에 해당)이 있는데, 현재 총 입소정원의 전체노인대비율(즉, 입소율)가 아직 1%에 미치지 못하고 있는 실정으로 OECD 국가의 평균적인 입소율이 5% 수준임을 감안한다면, 매우 낮은 수준이나 노인요양병원 병상수를 포함하면 다소 올라갈 가능성은 있다.

재가시설에는 홈헬프서비스, 주·야간보호서비스, 단기보호서비스, 방문목욕서비스, 방문간호서비스 및 장기요양지원 복지용구대여서비스를 제공하년 기관이 있는데, 일부 서비스 기관을 중심으로 과잉설치가 우려되고 있고, 농어촌지역 등 인구 과소지역인 경우에는 인프라의 확충이 어려울 것으로 예상된다.

3) 저소득층 대책과 적절한 이용자 비용부담에 관한 논의

도입할 경우에 문제가 되는 것은 '노인과 현역 세대에게 보험료와 이용자 부담을 감당할 수 있는 경제적 능력이 있는가?'라는 점이다.

우리나라 완전노령연금이 2008년부터 지급되고 기초노령연금제도가 실시되고는 있지만 아직까지 노인들의 경제적 여건은 어렵다고 볼 수 있다. 보험료와 본인 부담 20%(재가 급여 15%)는 노인 본인이나 가족에게 있어 큰 부담이 아닐 수 없다. 이는 일본의 본인부담금 10%보다 높은 수준이어서 저소득층이 적지 않은 우리의 현실을 감안할 때 높은 본인 부담률이 오히려 가족의 경제적 부담으로 전가될 가능성이 높다. 높은 부담률과 요양등급별 월사용 한도액을 초과할 시에는 전액 본인이 부담해야 하는 제도적 성격으로 인해 저소득층이면서 장애정도가 심할수록 노인의 비용부담은 늘어나 서비스의 이용이 억제될 가능성 또한 배제할 수 없다.

재가복지서비스의 경우, 이용자 부담과 초과분을 지불할 능력이 없는 노인은 서비스의 제공자체가 거부될 수도 있으며, 서비스 제공 기관이 영리단체인 경우에 그 가능성은 더 높아진다.

시설입소일 경우는 가족의 경제적 상황을 포함한 소득조사가 이루어질 가능성도 있다. 이용자 부담에 관한 감면제도가 마련되어야하며, 현실에 맞는 적정수준의 이용자 부담이 설정이 요구된다.

장기요양인정 판정 과정에서 의사 등의 전문적 소견을 충분히 반영함으로써 의료서비스와 요양서비스를 효과적으로 연계. 요양시설의 공급을 확대하고, 각 공급자가 제공하는 서비스 질을 표준화된 방식으로 측정하고 이에 대한 소비자의 용이한 접근을 확보함으로써 공급자간 실질적인 경쟁을 촉진. 요양서비스 수가를 노인의 건강상태 및 요양서비스의 결과와 연계함으로써 요양서비스 공급자가 상대적 경증 노인들만을 선택적으로 수용하는 것을 방지하고 양질의 서비스를 제공하기 위해 노력할 유인을 제공하는 것이다.

첫째, 요양보험제도는 직접적인 혜택 유무와 상관없이 '세대를 아우르는 사회적 효도를 통해 책임을 공동으로 나누어 갖는 방식'이라는 것을 알아야 한다. 노인성 질환의 특성상 건강한 노년층일지라도 미래의 장기요양 위험에 대한 안전망 역할을 할 수 있고, 노부모를 둔 30~50대 자녀세대에게도 경제적, 심리적 안정감을 보장해 줄 수 있다.

둘째, 명칭에서도 알 수 있듯이 '노인 요양'을 주목적으로 해야 한다. 그동안 치료 영역을 감당하던 의료보험과는 달리, 가족에 의해 수발되어 온 고령 인구의 요양을 국가와 사회가 책임지겠다는 의미이다. 두 제도가 서로 중복되지 않으면서도 '의료'와 '복지' 두 축을 통해 우리 사회의 삶의 질이 한층 더 높아져야 한다.

셋째, 다른 사회보장제도와 마찬가지로 많은 혜택에는 그만한 비용이 든다. 제도 초기에 비록 고령인구의 3.4% 정도만이 혜택을 볼 수 있게 설계되었지만, 지속적이고 안정적인 재원 확보로 대상자층을 확대해야 한다. 공적 제도로 사회가 장기요양을 책임진다는 의미는 생을 마감하는 마지막 몇 년간의 삶의 질에 대한 편차를 최소화시켜 준다는 점에 있다. 한 개인, 한 가정이 아니라 우리 사회 전체가 함께 나서서 '능동적 복지'를 책임질 때 '따뜻한 사회'를 만들 수 있다.

4) 전문 인력 확보 및 전달체계를 둘러싼 문제

요양서비스의 제공은 기존의 사회복지법인이나 행정조직 등의 공공부문 이외에 민간 영리부문의 서비스 참여가 크게 활성화되어 서비스의 종류도 다양화될 것이다. 이에 따라 전문 인력의 확보와 전달체계의 확립이 시급하다.

문제는 양적 확충에만 관심을 기울인 나머지 요양보호사를 양성하는 교육기관이 시·도 지사의 지정제가 아닌 일정의 최소시설 및 교육기준만을 갖추면 허용하는 신고제로 되어 있어 교육기관이 난립하고 있다.

제도 시행 이후, 월 평균 3~4만 명 정도로 계속 증가하여 2009년 4월 말에는 10배 이상 증가된 45만 6,633명이 자격증을 취득했다. 자격제도의 남발은 자격증은 취득하였으나 유명무실한 장롱자격증으로 전락할 가능성을 크게 내포하고 있다. 결과적으로 요양보호사의 전문성 부족 및 자질논란으로 확산되고 있다.

다른 요인으로는 신청자격요건이 학력 및 연령기준이 없어 기본적인 문서작성 능력의 저하 등 질적 관리가 되지 않는다는 점과 기존의 사회복지사, 간호사, 간호조무사, 요양보호사 등의 역할분담이 명확하지 않아 현장 업무에 적지 않은 직종 간의 혼란이 야기되고 있다.

참고문헌

고수현 · 윤선오(2009). 새로운 노인복지론. 양서원.

김귀환 · 나직균(2012). 노인복지론 개정판. 동문사.

김기태 외(2011). 노인복지론. 공동체.

김남희 외(2014). 노인복지론. 동문사.

김인혁 외(2014). 노인복지론 증보판. 창지사.

김현진(2015). 대학생의 생호라스트레스가 정신건강에 미치는 영향. 대한신학대학원대학교 박사학위논문.

남기민 · 홍성로(2020). 사회복지법제와 실천 제7판. 공동체.

안흥순(2015). 노인복지론. 공동체.

양옥남 외(2012). 노인복지론. 공동체.

이명남(2015). 사회복지법제론. 창지사.

이용교 외(2006). 노인복지의 길. 학현사.

임정문 외(2020). 노인복지론 개정판. 동문사.

장인협 · 최성재(2003). 노인복지학. 서울대학교출판부.

최원석 (2012). 노인복지론. 양서원.

현외성(2012). 노인복지학 신론. 양서원.

Chapter 14

노인과 실버산업

제1절 노후생활과 실버산업

1. 실버산업의 개념

실버산업(silver industry)이란 노인의 흰머리를 은발(silver)에 비유하여 나온 단어로 노인의 부정적인 이미지를 없애기 위해 일본의 민간업체에서 고안된 이름으로 노인을 대상으로 하는 산업을 의미한다. 실버비즈니스 또는 실버서비스 등으로도 사용되고 있다(이해영, 2014 :183). 실버산업(silver industry)이란 용어는 노인을 대상으로 생활의 편의와 안정과 보호를 위해서 민간부문에서 자유시장적인 측면으로 재화와 서비스를 제공하는 일련의 경제활동을 의미한다. 노년층을 대상으로 한 상품 및 서비스를 제조 판매하는 것 이나 제공하는 것을 목적으로 하는 것이 실버 산업이다. 은을 뜻하는 실버라는 용어는 노인이라는 단어가 갖고 있는 부정적 이미지를 없애기 위해 민간 업체에서 고안해낸 이름이다. 이 같은 개념과 요어를 만들어낸 일버에서는 실버산업보다 실버비즈니스 또는 실버산업이라는 용어를 주로 사용하였다. 실버산업을 다시 광의의 개념과 협의의 개념으로 나누어 보고자 한다(서강훈 외, 2018: 168-169).

1) 광의의 개념

노인층은 물론 비 노인층의 노후대책으로 소비에만 한정되지 않고 자산관리, 고용, 생활설계, 삶의 보람과 관련된 생활 등의 모든 상품과 서비스를 말한다.

2) 협의의 개념

노인용 거서비스 주택 등, 가사대행, 수발 및 간호, 입욕, 주간보호서비스, 잔기조호 서비스 등의 사업 실버산업은 대가족의 기능이 쇠퇴하고 있는 현대사회에서, 65세 이상 고령자의 육체적, 정신적 기능을 향상시키거나 지속시키고, 완전한 사회활동을 할수 있게 하기 위하여 민간이 시장 경쟁으 원리에 입각하여 상품이나 서비스의 공급을 행하는 사업을 말한다.

2. 실버산업의 의의

실버산업은 장・노년층을 대상으로 다양한 상품과 서비스를 주로 민간차원에서 제공하는 경제활동이다. 실버산업이란 노인을 대상으로 한 상품과 서비스 또는 노령기에 그 효력을 발생케하는 상품과 서비스를 시장경제의 원칙에 입각하여 생산하고 공급하는 활동이다. 삼성경제연구소에서는 실버산업이란“ 고령층의 정신적 육체적 기능을 향상시키거나 유지시키고 고령자의 완전한 사회활동을 위하여 민간이 시장경제에 입각해서 상품이나 서비스를 공급하는 산업”이라고 했다.

1970년 말 일본에서 유래한 것이며, 서구에서는 실버산업이라는 단어를 사용하지 않는다. 선진복지국가의 경우, 실버산업이 활발해진 시기는 1970년 후반부터이다. 우리나라는 1990년대에 들어오면서 관심이 높아져 실버마켓의 중요성이 증가되었다.

1) 실버산업의 이해

일본 후생성은 실버산업을 60세 이상의 고령자를 대상으로 민간 기업이 시장경쟁의 원리에 입각하여 상품이나 서비스를 공급하는 산업이라고 정의했다. 영어권에서는 실버산업과의 같은 의미로 노인시장이라는 용어를 사용했다.

우리나라에서는 1980년대 중반부터 실버산업이라는 용어가 사용되기 시작하였는데 이 용어 외에 실버마켓, 실버비지니스, 노인산업이라는 말도 함께 사용하고 있다. 국내에서 내린 연구들의 정의를 보면 실버산업이란 고령층의 정신적 육체적 기능을 향상시키거나 유지시키고 고령자의 완전한 활동을 위하여 민간이 시장경제에 입각하여 상품이나 서비스를 공급하는 산업이라고 규정한다.

실버산업은 철저한 영리사업이므로 사회사업이나 사회복지활동 범주에 포함되지 않는다고 주장한다. 즉, 실버산업은 경영에 있어서 대상자가 노인이나 장애인일지라도 구매자이지 수혜자는 아니라는 점이 논의되고 있다. 실버산업은 고령자를 대상으로 한다는 측면에서 공익성과 수익성이 결부되어 강한 지역성을 갖는 등 타 산업과 구별되는 특성을 나타낸다. 노인과 부양가족들은 개개인의 경제적 능력에 따라 질 좋은 복지서비스와 상품을 구입할 수 있게 될 것이다.

우리나라에서도 선진국에서처럼 복지공급의 다원주의에 입각하여 공공부분, 비영리민간부분, 영리 민간부분이 동시에 발전되어 경제력 있는 노인들을 위한 민간 부분에 의한 실버산업의 발전을 통해 다양한 노인복지가 충족되어야 한다. 이러한 관점에서 직접소비가 가능한 중산층 이상의 다수의 노인이 존재해야 한다는 것을 전제로 한다(양옥남 외, 2012: 410-412).

2) 고령화친화산업적인 개념

고령자의 생물학적 노화 및 사회·경제적 능력 저하로 발생을 충족시키기 위한 산업으로 정의한다. 고령화친화라 함은 노인이 편리하면 모든 사람도 편리하다는 취지하에 편리성과 안전성에 입각한 노인의 선호를 우선적으로 고려하는 의미를 가진다. 현재의 고령자는 물론 노후를 대비하는 미래의 고령자도 포함되며, 따라서 현재의 중·장년층이 향후 고령층으로 편입되었을 때를 대비하여 소비 및 투자하는 제품과 서비스도 고령친화산업 범주에 포함되는 것을 규정한다.

3. 실버산업의 등장 배경

1) 수명연장과 노인인구의 증가를 들 수 있다.

노인인구의 증가는 그만큼 노인 연령집단의 크기가 확대되므로 필요한 제반 제품의 수요 집단이 커짐을 의미한다. 시장체계에서는 수요가 있는 곳에 공급이 주어지기 마련이다(양옥남 외, 2012: 412-413). 노인인구 고령화는 노인들을 부양하는 부양가족의 입장에서 본다면 행복한 노후생활을 위해 여러 가지 새로운 욕구를 해결한 서비스와 상품이 요구되고 있다(김치영 외, 2014: 212).

2) 저출산과 부양의 한계이다.

핵가족화 및 소가족 현상과 여성의 취업과 사회적 참여의 증가로 인해 노인들이 가족으로부터 보호를 받기가 곤란해졌다. 노인들의 단독가구를 형성하는 수가 증가하였고 가족의 부양의 한계에 대하여 보호 기능 약화에 대한 문제를 해결할 수 있는 사회서비스시설의 강화와 실버산업의 활성화가 필요하다.

3) 새로운 노년층의 등장과 노인 요구의 다양화인데 이전에도 지적하였지만 뉴실버세대 노년층은 자식에게 의지하기보다는 독립적인 생활을 원하고 있고 삶의 질을 보다 더 추구하는 경향이 강하다.

전통적인 친족부양의 의존도가 감소되고 공적 부양의 필요성이 강조되고 있는 현상이 실버산업의 활성화와 맞물리고 있다고 본다.

4) 경제안정의 국민연금 시대에 대한 전망을 해보면 경제사정의 큰 변동에 영향을 받지 않는 한 베이비붐 세대가 60세를 기준으로 에이지붐화 되는 2012년~2024년경에 실버 제품의 활성화를 전망해 볼 수 있다.

소득이 안정되어 있는 일반 노인을 대상으로 그들이 필요로 하는 다양한 상품과 서비스 개발이 활발해질 것으로 보인다.

5) 노인보호서비스 공급 주체의 다양화가 중요하다. 1970년대 후반 이후 복지국가의 재정파탄과 위기가 온 후에 선진 복지국가는 새로운 복지정책을 마련하기 시작하였다.

이런 경향은 신보수주의적 정책의 영향력이라고 하는데 사회복지정책에도 신보수주의가 영향을 주어 제반 정책의 변화를 가져왔다.

중앙의 기능을 지방정부로 분산하는 방안, 각종 공공기관과 프로그램을 민영화하는 방안 및 사회적으로 도움을 받는 사회적 약자집단을 스스로 자활, 자립할 수 있도록 자조 집단화하는 정책 등이다.

4. 고령친화산업의 특성

고령화산업은 소비자의 특성을 중심으로 재분류된 산업이어서 기존의 공급자 중심의 산업방식과는 다르므로 상품 그 자체의 특성을 중심으로 하지 않기 때문에 그 실체를 파악하기에는 다소 어려운 문제를 안고 있다.

지금까지 실버라는 용어로 통용되고 있는 이미지는 구미에서 흰 머리카락을 가진 노년층의 뒷모습이 물결처럼 흔들리는 데서 은빛으로 사용되었다.

실버산업의 특징을 살펴보면 다음과 같다(이해영, 2014: 186).

첫째, 실버산업의 공급주체는 민간 부분인데 인간이라 하더라도 서비스의 내용 경영규모, 사업 등에 따라 다양한 형태의 공급주체가 관여하고 있다. 즉, 주식회사, 합자회사, 유한회사 등 민간기업과 개인, 재단법인, 사회복지법인, 조합, 종교법인 등 여러 형태가 참여하고 있다.

둘째, 실버산업은 영리를 추구하는 사업이지만 그것이 복지영역의 일부라는 측면에서 복지성과 영리성과의 적절한 조화가 요구되고 있다. 따라서 실버산업을 운영하는 과정에서 민간 부분이 가지는 효율성과 창의성등이 시장원리에 입각하여 최대한 발휘되어야 하며 사회복지성과 공익성이 균형있게 유지되어야 한다.

셋째, 실버산업은 그 대상이 신체적, 사회적, 경제적으로 취약하고 정보면에서도 취약하기 때문에 노인들의 인권이나 권리를 보장하도록 노력해야 하며 일을 위한 제도적인 장치가 필요하다. 노인들의 권리나 인권이 침해되지 안도록 적절한 규제가 요구되고 있다.

넷째, 실버산업 전반엔 큰 시장규모가 예측되지만 분야별로 보면 기본적으로 수요기반 산업이다. 노인의 소득과 재산, 연령, 건강상태에 따라 다양한 욕구에 대응하는 세분화된 소형시장의 집합적 성격이 강하다. 다품종 소량생산의 중소기업에 적합하다고도 할 수 있다.

다섯째, 지역성이 강한 실버산업이다. 한정된 지역에 이동성 적은 노인들의 대상이라면 지역사회와 연관성이 높다고 할수 있다. 접근성이 용이한 지역과 밀접한 연관관계를 지니는 것이 많다.

여섯째, 정보화 산업이다. 정보화 사회에 있어서 모든 산업은 정보산업의 성격을 가지고 있지만 특히 실버산업은 노인고객의 관리와 정보가 사업성패를 좌우하는 관건이다. 따라서 실버산업은 여러 분야와 밀접하게 연결되어 있기 때문에 노인 욕구에 적합한 각 분야의 새로운 상품에 대한 정보를 제공함으로써 서비스의 존재를 인식하고 상품과 서비스의 유용성과 효과에 대한 객관적이고 구체적인 점보를 제공하여야 한다.

1) 고령친화 실버산업의 전망

대상은 수요자 측면에서 현재의 고령자뿐만 아니라 베이비붐 세대인 장래의 고령자도 포함된다. 그러나 고령자의 간병과 일상생활을 지원하기 위한 주 부양자 및 도우미를 위한 소비 및 투자제품과 서비스 또한 이 범위로 제한된다.

나아가 고령친화산업의 공급자는 생물학적 노화와 관련되어 생산하는 보건 및 요양, 의료기기, 복지용품, 식품, 의약품, 한방, 장묘 등의 산업과, 사회경제적 능력 저하와 관련된 상품을 생산하는 금융, 문화 및 여가, 전자 및 정보, 주택, 교육, 교통, 농업, 의류 등이 그 대상이 될 수 있다.

2005년도에 고령친화산업의 대상을 선정하게 된 배경은 우리나라 경제성장과 밀접한 연관을 가진다. 우리나라는 지난 10년간 경제성장률이 5.6%에 이르렀으나, 향후 10년간에는 약 4.5%로 감소될 것으로 전망되어 고령화가 심화되는 2020년도에는 3.1%, 2050년도에는 1.0% 수준으로 하락할 것으로 예상된다. 국민연금의 수급 율이 급증하고 연금이 저부담·고급여라는 수급불균형의 구조로 인해 연금재정이 크게 악화될 것으로 예상된다.

2002년에 4.5%였던 국민연금 수급 율은 2010년에 13.3%, 2030년에

41.9%, 2050년도에는 88.5%로 급증할 것으로 예상되고 있다. 그리고 정부 예산 중 노인복지예산이 차지하는 비율은 OECD의 평균 21.2%에 비해 매우 낮지만, OECD의 평균 5.8% 증가에 비해 급증하고 있다.

또한, 연금, 조기퇴직, 보건의료 및 장기요양 등 고령화에 의한 정부재정 지출은 2000년 GDP의 3.1% 수준에서 2050년 11.6%로 8.5p 증가할 것으로 본다.

따라서 경제성장 둔화, 경제활동인구의 감소 등으로 세입기반은 취약한 반면, 고령화에 따른 복지 지출의 증가로 재정수지가 크게 악화될 것으로 예상된다. 이렇듯 경제성장의 측면을 보더라도 노후세대를 위한 실버산업의 활성화는 바람직한 일이 될 것이다.

2) 고령친화산업의 분야

지금까지의 실버산업은 노인을 대상으로 하는 모든 산업이 포함되어 의식주 산업은 물론 여가 및 생활용품 등의 기초생활 분야 뿐 아니라 연금, 보험 등 자산관리 분야, 건강의료 분야 등이 포함되었다.

삼성경제연구소의 보고서에서는 5개 분야와 시설, 서비스, 상품 및 용품 영역으로 구분하고 있다.

(1) 주거분야

시설서비스 영역이다. 유료 양로원 등의 주거시설 부문과 부양서비스 등의 재가서비스 분야, 도시나 근교의 노인전용주택, 아파트, 노인촌락, 유료 양로원이나 유료 요양원 등 노인들의 주거와 관련된 사업이다.

(2) 의료관련 분야

노인전문병원 등의 병원부문, 노인성 질환 등의 제약부분, 의학정보 등의 의료정보 부문 및 의료요원 파견 등의 인력 부분과 관련된 사업이다.

(3) 여가활동 분야

길이진 여가시간을 잘 활용하여 보림 있는 생활을 영위하고 생활의 즐거움을 찾을 수 있도록 다양한 여가프로그램이 필요하다. 취업, 교육 등의 사회활동 부문, 스포츠 관광 등의 여가활동 부분 등이다.

(4) 금융관련분야

상품서비스 영역이다. 연금부문, 보험부문 자산관리부문으로 신탁관리 등 자산관리 등의 사업이다. 내용으로는 공적연금, 사적연금, 개호보험, 연금형보험, 신탁, 부동산 관리이다.

(5) 생활 관련 분야

용품영역이다. 환자복 등 의류부분과 건강식품, 기호식품 등의 식품부문, 일상용품 등의 생활용품 부문 등의 사업이다.

3) 고령친화산업의 전략품목(18개)

부문	전략품목
요양산업	재가요양서비스
기기산업	재택, 원격진단/진료 및 휴대형 다기능 건강정보시스템, 한방의료기기, 간호지원 및 실내외 이동 지원시스템
정보산업	홈케어, 정보통신보조기기, 노인용 콘텐츠 개발
여가산업	고령친화휴양단지
금융산업	역모기지연금
주택산업	고령자용 주택개조, 실비고령자용 임대주택
한방산업	한방보건관광, 항노화 한방기능성 식품, 노인용 한방화장품, 노인성 질환 한약제제개발
농업	고령친화 귀농교육, 전원형고령친화농업, 테마 타운, 퇴직농장

출처: 이견직(2005)"고령친화산업의 발전과 영향" 한국노년학회.2005년도 춘계학술대회 22.

4) 실버산업에 종사하는 다양한 사례들

우리나라 실버산업을 선도하는 전문 직업 가운데 노인 복지에 대해 전문성을 갖춘 실버 플래너가 떠오르고 있다. 실버 플래너는 요양원, 복지관, 노인 재교육 등 노인층을 수요자로 하여 빠르게 성장하고 있는 실버산업을 이끌 대표적 전문 직업이라는 것이다. 실버산업 업종은 젊은이에게만 주어지는 것이 아니라 노년층에도 기회가 오고 있다. 할머니 베이비시터가 좋은 예이다.

5) 모태고령산업의 부문별 유발효과

고령사회가 급격히 다가오면서 실버산업에 대한 수요도 급격히 증가할 전망이다. 각 무문별로 유발효과를 가져올 수 있다.

5. 실버산업의 전망과 발전 방향

1) 민 · 관의 협력체계 구축

실버산업은 노인복지서비스를 시장원리에 도입한 것이므로 명리적인 측면과 사회복지적인 측면 양측면을 동시에 고려하여 상호보완하여 실시하는 조화가 필요하다. 또한 마케팅원리인 시장경제의 원리를 도입하여 보다 효율적으로 노인복지서비스를 공급하는 것이 바람직하다고 할 것이다. 따라서 정부와 민간과의 공동노력으로 협력체계 구축이 필요하다고 본다. 정부는 보험 시설 등 관련제도를 마련해 주고 지방자치단체는 입지, 세금 등 부문에서 혜택을 제공하여 적극적으로 민간기업을 유치하는 노력이 요구된다(박석돈 외, 2007: 440-441).

2) 분야별 추진 방향

(1) 주거 관련 서비스

노인들은 자신이 거주하는 주택에 대해 애착을 갖고 개인적인 의미를 부여하기 때문에 자신만의 공간에서 주거 만족도가 더욱 높으며 편안함을 선호하는 경향이 있다. 따라서 이와 같은 욕구에 따라 내집과 같은 다양한 노인주택은 실버산업으로서 전망이 밝은 분야이다. 노인을 위한 주거시설의 개발과 동시에 자녀가 노인부모와 근거리에 살면서 자녀의 보살핌을 받는 가족형태의 주거실확충이 필요하다.

(2) 건강 관련 서비스

노인의 의료적인 문제는 노인건강 의료비용 증가, 더 많은 노인전문병원 및 요양시설이 필요로 하지만 저조한 편이라 할 수 있다. 고령화시대의 노인의료비 급증에 대비하여 노인의료에 대한 보다 근본적인 대책이 필요로 하다. 또 정기적인 노인전용 건강검진 같은 건강관련 서비스도 요구된다. 노인성 질환에 따른 정기적인 상담과 검진 서비스도 상품화될 수 있다.

(3) 노인복지용구 서비스

노인인구 고령화로 인하여 복지에 대한 일반의 인식이 높아지면서 노인복지용구품에 대한 욕구 수요도 크게 증대되고 있다. 노인의 생활에 편리한 물품들이 상품으로 나와야 할 것이다. 노인을 위한 특수 의자, 안전 도어, 자동 걸레, 재활보조기구 등을 들 수 있다.

3) 실버산업의 육성방안

실버산업을 육성하기 위해서는 다음과 같은 방안이 필요하다(김지영 외, 2014: 246-247).

첫째, 국가 및 지방정부의 실버산업 진흥과 감독이 필요하다.

국가와 지방정부는 장기적인 예측의 범위내에서 필요한 실버산업의 프로그램과 서비스를 개발하기 위해서 개인이나 기업 또는 관련기관에 재정적, 행정적 지원을 위한 정책적인 배려를 강화해야 한다.

둘째, 실버산업 기업이 사회적 책임의식을 가져야 한다.

실버산업을 개발하고 운영하는 주체는 주로 기업이 될 것인데 실버산업은 기업의 이윤추구와 동시에 공공성과 복지성을 동시에 만족시켜야 하는 본질적인 특성을 가지며 아울러 양자 간의 갈등 요소이기도 하다. 이러한 이유로 정부나 지방자체 단체에서 기업에 대하여 행정적 재정적 지원을 하게 되는데, 기업의 입장에서는 실버산업은 기업의 이미지 제고 효과가 있으므로 반드시 기업목적과 배제되는 것은 아니다. 그러므로 실버산업을 담당하는 기업은 이윤의 극대화한 목적과 지역사회 주민들의 복지증진을 통한 기업 이윤의 사회적 환원과 사회봉사 사회적 책임성을 동시에 만족시키는 이념을 가져야 한다.

셋째. 실버산업은 서비스 소비자의 자각과 사회적 활동이다.

실버산업의 성공여부는 국가와 기업에만 있는 것이 아니라 실제 실버산업의 소비자인 노인계층이 실버산업에 대하여 가지는 소비자로서의 인식과 자각 그리고 적절한 사회적 활동은 실버산업이 건전하고 양질의 서비스를 제공하는데 없어서는 안될 중요한 요소가 된다.

참고문헌

고수현 · 윤선오(2009). 새로운 노인복지론. 양서원.

김귀환 · 나직균(2012). 노인복지론 개정판. 동문사.

김기태 외(2011). 노인복지론. 공동체.

김남희 외(2014). 노인복지론. 동문사.

김인혁 외(2014). 노인복지론 증보판. 창지사.

김치영 외 (2014). 노인복지론. 동문사.

김현진(2015). 대학생의 생활스트레스가 정신건강에 미치는 영향. 대한신학대학원대학교 박사학위논문.

박석돈 외(2007). 노인복지론 개정판. 삼우사.

서강훈 외(2018). 노인복지론. 창지사.

안홍순(2015). 노인복지론. 공동체.

양옥남 외(2012). 노인복지론. 공동체.

이용교 외(2006). 노인복지의 길. 학현사.

이해영(2014). 노인복지론 개정3판. 창지사.

임정문 외(2020). 노인복지론 개정판. 동문사.

장인협 · 최성재(2003). 노인복지학. 서울대학교출판부.

최원석(2012). 노인복지론. 양서원.

현외성(2012). 노인복지학 신론. 양서원.

저자소개

■ **한현지**
성운대학교 아동보육복지과 학과장

■ **임선희**
성운대학교 아동보육복지과 교수

■ **김우호**
성운대학교 아동보육복지과 교수

■ **김현진**
성운대학교 아동보육복지과 겸임교수

■ **이경희**
순천제일대학교 사회복지학과 교수

노인복지론

초판 1쇄 인쇄 / 2022년 1월 5일
초판 1쇄 발행 / 2022년 1월 10일

저　자 / 한현지 · 임선희 · 김우호
김현진 · 이경희
발행인 / 이　중　수
발행처 / **동　문　사**

서울특별시 서대문구 홍제원 1길 12
(홍제동 137-8)
Tel: 02)736-3718(대), 736-3710, 3720
Fax: 02)736-3719
등록번호: 1974.04.27 제9-17호
가격: 21,000원

ISBN: 979-11-6328-307-2(93330)
E-mail: dong736@naver.com
www.dongmunsa.com